東アジア都市の
社会開発

貧困・分断・排除に立ち向かう包摂型政策と実践

全 泓 奎＋志賀信夫

［編著］

明石書店

目　次

はじめに

　2020年春以降、コロナ禍によって世界中が感染症災害に翻弄されている。

　日本でも何度も緊急事態宣言が繰り出される中、社会関係は寸断され、収入や仕事を失ったり時短営業や営業自粛等の制約が続き、多くの店舗が廃業を余儀なくされた。100年に一度ともいわれる公衆衛生の危機は、市民生活の基底を揺るがし社会の分断を深めた。

　ようやく2020年末から新型コロナウイルスのワクチンが普及しはじめ、最近は東京や大阪のような大都市における感染者数はだいぶ落ち着いているように見えるが、まだまだ油断できない状況にある（2021年11月25日現在）。欧米では感染が再燃しているという報道もあり、隣国韓国の状況も芳しくない。しかしそんな中でも東アジアの場合、共通して感染症への初期対応には成果を収めていたことが報告された（全、2021）。

　本書を貫く共通の関心は、パンデミック下にある東アジア諸国の社会開発である。これまで様々な研究書を通して取り上げられた通り、東アジア諸国は儒教という共通の規範を背景に、個よりも集団の重視、公的福祉への抵抗感、つまり福祉の担い手を家族に求めるという意味での家族の重視、西欧的アプローチへの抵抗、そして経済的配慮の優先等の特徴を持つ。このような共通性を持つ東アジア諸国の福祉レジームを表す概念として、日本をはじめ、香港、シンガポール、韓国、台湾について、「生産主義的福祉資本主義（Productivist Welfare Capitalism、以下、PWC）」と論ずる研

究もある（Holliday 2000, Mason M. S. Kim 2016=2019）。これらの国や地域では、社会政策が経済成長に圧倒的に、また明示的に従属しており、福祉を向上させる最善のルートとして、「経済第一主義」と成長および完全雇用に力点が置かれてきた。福祉は経済的目標に従属し、よりいっそうの経済発展を達成するために利用される。つまり、福祉は経済発展を支援するものであって、阻害するものとはみなされない。これは、政府の財政支出において社会保障分野より、経済開発や教育分野に、より多くの支出を行っていることからも説明できる。

　一方、このようなPWCの制度や具体的な施策展開は、東アジアの各地域で異なった形で現れている。とりわけ1980年代から2000年代にかけて、その傾向がいっそう顕著になっている。例えば、シンガポール、マレーシア、そして、香港では、義務加入の個人貯蓄制度が主導的な役割を果たしたのに対し、日本、韓国、台湾では、社会保険制度の拡大と公的扶助プログラムが整備された。一方、これらのグループとは異なり、中国では、都市と農村の二元体制下で、社会保険と個人貯蓄とを組み合わせた混合システムが追求された。

　2000年代以降、東アジア各地では、新たな貧困問題の拡大を背景に、「社会的排除」という概念への関心が高まっている。しかしそのほとんどは、個人や世帯への不利や剥奪等に偏っている傾向があるように思われる。一方、このような新たな貧困概念が、個人や世帯を介して地域への影響として現れる場合や、社会的排除にかかわる、地域による負の影響も注目されるようになっている。これらの一連の関連性について、都市や地域における不利益の集中に焦点を当てたものが多い。とりわけ、社会的排除のダイナミックな特性においては地域の役割が最も大きな関心を集め、中でも都市における社会的排除にかんして、特定の地域への剥奪の集中が問題として指摘されている。社会的排除は、人々が完全なる市民として享有できるような利益から次第に閉ざされていくダイナミックな「プロセス」に関連して使われており、剥奪が集中している地域の居住者は、最も市民

的権利から排除される結果に陥ることが指摘されている。その意味で社会的排除は不利益を被る世帯の地域的な集中による問題と、社会参加への制約や社会からの孤立等、その地域に居住することによってもたらされる様々な不利益の影響にかんする問題を伴う。近年の東アジア諸国においても同様の問題への関心が高まっている中、それらの実践的解決に向けた模索に導くためにも、比較研究の必要性は高い。

　本書では、都市内の特定の地域が貧困や排除に陥りやすい、負の地域効果による影響を、各国の代表的な地域の現状に加え、それに立ち向かうための地域実践の仕組みを社会開発（Social Development）という文脈から比較検討し、社会的不利を被りがちな地域や人に対する社会開発の東アジアモデルの導出に資することを目指している。

　冒頭でも述べた通り、2020年一年間はコロナ禍に翻弄された一年であった。同時期に、本書の執筆者の多くは初めての試みとしてＺＯＯＭを介したオンラインでの研究会を開催しながら共同研究を行い、その結実として『分断都市から包摂都市へ：東アジアの福祉システム』（2020年、東信堂）という書籍を刊行した。本書は、同書の続編ともいえるような性格を持つ。前著では、国外の執筆者も交えて刊行に至った。しかし、本書は国内の執筆者だけの企画となった。というのは、前書の場合、国外の執筆者の原稿には翻訳という作業が伴い、また基本的な視点に立つ認識が各々の国や社会にあるため、日本で理解を深めるためにはさらなるコンテキストの理解や解釈を要する点が多く見られた。今回の著者には編者をはじめ日本以外のナショナリティを持つ著者もいるのだが、既に日本の社会や文化に馴染んでいることもあり、用語をはじめ関連した施策や実践を、日本社会の脈絡からはこのように解釈できるという文化理解の背景が共有されている。その点で読者にとっても読みやすい（受け入れやすい）内容となっているのではないかと考えている。それに加え本書の著者の多くは、共編者の一人である全泓奎が研究代表を務める科研費（「国際共同研究加速基金（国際共同研究強化（B））：東アジア型社会開発モデルの構築に関する国際比較研究

（20KK0041）」）の研究分担者及び研究協力者として共同研究を行っていると
いう点でも前回の企画とは異なる。

　また、本書も前回と同様に、原稿執筆中に四度にわたる研究会を開催
し、ピアレビューという形で、執筆者が相互にコメントを交わしながら作
業を行った。それがどのような形で仕上がったのかは、読者のみなさんの
判断に譲りたい。

　いずれにしても、感染症災害に瀕している東アジア諸国の貧困や排除の
状況が深刻化する中、共同研究で培った経験と実績を基に社会開発という
新たな地域実践モデルを提唱することとした。以下では、本書の各論考の
概要を紹介する。

　まず、共編者である全泓奎は第1章の中で、近年話題になっている資本
主義の非物質的な転回と関連し、これまでとは異なる新しい生活困難層の
問題にかんする新たな対応の糸口として社会的投資と社会開発アプローチ
の重要性を論じている。

　続く第2章では、同じく共編者の志賀信夫が、公害問題から検討する
「社会開発」について論じている。志賀は水俣病を題材に、そこに内在す
る差別について指摘する。その中で社会政策としては被害者に事後的に現
金を保障するだけではなく、被害者に対して「自由の平等」を保障すべき
だと主張する。志賀は、水俣病事件から見られるのは、企業主義的経済
開発が差別を利用して展開しているということを鋭く見抜いている。こう
した問題を克服するためには個人やコミュニティの人々の参加を重視する
「社会開発」概念によって従来の経済成長主義を批判的に追及していくこ
と、さらに私的労働から共同労働への転化による「コモン」の実現が重要
と論ずる。続いて志賀は「社会開発」概念として、企業主義的経済開発に
よる差別や構造的暴力を積極的に是正する具体的実践との結びつきを強調
することで締めくくっている。

　阿部昌樹は、「持続可能な開発目標（SDGs）」を取り上げ、それが含まれ
ている国連の文書（「我々の世界を変革する―持続可能な開発のための2030ア

ジェンダ」）が、これまで国連から出された様々な宣言や文書の中で「社会開発」への指向の系譜を継承していることを確認する。またそれは経済開発だけに留まらず、人々をエンパワーし貧困や格差を解消するため就労支援や就労の場の創出を重視している点を指摘している。さらにこうした取り組みにはパートナーシップを重視する姿勢が見られ、多様な利害関係者間の多面的な（multilateral）パートナーシップを構築することが必要である点を重視している。しかしその一方で国内の動向を見渡すと、国連の「社会開発」への指向が十分に理解されることなく、地域の経済的な豊かさに関心が偏っているように見える点を指摘している。

　松下茉奈は、韓国におけるホームレス問題と寄せ場型地域の社会開発実践について述べている。まず韓国のホームレス状態にいる人々の類型や、それらに対する行政施策について紹介する。その上で、同章で課題としている韓国の社会的不利地域の一つである「チョッパン地域」を取り上げ、各地でどのような形で住民当事者を巻き込んだ社会開発実践が行われているのかについて、ソウル市内の二カ所のチョッパン地域で展開されている住民組織（住民協同会）を対象に比較考察を行っている。住民相互の経済状況の改善や相互扶助の軸として機能している点を評価しつつ、行政との連携という視点が欠落している点は今後の課題だと指摘する。

　川本綾は、日韓の移住者を取り巻く社会開発の実践について具体的な事例を取り上げながら詳しく紹介している。韓国は、社会的な課題である少子化対策の一つとして移民政策が進められてきたが、そこには移民の生活に対する視点が欠落しているとし、とりわけ結婚移民女性や第二世代の子どもたちへの社会的な受け容れは制限的だったとする。そのような状況の中で当事者目線から活動に乗り出した団体を取り上げ、そこには女性の問題に照準し経済的な開発や社会参加、そして教育支援等のような社会開発の課題への対応が見られると評価する。そして、日本で筆者自身がかかわっている難民移住者支援団体の活動も同様の取り組みがなされていると紹介する。コロナ禍の中でも市民の寄付に頼りながら生活せざるを得ない厳

しい状況が続く中、難民移住者への居場所づくりや生きがいづくりとして就労支援に取り組み、その活動が日本社会の中で孤独を抱え地域の中に孤立した存在となっている地域住民や高齢者との交流の輪としても広がっている点を取り上げ、活動の実践的広がりを評価している。

　野村恭代は、日韓の生活困窮者支援を中心に両国の制度比較を行っている。とりわけ日本は「生活困窮者自立支援制度」を中心に就労に困難を抱えている人への就労訓練事業が行われ対象者の社会参加に向けた支援を行っている。しかし、その重要性にもかかわらず自治体の任意事業である等の課題がある点を指摘する。他方韓国では「国民基礎生活保障制度」が制定されその中で「自活事業プログラム」を提供している。ここでは日本にはない自活共同体という組織を通して包括的な就労を通じた社会参加の支援が実施されており、それに対する国や自治体が事業の優先委託や購買等の支援を行っている。こうした両国の仕組みに加え、困窮者の支援をさらに充実させるには本人の状況に合わせた支援や、地域から孤立した状態にいる人への支援への視点が必要だという。

　これに続く章では、中国や香港、台湾の各地における社会的不利地域や住宅、教育等の社会開発に関連した事例について取り上げる。

　まず中国の社会的不利地域の一つである「城中村」という地域である。閻和平はこれまで都市化や都市開発の恩恵から取り残され排除の空間と化していた、中国の特徴的な都市空間である城中村問題やその改造政策の展開を取り上げる。城中村はよく都市の中の農村と言われるように、都市空間の中に農村的コミュニティを維持してきた地域である。そのため住環境や生活上の問題を抱えていた。ところがこうした地域に対する先進的な更新手法を全国の都市に先駆けて法制化したのが深圳市だ。同市は都市更新条例の中に総合整備手法を導入し、ハード面のみならず様々な公共サービスを含んだ総合的な整備事業に舵を切った。また住宅に対してもアフォーダブル住宅の不足問題に対し、政府と不動産管理会社と住宅所有者による三者協力モデルによる「城中村人材住宅供給改造プロジェクト」を実施

し、城中村の公的住宅供給に向けた新しい可能性を切り拓いた。筆者はこうした流れを排除型都市空間から包摂型都市空間、そして包摂型住宅政策としての可能性として評価する。ただ、その住宅には入居可能な人は政府の指定した一部の企業の従業員に限定される等、経済政策の一面が見え隠れしていることの問題点を指摘する。

続く第8章でコルナトウスキ・ヒェラルドは、香港における社会的弱者向けのソーシャルインフラストラクチャー（SI）の形成過程を通史的に紹介する。インフラストラクチャーの供給主体に公的セクターが占める役割は大きい。しかし民間セクターももちろん、これにかかわった実績がある。筆者はとりわけ香港におけるSIの発展過程に着目し、時代を追いながらどのような背景の下でSIが出現し展開していくのかについて検証する。それは時には社会秩序の維持や労働力の管理を名目として展開されており、社会資源が乏しい中、若いソーシャルワーカーや草の根運動が登場する背景にもなったと述べる。

蕭閎偉は、台湾で台北市内の社会的不利地域を中心に展開している「フードバンク」を取り上げ、福祉のまちづくりを支える仕組みについて紹介する。当該地域には高齢者・障がい者をはじめとする生活困窮者が多く居住していることから、食や社会サービスに対するニーズが高い。こうした点に着目し、フードバンクでは集められた食品に地域通貨の手法を取り入れ、多くの人々がこれらの困窮層や地域課題に対応したボランティア活動に加わってもらうことでポイントを獲得し、それによって食品等に交換できる仕組みを創った。また、地域内にはフードバンクと連動したカフェや食堂等のコミュニティ施設が運用されており、これらによってニーズを持った人々の生活改善や自立を支援している様子を紹介する。

最後の第10章では、川瀬瑠美が同じく台湾を対象に、外国にルーツを持つ子どもの支援について論ずる。台湾での外国にルーツを持つ子どもとは、1980年代以降増加した結婚移民者との間で生まれた子どもたちのことを指す。台湾政府は、「新南向政策」という中国への経済依存度を回避

するための経済政策の一環として実施した国策の下、新住民や子どもたちへの母語・母文化教育を実施してきた。しかし筆者は、そこには新住民やその子どもたちが抱えている生活課題には視線が向いていない点を指摘する。こうした問題は、先述した韓国や日本にも共通する課題かもしれない。一方こうした問題に対し、川瀬は新北市の対応事例を紹介する。同市内には2005年に「新住民家庭サービスセンター」が設置され新住民への福祉サービスを実施している。さらにその後2007年には市内29区内に1か所ずつ「新住民家庭ケアセンター」を拡充した。こうした形で台湾では、経済政策の目論見で新住民やその子どもたちへの政策が実現したが、生活課題に対しては自治体を中心とした展開がみられるとする。最後に筆者は、学校現場での全ての母語学習への対応の不備等の点や、全ての新住民が必ずしも母語を学びたいと考えているとは限らないという支援と当事者間のミスマッチについても今後解明していく必要があると述べている。

　本書は、これらの論考に加え、日本の代表的な社会的不利地域である被差別地域（旧同和地区）（矢野淳士）、および日雇い労働者の生活の場として知られる寄せ場地域（孫琳、楊慧敏、杉野衣代）における社会開発の実践について紹介するコラムを掲載している。コロナ禍が女性や子どもにより多くの負担を強いていることがマスコミや各省庁の白書等を通じて紹介され、その対策が急がれている。こうした中、パンデミック下で精力的に発言を続けているスロヴェニア生まれの哲学者、スラヴォイ・ジジェクは、パンデミックによる格差のさらなる拡大の陰で広がる貧困問題に対し、小島秀夫のビデオゲームで死にゆくビッグ・ボスが最期に発した言葉「世界を変えることではなく、ありのままの世界を残すために最善を尽くすこと」をもじりこう述べている。何とかして「ありのままの世界を残しておきたいなら、世界を根本的に変えなければならない」のだ（スラヴォイ・ジジェク、2021：160）、と。

　本書の執筆者たちは、本書を通してコロナ禍による社会を変えるための一つの概念のツールとして、そしてそれに続く実践の方法論として「社会

開発」を議論し、かつ検討した共同作業の結果として本書を世に出すことにした。本書が世界を変えていくための一つの手引きとなるならばそれ以上の喜びはない。

参考文献

Holliday, Ian (2000) Productivist Welfare Capitalism: Social Policy in East Asia, *POLITICAL STUDIES* VOL 48, pp.706–723

Kim, Mason M. S. (2016) *Comparative Welfare Capitalism in East Asia: Productivist Models of Social Policy*, Palgrave Macmillan（阿部昌樹・全泓奎・箱田徹監訳、2019『東アジア福祉資本主義の比較政治経済学：社会政策の生産主義モデル』東信堂）

全泓奎（2021）「東アジアにおけるポストコロナ時代の新型コロナウイルス感染症対応と連帯の可能性」、『都市と社会』（第5号）、大阪市立大学都市研究プラザ、10〜21頁

スラヴォイ・ジジェク（2021）『パンデミック2：COVID-19と失われた時』株式会社Pヴァイン

第1章　東アジアにおける社会的投資とアセット形成型社会開発アプローチ[1]

大阪市立大学

全　　泓奎

1.はじめに

　100年に一度の公衆衛生の危機ともいわれるCOVID-19による影響が現在もなお猛威を振るっている。これには人類がもたらした経済成長や都市化による弊害がその背景の一つとして指摘されている。

　一部の都市ではデルタ株の広がりの中、感染爆発にも近い状態が続いた。外出禁止や仕事の縮減等による経済的な困窮や生活環境の変化をはじめとするコロナ禍による影響は底なしの状態で、日本では2020年の一年間で自殺者が増加した（「自殺、11年ぶり増　女性大幅増・小中高生過去最多　昨年、速報値（2万919人）」（朝日新聞1月23日付））。これを反映して2021年の厚生労働白書でもコロナ禍による影響の一つとして女性への影響を特集として取り上げた。同白書によると、雇用者数の減少は女性の非正規雇

---

[1]　本稿は、2017年度韓国政府教育部による韓国研究財団韓国社会科学研究事業（SSK）の支援を受けてソウル大学校アジアセンターと実施した共同研究（NRF-2017S1A3A2066514）による成果の一部である。

用に多く、宿泊業、飲食サービス業、生活関連サービス業等の特定の業種の非正規雇用で割増しになっていると述べている。女性は男性に比べ家事や育児の負担を多く強いられていることもあり、コロナ禍で女性に大きくしわ寄せがいくことは容易に推察できる（厚生労働省、2021:6~11）。

　しかし都市化は必ずしも人類にとって悪い影響をもたらしたばかりではなく、科学の発展や向上した文明による社会の改善をはじめ、何よりも経済成長による人類の生活の向上や福祉にも大きな成果をあげてきたことも事実である。こうした都市の拡大は現在もなお加速しており、国連ハビタットの『世界都市報告書2020』によれば、2020年に56.2%であった都市化率は2030年には60.4%に達すると予測されている。

　しかし都市の発達に伴う負の外部性は貧困や社会的排除による階層間の不平等の深化にも影響を及ぼし、さらにコロナ禍による影響は不平等の拡大のみならず社会的弱者がよりしわ寄せを受けやすい状況を生み出している。実際、これまでのCOVID-19関連の報道や研究によると、アメリカの一部の都市では黒人やエスパニック等、特定の人種や社会的マイノリティが死亡者数や健康被害を含む不利益をいっそう被っていることに警鐘が鳴らされている。また、ソーシャルディスタンスやテレワークが広がる中で、それに対応できない配送業や介護士や看護師等対人サービス関連のいわゆるエッセンシャルワーカーといわれる業種は、生計維持のためにより危険を伴う仕事に従事し続けざるを得ない。しかもその雇用形態は派遣やパートタイムが多いため働いても働いてもワーキングプア状態から抜け出せない。

　コロナ禍による影響で、世界的に約20年ぶりに困窮層が増加することが予想されている。

　このような状況の中で今、世界人口の20%に当たる16億人もの人々が不適切かつ不安定な住宅やスラムのような社会的不利地域での生活を余儀なくされている（UN HABITAT, 2020:25）。

　さらに安定した仕事につくことができず、福祉の受給条件にも合致しな

い、制度の狭間に置かれてしまった状態、いわゆる「新しい生活困難層」と言われる。非正規雇用、不安定就労、ひとり親世帯（母子世帯等）、低年金高齢者、ひきこもり、軽度の知的障がい者、外国籍住民等が、コロナ禍において困窮の度合いを深めている。こうした人々は従来型の福祉国家が対象としていた産業社会による伝統的なリスク（高齢・病気・失業）に対する社会保障制度の仕組みだけでは対処できない新たな生活困難層の増大を表している。

　第二次世界大戦を経て形成されてきた福祉国家レジームは、1970年代のオイルショックによる経済恐慌を境に揺らぎはじめ、その隙を突いて登場してきた新自由主義による政治経済的な再編によって福祉国家の縮小に向かって舵を切ってきた。そのような状況に伴い新たな貧困問題として注目され政策用語としてEUを中心に広がり始めた概念が「社会的排除（social exclusion）」であった。社会的排除とは、「貧困化」という「プロセス（Poverty as Process）」とその「多次元的なメカニズム」に注目したダイナミックな概念で人々がメインストリームの社会の参加からどんどん遠ざかっていくプロセスを強調した概念という点に特徴を持つ（全、2015）。

　ところで、1980年代以降の新自由主義による格差の拡大に加え、1990年代以降になると、情報通信技術（ICT, Information and Communication Technology）革命によるサービス産業の再編がいっそう進むと共に、いわゆるGAFA（Google、Apple、Facebook、Amazon）を頂点とするデジタル産業がグローバルな経済領域をほぼ独占することによって、世界経済は旧来の製造業を中心とした物質的資本主義から情報通信技術への投資に重点を置く「資本主義の非物質主義的転回」が生じた。こうした非物質的資本主義への転換に伴う産業再編によって、製造業からサービス業への比重が高まった。しかし、サービス業には、金融や情報通信関連の高度な人材を要する領域と、スーパーマーケットでのレジ打ちや介護等にかかわる対人サービス業等に分かれ、両者には大きな所得のギャップによる階層的な分断が広がるようになった。こうした形で近年、資本主義の非物質的な転換は社

会の分断を露呈させた（諸富、2020a・2020b；宮本、2020、2021）。

　そうした中で旧来の生活困窮層に比べ、より複合的な問題を抱えている新たな生活困難層が現れるようになった（宮本、2020、2021）。

　ここで先ほども言及している、昨今のデジタル産業等の発展による経済社会的な変化の中で最も注視すべき対象として重要度が増している「新たな社会的リスク」を取り上げ、その概念の含意や特徴について整理しておきたい。まず「新たな社会的リスク（New Social Risks）」とは、ポスト工業社会への移行に伴う経済社会的な変化の結果として直面することになった問題を指す。これには三つの領域における新しいニーズが指摘されている。第一に、家族とジェンダー役割における変化と関連したものである。すなわち賃金労働と家族責任、とりわけ子どもや高齢者へのケアとの両立にかんすることである。さらに家庭内の介護は女性によって負担させられることが多いことも指摘されている。第二に、労働市場の変化に関連したニーズである。これは、賃金労働と安定した仕事につくための必要なスキルが欠如していることや、それらをさらにアップグレードするための学習やトレーニングの機会が閉ざされている点に関連している。第三に、福祉国家の変化に関連したニーズである。不安定かつ不適切な年金や不満足な公的サービスによって民間部門のサービス供給に頼らざるを得ない点である（Peter Tayler-Gooby, 2004: 2-5）。本稿では、コロナ禍によって困難を極めている世界で、既存のような福祉国家アプローチではなく、社会的投資概念に基づいた「アセット形成型社会開発アプローチ」の有効性を検討する。これによって、人々の潜在能力を最大化するための政策課題や実践戦略を模索することにしたい。

2. 新たな政策パラダイムとしての社会的投資論

(1) 社会的投資とは

　社会的投資戦略は、ケインズ型福祉国家と新自由主義的福祉改革のどち

らもが行き詰まりを見せる中、それらに代わる新しいパラダイムとして登場した（三浦、2014）。

　「社会的投資」とは、困窮に陥ってからの救済より、予防やエンパワーメントに力を入れるもので（宮本、2021）、換言すると問題が生じてからの消極的な所得維持による「補償（repair）」よりはむしろ世代間の貧困の再生産を断ち切るための、雇用条件や家族形態の変化に伴う社会的・経済的リスクを予防する「備え（prepare）」に重点を置く社会政策を目指すべきとする考え方である（Nathalie morel, Bruno Palier and Joakim Palme, 2012: 8-13、【表2】参照）。1980年代以降の既存の福祉国家論の限界、つまり消費主義的な所得移転中心政策だけでは政府財政に限界が生じてしまう。さらにその当時から社会問題としてうねりをあげつつある新しい社会的リスク（不安定雇用・少子高齢化・ひとり親世帯）への対応が求められることになったのを背景にこうした戦略への関心が高まってきたのである。

　東アジアでは、とりわけ韓国の盧武鉉政権時代（2003年~2007年）に中核的政策論として先行的に政策に採用された。しかし韓国はヨーロッパとは異なり、古い社会的リスクと新しい社会的リスクへの対応が短期間に同時進行的に求められる状況であったという点が特徴的であった（金、2014、2018）。こうした考え方は日本でも2009年の麻生政権の下でまとめられた「安心社会実現会議」でその萌芽が見られ、その後の民主党政権時代の「社会保障と税の一体改革」や「社会保障改革に関する有識者検討会」によって提出された報告書で社会保障の未来への投資という考え方が掲げられた。そしてこれは再度の政権交代を経ての自公政権の下で設置された社会保障制度国民会議に引き継がれ、同会議による報告書では「すべての世代に安心感と納得感の得られる全世代型の社会保障に転換することを目指し、こども・子育て支援等、若い人々の希望に繋がる投資を積極的に行うことが必要である」と述べられた。しかし、第二次安倍内閣成立後の、日本における社会的投資にかかわる改革は、「第三の道」型以上に新自由主義に近い流れに転じてしまった（宮本、2020）。

一般に「社会的投資」は北欧モデルとして紹介されるが、イギリスでも
トニー・ブレアの政策ブレーンを務めた社会学者のアンソニー・ギデンズ
は、包摂型社会の構成要素の一つとして、「社会的投資国家」概念を取り
上げた（【表1】参照）。

表1　包摂型社会の構成要素

包摂型社会（The inclusive society） 　・包摂としての平等（Equality as inclusion） 　・能力主義の制限（Limited meritocracy） 　・公共スペースの再生（市民的リベラリズム）（Renewal of public space（civic liberalism）） 「労働中心社会の超克」（Beyond the work society） 　・ポジティブ・ウェルフェア（positive welfare） 　・社会的投資国家（The social investment state）

出所:Giddens（1998:105、ギデンズ、1999:177）

　それにかかわる重要な含意は、人々の困窮に対し、直接的に扶助を与
えるよりは、人的資本（human capital）への投資を重視する点である。そう
した視点から、福祉国家にとって代わる意味で積極的な福祉社会（positive
welfare society）が機能する「社会投資国家」（Giddens, 1998:117）が提唱され
たことは記憶に新しい。

　ギデンズは、既存の伝統的な福祉国家が受動的な福祉受給者への無条件
の所得移転や社会サービス供給にのみ関心を注いでいることの問題性を指
摘しながら、社会投資国家に置き換えるべきと主張する。そこで政府は、
人々が社会的給付に依存するよりは、生産的経済に能動的に参加させるた
め教育とスキル開発に重点を置くべきだと主張する。それを既存の福祉国
家とは質的に異なる「社会投資国家」という。

　また、ここで言う「包摂」とは、市民権に通じる概念で、市民としての
権利や義務が尊重されるよう機会を付与し、公共の場に参加する権利を保
障すること、そのため雇用と教育への機会を拡大することを指摘してい

る。つまり、人的資本への投資を重視する社会的投資という概念には、教育や雇用へのアクセスを増やすことによって、自ら社会に参加できる機会を増やしていくという意味がある。

　しかしギデンズは社会的投資戦略の目的を機会の平等に重きを置き、その結果として不平等が生じる場合もあることや、そのための補償的な政策は非生産的とした。これとは対照的にデンマークの社会政策学者イエスタ・エスピン＝アンデルセンは個人の能力を伸ばすことを重視する政策が、従来型の所得補償を代替できるとする発想は短絡的な楽観主義だと批判する（濱田・金、2018）。このようにヨーロッパでは「社会的投資戦略」という傘の下にこのような二つの相反する立場が存在していた。

(2) 社会的投資の視点からの政策比較

表2　ケインズ主義、新自由主義、社会的投資論間の政策比較

	20世紀型福祉国家（ケインズ主義パラダイム）	新自由主義パラダイム	21世紀型福祉国家（社会的投資戦略）
失業の診断	需要不足による失業と成長の鈍化	労働市場の硬直性による失業とインフレ（過度に高い労働コスト、過度の労働規制、労働阻害要因として機能する社会的給付）	失業は現在の仕事を遂行し、明日の仕事をするための適切なスキルの欠如に関連している
社会政策と経済の関係	社会政策のポジティブな経済的役割：需要を支え、成長を刺激するための社会保険の開発	公的社会支出のネガティブな経済的役割：コストとして、そして低成長とインフレの原因としての福祉国家	新しい形態の社会政策のポジティブな経済的役割：エンプロイアビリティと雇用レベルを高めるために人的資本に投資する社会政策；労働市場の流動性をサポートする（柔軟な社会保障）；知識基盤経済に備えるため。雇用創出と経済成長の前提条件としての社会政策

中心的な価値観	・社会的平等 ・万人（男性）のための仕事 ・脱商品化	・自己責任 ・あらゆる仕事 ・アクティベーション	・社会的包摂 ・質の高い仕事 ・ケイパビリティ・アプローチ：機会の平等；補償（repair）ではなく備え（prepare）
公的政策のための主要な規範	・大きな政府 ・中央経済計画 ・福祉国家発展	・小さな政府 ・規制緩和 ・福祉国家の解体	・エンパワーする国家 ・投資 ・福祉国家の再建
主要な政策手段	・需要喚起型政策 ・社会保険の開発所得維持計画 ・公共部門の開発 ・失業補償	・インフレと戦うためのマネタリスト経済政策 ・労働市場の規制緩和 ・社会的ヘルスサービスの民営化、年金制度への資金供与のための資金開発 ・アクティベーション及びワークフェア	・競争力や雇用創出を向上させる人的資本投資政策 ・社会サービス開発と労働市場支援策：幼児教育とケア；高等教育と生涯教育；アクティブ労働市場政策；女性雇用支援策 ・柔軟な労働市場と社会保障の両立（flex-secuity）

出所：morel, Nathalie et al.（2012）、（濱田・金、2018: 13）を基に再構成

(3) 社会的投資論にかかわる言説

　以上のように、社会的投資は「北欧モデル」に原点を置くが、それにも二つの異なる立場への分岐が存在する。これにはもちろんいろんな考え方の違いが生じるが、例えばミッジリィはギルバート（gilbert and gilbert, 1989）に依拠し、社会的投資の政策的実施に当たり、国は福祉サービスの供給者よりもイネーブラーとしての役割に徹するべきと主張する（Midgley, 2017: 16より再引用）。

　またシェラーデン（Sherraden, 1991）は、伝統的な消費主義福祉システムを批判しながら、貯蓄や投資を促進する「アセット基盤型福祉政策」の重要性を唱える。こうした議論に加え、近年ベーシックアセットが提起され

ており、これには現金給付やベーシックインカムのような私的アセット、医療・教育・住宅等の公共サービスが強調する公的（行政的）アセットに加えて、コモンズのアセット（コミュニティ等）を含めて、人々が社会に参加していくのに必要なアセットの組み合わせが重視されている（宮本、2021）。

　モレルら（Nathalie morel, Bruno Palier and Joakim Palme, 2012）は、社会投資のパラダイムはケインジアンやネオリベラルパラダイムとは明白に対置されており、これに類似した概念として使われてきたのは、能動的社会政策（active social policy）、サードウェイアプローチ、そしてニューウェルフェア等があるとする。しかし以上でも確認したように、社会的投資にかかわる社会政策関連文献の多くは、ヨーロッパや他の西欧の福祉国家における開発に関心を置くヨーロッパ中心的と言うことができよう。それに、Midgley（2018）が指摘しているように、ヨーロッパの社会的投資論者は、たとえ多くのコミュニティで積極的に社会的投資を促進するプログラムを導入したとしても、コミュニティレベルの介入への関心が低い。

　社会的投資を強調する開発型福祉のような新しい概念の出現において西欧のアイデアは中心的な役割を果たしてきた。一方、西欧の社会政策の影響を受けた一部の学者を中心に、開発型福祉と福祉国家の概念を組み合わせ、とりわけ雇用と教育を重視してきた東アジアのシステムを、「開発主義福祉」、もしくは「生産主義福祉」と説明してきたことにも注目が集まり関連文献も増えている（ホリデイ・ワルディング編、2007；Mason M. S. Kim, 2016=2019）。

3. 社会開発論の展開

(1) 社会開発概念の意義と実践戦略

　ここで社会的投資とは区別される概念ではあるが、本章が課題としている東アジアの都市に焦点を当てた実践概念として有効な「社会開発」とい

う概念について整理しておくことにしたい。これまで述べた通り「社会的投資」は、困窮世帯やその集住地域にターゲットをあてているよりは、それに至る前の段階に関心を持ち、さらにより広い階層に対象を広げている概念であることが見て取れる。しかし、言うまでもなくそれは困窮世帯への支援やその実践を考える際にも有効な概念であることは繰り返し述べるまでもない。ここではそのような広義の政策や戦略的な枠組みを背景に据えつつ、困窮世帯やそのコミュニティに対象を特定する際に手助けとなる概念として社会開発について検討する。

　これまでに貧困問題の開発には経済成長が必要だとして経済開発に積極的に取り組んできたことは周知の通りである。しかし、経済成長とともになくなるはずの貧困や困窮問題が世界中に広がっている状況が続いている。そうしたことへの反省から成長を中心とした経済開発から分配を志向する「社会開発」への関心が高まってきた。それが社会開発という概念が注目されるようになった背景の一つとされている[2]。開発社会学を専門とするアジア開発銀行の佐藤寛は、社会開発に含まれるものとして以下のような五つの要素があると紹介している（佐藤、2007: 1-8）。第一の要素は経済開発ではない開発で、第二の要素は個人よりも社会全体を対象とすること、第三の要素は潜在能力の発揮を目指すこと、第四の要素は当事者の主体性、そして第五の要素は外部者による意図的な働きかけがそれである。つまりこれは外部からの支援者による当事者への意識的な働きかけによって当事者の主体性が社会と結び付いていくことによって、個人をはじめ社

2　日本における社会開発論の形成と展開を論じた杉田（2015、2017）によれば、日本に社会開発概念が導入されたのは1960年代という。これを主導したのは1965年の特殊法人社会保障研究所の創設に尽力した舘稔と伊部英男で、二人はそれを「社会開発研究所」として構想した。こうした社会開発論普及の背景には当時の経済開発への偏りへの反省があり、舘は人口資質の向上を図るという視点から、社会保障よりも広い概念としての社会開発によって人口と社会保障、経済を巡る政策論議を結びつけることを考えた。このように日本での社会開発論の普及に努めた舘は「21世紀のために、人間能力開発に対して著しい立ち遅れを見せている社会開発を推進し、真に経済開発と均衡のとれた社会開発を実現してゆくか」（杉田、2015より再引用）という課題を提示した。

会全体の豊かさに繋がっていく一連の活動だということができよう。そうした側面から社会開発には、教育や健康、衛生、マイクロファイナンス等、持続可能な金融制度と経済開発、そして住民組織化やそれにかかわるファシリテーターの役割等のような分野が社会開発にかかわっていることを紹介する（佐藤寛＋アジア経済研究所開発スクール編、2007）。

　一方、アメリカの前バークレー大学社会福祉大学院長であった、J.ミッジリィ名誉教授の社会開発概念は途上国のみならず先進国にも幅広く関心を広げ社会的投資と関連付けながら精力的な研究に取り組んでおり大いに参考にすべき点がある（Midgley, 2018）。つまりそこでは、社会福祉と経済開発の二分化を終息させ、再分配的で消費志向的であるよりは生産主義的で投資志向的なものとしての社会政策概念を再構築しようとする（Midgley, 1995）。こうした点に社会的投資概念との親和性が強い。さらにこのアプローチは、生産主義的な社会政策とプログラムを強調するのみならず、社会的目的のために経済成長の力を利用しようとする広範囲な試みとリンクさせようとするものである。また何よりもそれを実現させる戦略として、個人のレベルでは人的資本の構築を促進し労働市場への参加を増進させることや、アセット（assets）、つまり経済的資産のみならずコミュニティやソーシャルキャピタルのような社会的資産をも蓄積すること、そして大掛かりな企業活動への参加よりは誰もが参加しやすい小規模の企業活動（micro enterprises、もしくはsmall business）を発展させること等が提示されている。このような方向は治療的な対応から投資的なアプローチへとベクトルを変えることを意味するのである。これには短期間的な成果を求めずより中長期的な未来への投資を意味するものと考えられる。なおここで重要な点としてそれによって蓄積された資源やアセットは結果的に「コミュニティ」に集積していくという点である。つまり、社会開発の戦略では個人にではなくコミュニティにターゲットを絞っている[3]。多くのアジアの発展

---

[3]　1940年代にアフリカで実施されたイギリスの植民地福祉担当官による社会プログラムにこのようなアプローチの嚆矢を見ることができる。当時「大衆教育（mass

途上国で高費用の在宅ケアや他の治療的サービスを行うより、サービス供給のための拠点としてコミュニティデイケアセンターを活用する手法が展開されているのも良い例である（Midgley, 1999）。

　またコミュニティのソーシャルワーカーは、住民を政治的な活動ばかりに動員することではなく、地域でソーシャルキャピタル[4]を形成し、住民の生計を促進する事業を行うことにより地域の経済開発を進めていく役割を責務として持つべきであると言う（Midgley and Livermore, 1998）。つまりこれまでの伝統的なコミュニティ組織化は、地域の経済開発プロジェクトに向けて最も焦点を当てる必要があるというのである。例えば高い失業率や荒廃した住宅、そして住民が郊外へと移転してしまい衰退の傾向を増しているコミュニティでは、最も地域の経済的開発をサポートする方向へと社会的介入が必要であると主張している。ここで特にコミュニティワーカーは、生産的な活動に向けてソーシャルキャピタルを形成させ、（とりわけ、女性と低所得層に向けた）新たな企業をつくり、一方コミュニティは地域の企業等の設立をサポートすることや、雇用参加者のためのネットワークを構築すること等を手助けする必要がある。そして国家（政府）においても、これに対しより包括的な意味で経済的参加を阻害する要素やジェンダー等、様々な差別を除去させ、開発が起こりやすい環境を整備していく

---

education）」という名の下に行われた（小規模世帯企業の設立からコミュニティ施設や経済的・社会的インフラの建設にまで及ぶ）一連の農村開発プログラムは、その後イギリス国内に紹介され、コミュニティ・ディベロップメントという名称として展開された。これは明らかに個人に対する救済ではなく、コミュニティに焦点を当てたものである（Midgley, 1995）。

[4] 「ソーシャルキャピタル」は、社会に存在する「個人や集団間のネットワーク」、さらにはそうした社会関係の中に存在する「信頼」や「規範」といった「目に見えないモノ」に着目し、これらが社会の成長、発展、開発にとって有用な「資本」であるという主張で、90年代以降、様々な分野で取り上げられている。一方ミッジリィらは、コミュニティ開発に必要な物理的な施設の供給のみならず、住民を組織し地域の開発に向けた活動を強化させるリボルビング・コミュニティ・ローンのようなコミュニティのアセットを創り出すこと等社会的目的のためのインフラ開発について述べ、ソーシャルキャピタルを、ソーシャル・インフラストラクチャーとして定義している（Midgley and Livermore, 1998）。

ことが求められるのである（Midgley, 1995; 1999）。

　こうした点で注目されるのが韓国のソウル市の事例である。OECD（2018、2021）では韓国のソウル市のインクルーシブグロース（Inclusive Growth）を大きく取り上げた。とりわけそれには、労働市場への参加に困難を抱えている女性、若者、高齢者等の社会的弱者の公的支援や社会的保護の強化に加え、経済民主化アジェンダ（EDA）を設定し中小企業（SMEs, Small and medium-sized enterprises）への集中的な投資を行ったこと、そしてこうした取り組みこそソウル市の包摂型成長（Inclusive Growth）の中心軸であったと紹介している。

　また、直近の政策として注目されるものとして、韓国政府保健福祉部によって導入される「青年ネイル（明日＝未来）貯蓄口座（仮称）」が挙げられる。これは低所得層の若者向けの新たな支援策として2021年下半期から開始される予定である。これは最低賃金以下の若者が毎月10万ウォンを貯蓄した場合、政府から同額の10万ウォンの支援を受けるという仕組みである。これによって当該若者が3年間で計720万ウォン（約70万円）の貯金資産の形成を支援する制度である[5]。

(2) 社会開発の歴史と社会開発論の系譜

　社会開発論というのはまだ厳密な意味での定義があるわけではなく、概念としてはまだまだ形成途中というのが現状であると思われる。したがってここでは、これまでの社会開発論の系譜にかかわる概念の発展過程を追ってその特徴について簡単にまとめてみることにしたい[6]。

　(1) 社会開発の黎明期（1930~1950年代）：この時代は世界中の多くの植

---

[5]　韓国保健福祉部プレスリリース　http://www.mohw.go.kr/upload/viewer/skin/doc.html?fn=1630027138777_20210827101858.hwp&rs=/upload/viewer/result/202109/（2021年9月22日閲覧）。

[6]　日本での概念の普及過程については、前注2で取り上げた杉田（2015、2017）に詳しい。

民地を対象とした生活改良事業や、とりわけ農村地域を対象とした農本復興運動という形で展開された。代表的な地域はイギリスの植民地が多く、アフリカや南アジアのインド等で実践の嚆矢が見られる。中でもインドではタゴールによる「農村地域再建運動」や自助概念を重視したガンジーが始めた農村再建計画等をあげることができる。農業技術の普及や保健衛生の改善、農村金融の取り組み等による農村開発の手法をはじめ、農民の意識改革を促す教育による農民の自覚と自発性を基にした人間開発と見なすことができる（恩田、2001:44-46）。そうした活動や事業が展開することによって次第に社会開発という概念が発展的に形成されていくのは、以下に述べる1960年代からとなる。それまでには開発となると実は経済開発という概念に馴染みがあるように思われる。そこで社会開発は経済開発を補完する性格が強かった。しかし後述するように1980年代以降にその概念の変化が生ずることによって社会開発概念の洗練化が図られるようになる。

(2) 第1期（1960~1970年代）：国連開発の10年

　　社会インフラ時代とも称される時期となるが、当時の社会開発とは生産性の向上に焦点を当てた経済開発に対し、教育訓練、保険、人口・家族計画、貧困、女性の開発、環境等を含んでいるが、より一般的には社会基盤の整備を社会開発と見なし脱植民地後の諸国に対する開発援助の中心として、港湾・道路・電力・上下水道・灌漑設備等の社会的インフラストラクチャーを整備することが政府開発援助（ODA）の大きな目標となった。そうした点では経済開発との異同が明確に区分されていない時代だったということができる。

(3) 第二期（1980年代）：「人間の基本的ニーズ論」と「人間開発」論

　　1980年代に入るとそれまでのハード重視の社会開発時代から路線修正を行い、貧困、環境、女性、人口・家族計画、雇用訓練等の領域が重視されるようになる。

　　世界銀行「人間の基本的ニーズ（basic human needs:BHN）」という新

たな援助分野が取り上げられ、貧困克服が課題となってきた。

　1980年代は経済開発の目的として人間の基本的ニーズの向上等、生活の質にいっそうの関心が高まった時期といえる。これに対し国連開発計画（UNDP）は、1990年から世界銀行の協力を得て「人間開発報告書（human development Report）」を毎年発刊している。この報告は、人間中心型発展（human-centered development）という概念の下、発展の目標を人間に置き、さらにその指標として、保険（平均寿命）、教育（識字率と平均就学年数）、実質購買力による所得水準（所得、雇用）等を設定している。その後もOECD等の機関を中心に様々な援助理念や開発概念が現れるようになった。例えば、「裾の広い成長（broad-based growth）」、「持続可能な発展（sustainable development）」という援助理念、そして「民衆中心型発展（people-centered development）」や「参加型開発（participatory development）」のような概念が登場してきた。こうして、1990年代には、「すそ野の広い成長」路線と結びついて、人間＝民衆中心型の発展戦略が登場した（西川、1997: 6-16）。

(4) 第三期（1990年代）：人間開発にかかわる諸指標が形成された時期である。それに次いで1995年にデンマークのコペンハーゲン市で社会開発サミットが開催され、貧困、雇用、社会的統合の三つが、主要課題として扱われた。

　1980年代以降、新自由主義や多国籍企業による越境的な事業展開が急速化することに伴い、企業間競争の激化に加え企業の合理化、機械化、そして海外投資が促進されることになった。こうした状況の中で成長率が停滞する中、失業率が増加してきた。こうした貧困人口や失業の増加は社会の一体性を損ない社会の分断を引き起こしてきた。そのような状況を背景にEUを中心に「社会的排除」という概念が定立してきた。

4. アセット形成型社会開発の実践

　社会の課題が以前と比べてより複雑化し、かつ不可視化している。貧困や困窮の度合いも、一部既存のような状態を呈しているところもあるが、概して見えづらい。という点で困窮を困窮として捉えにくいため、それに対し施策や支援実践を行うことも至難の業のように思われる。さらに近年は、冒頭でも述べたように、デジタル化が進む中、経済的な変化に加え社会のもろさもいっそう深刻化しており、さらに世代間で感じる格差の度合いも異なりつつある。その中で全世代対応型の社会政策の改革も進められてきてはいるものの、まだまだはがゆく感じられる点が多々あるように思われる。しかしここでは強固な公助のセーフティネットを張り巡らすことが必要となっている。さて、以下では、東アジア各地で実践されている、民間支援の社会開発実践の例をいくつか取り上げる。その特徴ある実践の仕組みから、公助の仕組みを補完でき、かつそれとの協力を強化していくための対応を模索できればと考えている。ここで取り上げる事例の共通点は、単なる物質的な援助に徹するよりは、コミュニティに焦点をあて、支援を必要とする生活困難層の主体性や潜在能力の発芽を促進する支援実践を行っている例を中心に紹介する。

(1) 韓国におけるアセット形成型社会開発実践

　韓国は、日本以上に少子化が進む中、人口減少と労働力の確保の困難にあえいでいる。そのような空白を埋め合わせているのが外国からの移住労働者である。また、少子化の観点からは結婚移住者に頼っている要素もあり、結果として移民政策が大きく宣言されているともいえる。しかしそれにはまた、別の側面の困難層を生み出しており、例えばDV等によって生活困難に加え社会から断絶されてしまった結婚移住女性の問題も大きな社会問題として浮かび上がっている。そのような状況に対し、他でもない当

事者による自助団体として注目されているのが、「Talk To Me」という当事者組織である。この団体の代表自身もスリランカからの結婚移住女性だが、団体発足のきっかけは、「結婚移住女性が韓国社会で活躍するための居場所づくりの必要性を感じたから」としている（川本、2019）。この団体は、2010年の設立後に、結婚移住女性への就労支援を中心に活動しながら韓国社会における結婚移住女性の存在や共生の課題についても大きなメッセージを発し続けてきた[7]。

　このような移民と関連した活動の他、社会的不利地域として、「チョッパン地域（寄せ場型地域）」で行われている実践も特記すべきである。これには二つの地域の活動が代表的である。韓国には、ソウルや大都市を中心に、いわゆる寄せ場型地域がある。交通に便利な立地的特性に廉価の宿があり、日雇い等に従事する単身の男性が主な住民である地域だ。こうした地域で、住民の当事者組織を支援し、それらの自助活動として共済会やコミュニティレストラン、葬祭等の活動を自主的に行う活動でコミュニティの勢いを取り戻している事例である[8]。

　続いて低所得層居住地を基盤としてより包括的な地域支援を展開している事例として挙げられるのは、ボグンジャリコミュニティである。これは、1970年代のソウル市内のスラム地域の立ち退きから、海外の援助団体等による支援を得て自主的な再定住事業を行い、住民によるセルフヘルプによって地ならしから上下水道のようなインフラや住宅建設までを完成させ、その後は住民の生活や福利向上のための協同組合や共済事業、生活支援事業を展開した例である。現在は当初セルフヘルプによる住宅も老朽化が進み建て替えが行われたが、地域支援のためのセンターは社会福祉法人として生まれ変わり、当法人が母体である社会福祉館（ジャグンジャリ

---

[7]　より詳細な実践内容にかんしては、本書掲載の川本の論考を参照にされたい。

[8]　紙幅の関係で詳細を述べるのは省くが、（野村、2019）と松下（2020）、ソン・ドンス（2020）が詳しいので興味のある方はそちらを参照にされたい。また、本書でも松下によるより詳しい論考が掲載されているのでそちらも併せて参照されたい。

総合社会福祉館）による活動を皮切りに活動領域を広げ、地域自活センター（ジャグンジャリ地域自活センター）、女性支援センター（始興女性人材開発センター）、高齢者活動センター（シニアクラブ）、移住者家族支援センター（始興多文化家族支援センター、安山グローバル青少年センター）等に拡大して活動が行われている。

(2) 日本におけるアセット形成型社会開発実践

　日本での関連活動としては、大阪府内の被差別地域である浅香地域を母体に開設された「アサカ・パーソナルリレーションズ（株）」や同じく箕面市北芝地域を舞台に展開している地域通貨プログラム「まーぶ」を取り上げることができる。前者は、主に高齢者や障がい者のような社会的弱者に雇用機会を与えビルメンテナンス事業を行う社会的企業[9]である。大阪府下の役所の建物や地下鉄、大学等の管理委託をも請け負っており、地域に根差した活動によって、社会的弱者の雇用機会の保障や収益の地域還元にも貢献していることが特徴として挙げられる。また、「まーぶ」は、子どもたちの未来をはぐくむ地域通貨として紹介されているように、子ども同士、または大人と子どもが、価値やサービスを交換する際に使われ、地域の活動を手伝うことによって得られたまーぶによって地域行事に参加したり、地域や社会を学ぶ機会も得られるようにしている[10]。このような活動が地域社会にも広く認識されはじめ、近所のショッピングモールやお店等でも使われるようになった。

(3) 台湾におけるアセット形成型社会開発実践

　最後に台湾の事例を紹介する。台湾は、台北市南機場の「幸福バンク」

9　日本では関連する法律が存在しないがために明確な定義を有しない。しかしここでは、社会的弱者を対象にそれらの雇用創出支援や社会参加を手助けする営利企業を「社会的企業」とする。この他に雑誌販売によるホームレスの人々の就労支援や社会参加の機会を創出する「ビッグイシュー日本」等が代表的である。

10　当該地域で発行している「暮らしづくり通信」Vol.13より。

が特徴的である。この事例は、先述した「まーぶ」と同様に地域通貨システムを取り入れた事業である。

　南機場は、台北市の萬華区内にある地域である。日本で言うと町レベルの地域規模である。

　まず、萬華区という地域の特徴としては高齢者が多く居住しているとされる。日本以上に高齢化率が進んでいるわけではないのだが、台北市の平均に比べると多い方である。同区は住宅の家賃水準が低く便利な生活施設が集積しているため特に高齢者や低所得層に人気がある地域だ。こうした萬華区内に立地する南機場は、昔は外省軍人のためのコミュニティだったが、その後は地方からの出稼ぎ労働者等も入り混じる中、住民構成も多様化してきた。しかし現在も住民の多くは軍関係者で、さらに結婚移住者である外国人花嫁も増えており全体的には社会的弱者が多く居住しているとされる。また、地域には公共事業のための立退き等に対する元住民の移転先として用意された整建住宅が多く立地しているが老朽化が激しく、現在は台北市政府による取り壊しによる再開発事業が進められている。

　こうした地域特性を背景に当該地域では、精力的な地域活動を展開する首長を中心に様々な形でのコミュニティプログラムが実施されてきた。それには、非行少年への就労訓練等を行うコミュニティビジネス、コミュニティレストラン等を利用した高齢者支援、空き施設を改修し学童保育や学習支援の場として活用する子ども支援に加え、先述した地域通貨システムを取り入れた「幸福バンク」等の活動が展開されている。

　そこで「幸福バンク」について詳しく紹介してみると、まずその場所として使っている空間は、廃業した地域内の郵便局である。住民と廃業後の対応についてワークショップを行い政府の管轄省庁との協議や市からの補助も得てコミュニティ施設としての利用を実現できた。

　運営システムは、地域のスーパー、宗教団体、企業等からの物資寄贈、または現金寄付を受けたものを原資とし、地域の低所得世帯が地域内の高齢者等に対して行った配食、ケアサービス、そして地域清掃やパトロール

等の活動を地域通貨に換算し通帳に記載し、それを必要な時に物資に換えてもらう仕組みとなっている[11]。

5.おわりに

　冒頭でも述べた通り、世界は今COVID-19によるパンデミックの真只中にある。2020年末よりワクチンが普及されはじめ、その効果を過信して元の日常に戻れたという錯覚を打ち砕くかのような変異株がさらに猛威を振るうことになった。専門家によると、ここ数年内での収束は厳しいのではという見方も広がっている。そうした状況の中、先述したように社会の最も弱い立場にいる女性や子ども、そして近年旧来の貧困や困窮問題に加え、新たな社会的リスクとも関連が深い新しい生活困難層の増加が目立ち、パンデミックの裏で、社会統合の根底を揺らし始めている。こうした問題に対しこれまでと同様の対応を続けるのであれば、社会の将来はない。認めようが認めまいが、世界は既に前のような姿ではなく、その構成員の姿も多様化しつつある。日々変化する社会に相応しい対応の作法をわたしたちは早急に考え、問題に取り掛かっていかないとならないのである。本稿ではそれにかかわる端緒となるアプローチとして社会的投資や社会開発を取り上げ、さらにそれにかかわる東アジア各地の実践例を簡単に紹介した。紙幅の制約により詳しい分析等は別の機会に譲ることにしたいが、こうした実践がニーズを抱えている当事者やそれらのコミュニティに対する実践戦略の一つとして大いに参考になるだろう。時が経てば感染のパンデミックは去っていくと思われるが、貧困や困窮のパンデミックはわたしたちの生活の身近な部分に取り残されるかもしれない。ここでスラヴォイ・ジジェク（2021: 81）が言う、「“貧困のパンデミック”を攻撃せずに“ウイルスのパンデミック”を収束させることなどできないのだ」という

11　より詳しい運営の仕組みは本書掲載の蕭閎偉の論考を参照されたい。

言葉は格言でもあるかのように聞こえてくる。

参考文献

恩田守雄（2001）『開発社会学：理論と実践』ミネルヴァ書房

川本綾（2019）「韓国における国際結婚移住女性の生存戦略と実践：ソウル市と京畿道安山市の結婚移住女性たちによる挑戦」全泓奎編『東アジア都市の居住と生活：福祉実践の現場から』東信堂

厚生労働省（2021）『令和3年版厚生労働白書：新型コロナウイルス感染症と社会保障』

佐藤寛（2007）「社会開発に込められる多様な期待」『テキスト社会開発：貧困削減への新たな道筋』日本評論社

佐藤寛＋アジア経済研究所開発スクール編（2007）『テキスト社会開発：貧困削減への新たな道筋』日本評論社

全泓奎（2015）『包摂型社会：社会的排除アプローチとその実践』、法律文化社

杉田菜穂（2015）「日本における社会開発論の形成と展開」『人口問題研究』国立社会保障・人口問題研究所

杉田菜穂（2017）「社会開発の時代：1960年代の日本をめぐって」『経済学雑誌』大阪市立大学経済学会

スラヴォイ・ジジェク（2021）『パンデミック2：COVID-19と失われた時』株式会社Pヴァイン

ソン・ドンス（2020）「東子洞（ドンジャドン）チョッパン地域の敷居のない銀行」全泓奎編『東アジア都市の居住と生活：福祉実践の現場から』東信堂

西川潤（1997）『社会開発』有斐閣

野村恭代（2019）「地域福祉の新たな地平：貧困運動を契機としたまちづくり」全泓奎編『東アジア都市の居住と生活：福祉実践の現場から』東信堂

濱田江里子・金成垣（2018）「社会的投資戦略の総合計画」『社会への投資：＜個人＞を支える＜つながり＞を築く』岩波書店

ホリデイ・ワルディング編（2007）『東アジアの福祉資本主義――教育、保健医療、住宅、社会保障の動き』法律文化社

松下茉奈（2020）、「敦義洞（ドニ・ドン）チョッパン村の実験と挑戦」全泓奎編『分

　断都市から包摂都市へ：東アジアの福祉システム』東信堂

三浦まり（2014）「社会的投資戦略は日本の危機への切り札」『生活経済政策』No.
　214、3-5

宮本太郎（2020）「社会的投資戦略を超えて」『思想』（8、no.1156）、岩波書店

宮本太郎（2021）『貧困・介護・育児の政治：ベーシックアセットの福祉国家』朝
　日新聞出版

諸富徹（2020）「経済成長を通じて平等な社会を築く」『思想』（8、no.1156）、岩波書
　店

諸富徹（2020）『資本主義の新しい形』岩波書店

Giddens, Anthony（1998）*The third way : the renewal of social democracy*, Polity Press（ア
　ンソニー・ギデンズ（1999）『第三の道：効率と公正の新たな同盟』日本経済評論社）

Kim, Mason M. S. (2016) *Comparative Welfare Capitalism in East Asia: Productivist Models
　of Social Policy*, Palgrave Macmillan（阿部昌樹・全泓奎・箱田徹監訳（2019）『東アジ
　ア福祉資本主義の比較政治経済学：社会政策の生産主義モデル』東信堂）

Midgley, J. (1995) *Social Development: The Developmental Perspective in Social Welfare*,
　London: SAGE.（萩原康生訳（2003）『社会開発の福祉学』旬報社）

Midgley, J. and Livermore, M. (1998), "Social Capital and Local Economic Development:
　Implications for Community Social Work Practice," *Journal of Community Practice 5*,
　no.1/2, pp.29-40.

Midgley, J. (1999) "Groth, Redistribution, and Welfare: Toward Social Investment," *Social
　Service Review*, pp.3-21.

Midgley, James (2017) "Social investment: concepts, uses and theoretical perspectives" in
　James Midgley Espen Dahl Amy Conley Wright, *Social Investment and Social Welfare:
　International and Critical Perspectives*, Edward Elgar Publishing, Inc.

Midgley, James (2018) "Social Development, Asset Building, and Social Investment: The
　Historical and International Context," *The Journal of Sociology & Social Welfare*: Vol. 45
　: Iss. 4., pp.11-33.

Morel, Nathalie, Palier, Bruno and Palme, Joakim (2012) "Beyond the welfare state as we
　knew it?" in Morel, Nathalie, Palier, Bruno and Palme, Joakim (eds.), *Towards A Social
　Investment Welfare State?: Ideas, Policies and Challenges*, Policy Press.

OECD (2018) *Inclusive Growth in Seoul Korea.*

OECD (2021) *Inclusive Growth Review of Korea: Creating Opportunities for All.*

Sherraden, Michael (1991) *Assets and the Poor: A New American Welfare Policy*, Armonk, NY: M. E. Sharpe.

Tayler-Gooby, Peter (2004) "New Risks and Social Change," P. Taylor-Gooby (ed.), *New Risks, New Welfare: The Transformation of the European Welfare State*, Oxford University Press.

UN HABITAT (2020) *World Cities Report2020 The Value of Sustainable Urbanization*

第2章　公害問題から検討する「社会開発」

県立広島大学

志賀信夫

1.はじめに

　日本の高度経済成長期における公害問題を通して「安全とは何か」を問うた武谷三男著『安全性の考え方』は、次のような文章でとじられている。「日本では公共の福祉のために基本的人権を制限する方向でのみ公共という言葉が横行している。しかし、本来公共の福祉のために制限されるべきことは"特権"であって"人権"ではない。基本的人権を守るためにこそ公共の福祉があるのだということである。それこそが、『安全の哲学』なのである」（武谷、1967: 226）。

　武谷の著書は半世紀以上前に書かれたものだが、ここで展開されている主張はいまなお大変な妥当性と説得力を持っている。本章は、武谷によって展開されている主張を「社会開発とはなにか」を問いながら理論的に彫琢していくことを試みる。

　本稿では、「公害[1]問題の原点[2]」と呼ばれる水俣病を取り扱う。従来の社会政策研究の多くは、貧困問題、差別問題を公害問題と別個に議論してきた 。しかし、原田（1992; 2007）が指摘するように、自然環境の破壊と汚

---

[1] 「公害」の定義については、都留が以下のように定義している。「（一）技術進歩がま

41

染に伴う公害問題は、差別と貧困の問題と深く関係している。それどころか、公害問題という視点を通してみれば、これらの諸問題は相互に深い関係があり、切り離して理解することが不可能なものであるとわかってくる。後に述べるように、原田だけでなく公害問題を通して社会をみてきた都留重人、宮本憲一をはじめとする研究者は、公害病は生理的弱者からはじまり、社会的弱者に集中するということを強調している。

差別は被害者の社会的不利を固定化・助長するだけでなく、彼ら／彼女らに貧困を招く。実際に、社会的不利を押し付けられた人々や地域は、汚染された地域での居住の継続や汚染された飲料水・食料の摂取を余儀なくされてきた。また、貧困状態に陥った人々は、汚染された飲料水・食料であるとわかっていても、それらの摂取を余儀なくされることが少なく中った。

水俣病をはじめとする公害被害について議論しようとする場合、花田（2018）が指摘するように、これを環境問題にスライドさせてしまうことで看過される重要な視点がある。例えば、被害者の人権侵害という問題である。被害者の人権問題を後景化させてしまうことによって導出される社会政策学的知見は、人間生活の現実を看過してしまう可能性を大いに孕むものとなるだろう。花田が指摘するような「人権問題の看過」を回避する

すます社会的性格を強めつつある段階において、したがって一経済主体の外部から受ける影響が大きく、それが外部に与える影響も大きい段階において、（二）経済主体の私企業的な自主自責の原則を貫くかぎり、（三）集積の便すなわち外部経済を利用しようとする積極的動機も手伝って、集積傾向はおのずから強まることだし、（四）外部に及ぼす悪影響は最小限の防除が行われるだけで、周辺地域に集積して、量の質への転化を生むが、（五）その結果については、個々の経済主体との因果的結びつきが実証困難な場合が多くて、個々の経済主体は責をのがれ、（六）『外部』すなわち通常は不特定多数の企業ないし個人、例外的には特定の企業ないしは個人に対し、実害を生む事態」（都留、1968: pp.14-15）。この公害には、「産業公害」「都市公害」「権力公害」等のいくつかの類型がある。。

2　何をもって「公害の原点」であるといわれるか、ということについて原田（2004a）は以下の2点をあげている。①「工場の環境汚染によって食物連鎖を通じて起こったこと」、②「胎盤を通じて胎児性水俣病が発生したこと」である（原田、2004a: p.12）。

ために、筆者は「社会開発」という視点からの問い直しが一つの有効な方法であると考えている。

　社会科学の基本に則すならば、被害者の具体的な生活から出発してこれを記述し分析していく必要がある。被害者の具体的な生活から出発せねばならないとする理由は、単にそれが社会科学の作法であるということに限局されるものではない。例えば、被害者の医学的症状の顕現という、生活の一部分だけが切り取られて議論が展開されていくことに対する警戒がある。環境汚染による人権の侵害は、環境汚染がはじまる前の企業主義的な経済開発が開始されたときから既に始まっており、被害者の生活全体および人生全体の問題として理解する必要がある。このような理解に立つならば、水俣病事件の被害者とは、国の基準によって認定された水俣病患者だけに限定されるわけではないことにも注意が必要である[3]。

　被害者の具体的な生活から出発するとき、さらに見えてくることがいくつかある。その中で筆者が特に注目したいのは、①差別の問題、②自然と人間のあいだの「物質代謝の攪乱」の問題の2つである。両者は人間生活の抑圧という、同じ事柄を別々の視点から捉えつつ言語化したものである。これら①②のいずれも、資本主義の社会構造に着目する必要があることを示すものである。

　以上を踏まえつつ、本稿が人権侵害という視点から公害問題を議論することによって得られる知見は、企業主義的な経済開発に対する社会開発の重要性のみならず、社会開発の重要な要件として「積極的差別是正」に着目する必要があるということである。

---

[3]　なお、被害者の具体的な生活から出発するという場合、まずもって必要なのは彼ら／彼女らの生活に関する調査を実施するということであろう。いまなお水俣病事件は終わっていない、という水俣病被害者や彼ら／彼女らにかかわってきた研究者の主張にそくして考えるならば、改めて研究調査を行うことも必要不可欠である。しかし、本研究はそうした直接的な調査について未着手である。したがって、本稿での議論は、いまだ先行研究にのみ依拠して展開されているという欠点があることはことわっておきたい。

2.公害病と差別

　本節では、水俣病の概要と水俣病をめぐる差別[4]について整理する。

　水俣病とは、「チッソ工場の排水にあったメチル水銀が、海にいる魚や
貝等に入って、それを人が食べることによって起こ」（水俣病センター相思
社HPより）った公害病である。チッソ水俣工場は熊本県水俣市にあり、工
場排水は水俣湾に垂れ流されていた。水俣地域でおきた公害病の原因物質
は「有機水銀」であるが、「有機水銀中毒」ではなく「水俣病」と呼ばれ
ている。あえてそのように呼ぶ理由は、環境汚染に始まり食物連鎖と生物
濃縮を通して引き起こされた有機水銀中毒であるという、水俣病の発生メ
カニズムの特異性があるからであり、直接中毒と混同しないようにするた
めであるとされる（原田、2004b: p.32）。水俣病は1956年に熊本県水俣市に
おいて公式に発見され、1957年に発生地の名称から命名された。

　この水俣病被害の過程において、差別と貧困は大いに関係していたとい
われていることは既に言及した。水俣病被害者の側に立ち、尽力してきた
医師である原田は、当初、水俣病が起こったために差別と貧困が生じた
のだと考えたが、実際はその逆であったという知見を世界の公害病調査
を通して得たと論じている（原田、2007: p.123）。つまり、「公害が起こって
差別が起こるのではなく、差別のあるところに公害が起こってい」（原田、
1992: p.9; 2007:p.85）たのである。

4　差別について論じるためには、そもそも差別とは何かを説明しておく必要がある。
本稿における差別の定義は、特定の人々や地域に対して、社会的不利を強制し、格差や
不平等を固定化あるいは助長する機能を担った区別の行為、あるいはその実践過程、と
する。この定義は、ウォーラーステイン（Wallerstein, 1983）、モーリス＝スズキ（2012）、
梁（2020）による「レイシズム（racism）」の定義をヒントにしている。いずれの人種差
別の定義も、単なる差別者の被差別者に対する意味のない行為としてこれを理解するの
ではなく、格差・不平等を助長・固定化する機能をその中に見出している。これはレイ
シズムのみならず、差別全体に言い得ることである。むしろ、これらのレイシズムの定
義は、差別の定義そのものであるといっても差し支えない。

　水俣病の歴史をみれば理解できるように、また、本稿の注釈7に言及するように、企業主義的な経済開発による被害を押しつけられたのは、差別の対象となった地域であった。そして、その地域において社会的不利を押し付けられてきた人々に水俣病の発生は集中した。加えて、環境汚染による健康被害は、胎児、乳幼児、老人、病者等の生理学的弱者がより強い影響を受けるということも指摘されている（原田、2004b: pp.25-27; 2007: p.124）。総合して考えるならば、差別の被害者であり社会的不利を余儀なくされている家族の子どもや高齢者が、環境汚染の影響を最も被ったということである。

　水俣病という公害病事件における差別について類型化すると、「(1) 地域に対する差別」、「(2) 地域における差別」のような整理が可能であろう。さらに、加害企業である「(3) チッソ工場内における差別」についても整理しておく必要がある。(3) の整理は、本稿「3-3.経済成長批判と社会開発の意義」において重要になってくる。

　まず「(1) 地域に対する差別」は、都市による地方に対する差別である。地方に対する差別とは、地方に住む人々に対する不合理な区分であり、その文化や生活様式の軽視である。こうした地方に住む人々に対する差別は、地方でないところに住む人々が自分自身とその生活様式の相対的な優位性を主張するのみならず、その優位性なるものを梃子にして地方から搾取するために維持されている[5]。寒村である水俣村にチッソが進出したのは、人道的な社会開発を目的としていたのではない[6]。

---

[5]　この差別は、地方の人々に対する意識な差別だけに限定されない。地方の人々に対する特定の人間モデルの押し付け等の形態をとることもある。「男性/女性はかくあるべし」等のようなジェンダー規範が差別であるということと同じである。

[6]　岡本・松本編著 (1990a) は、水俣の住民らに聞き取りを行い、それを記述した貴重な資料である。そこには、次のような住民の声が記録されている。「水俣は、地主の連中が全部田圃、畑を、押さえてしもうとった。そして、水俣の産業というものを、どうやって発展させるかという考えを、ほとんど持たなかったんです。地主の所はどこも子供を、東京の私立大学に入学させた」（岡本・松本、1990a:p.41）。これは、明治の末までに労働を「賃労働」に転化させる条件が形成されていたことを示している。つまり、

「(2) 地域における差別」とは、地域住民が同じ地域の住民に対して行う差別である。これは「(3) チッソ工場内における差別」とも関係している。チッソ工場内の労働者は、「工員」と「社員・職員」という呼び方がなされ、同じ仕事をしていても賃金には大きな違いがあった。この差別に関する当時の状況および労働組合の対応については、花田 (2021) に詳しい。チッソの労働者であった山下は「職工は牛馬と思って使え」というチッソの基本方針があったということに言及している。また、工場内だけではなく地域において男性工場労働者の配偶者は、「社員の奥さん」「工員の奥さん」というような呼び方がされていたといわれている (山下、2004: p.73)。工場内における不合理な区分は、地域生活における住民同士の区分 (「(2) 地域における差別」) にも影響していたということである。

「(3) チッソ工場内における差別」は、工場内における待遇や賃金の格差を維持させるための労務管理に利用されていた。つまり、資本による労働者の序列化と統治に利用されていたということである。労働者の序列化と統治によって、経済的搾取を安定的に維持できるのみならず、コストのかかる直接的暴力による統治ではなく、労働者自身の強制的自発性に訴えた規律化が可能となるのである。これは、チッソが現在の北朝鮮の興南地域で行った企業主義的経済開発、あるいは植民地主義的経済開発[7]と同じ

人々の多くが土地から引き剥がされていたのである。「百姓するには土地持たん人たちが、会社に行けば安くても三〇日まるっぱ出られるから、ということを考えて、はいったわけですな」(岡本・松本、1990a: p.48)。さらに、土地を所有していた地主たちは従来の村落共同体をどのようにしていくのかについて方策を提示することもなく、共同体的生産も不可能となりつつあった。ただし、水俣村に化学工場が建設されたとき、工場労働に関する情報不足に基づく不信と実際の低賃金という悪評ゆえに、はじめに雇用されたのは村の最貧困の人々であった。

7　日本窒素を世界的な化学工業会社にしたのは、国家による後押しを受けてなされた朝鮮半島における植民地主義的かつ企業主義的な経済開発によってである。特に北朝鮮興南地域において行われていた開発は、その典型をなしている。昭和初期のこの地域における家屋は20~30戸ほどしかなかった。岡本・松崎 (1990b) によれば、この先住民たちは、その土地から引き剥がされ、九竜里に移転させられた。移転に応じない者は、暴力的に従わされた。こうして昭和2年 (1927年) 5月、日窒が工場設立に取り掛かり、やがて人口約18万人となる大都市となった。興南の諸工場で働く者だけでも4万5千人い

方法である。工場労働者に対する抑圧的な管理は、工場外の住民生活や社会関係にも影響を及ぼしていた。例えば、分断された労働者は、工場外における水俣病被害者と同じ地域に住む住民でありながら、公害の被害を訴える社会運動をめぐって連帯することが非常に困難だったのである。具体的には、企業や行政の不誠実な対応に不満が爆発した漁民による1959年の乱闘・チッソ工場乱入事件の際のチッソ労働組合の対応をみればわかりやすい。労働組合は企業と一緒になって漁民を糾弾したのである（宇井、1968:p.110）。「職工は牛馬と思って使え」というチッソの基本方針は、労働者間の分断、地域住民間の分断を助長し、資本に迎合せざるを得ないような労働組合の思考様式を形成していたということが理解できる。

3. 社会開発の特徴

(1) 「自由の平等[8]」と「無所有への対応」

　水俣病の被害者に対して、社会政策ができることは何か。それは、事後的に被害者に一定額を補償することだけではない。むしろ、それだけに限

たということである。また、日窒が所有していた興南地域の土地は5百万坪以上あった（鎌田、1970）。この興南工場において、日本人と朝鮮人とのあいだで賃金差別や居住環境における差別があったことが指摘されている（鎌田、1970 ; 小林、1973 ; 岡本・松崎、1990b）。また、興南工場の労働者による語りの中には、次のようなものもあった。「水俣の日雇のとき、野口社長が『職工は牛か馬と思って使え』といったという話を聞かされとったもんな。それと同じで、そういう腹で朝鮮人を使え、朝鮮人に情けをかけちゃだめということを、いわしたろうと思ったな」（岡本・松崎、1990: p.94）。植民地支配下の開発については、許（2008）が指摘するように、日本企業のためだけのものであり、朝鮮人のためのものではなかった。

8　本稿で論じている「自由」とは、無規定的なものではなく、市民社会における共同的に形成される自由である（権利＝自由の共同的表現）。市民社会における共同的な自由が、法的な形態をまとったものが権利である（権利＝自由の法的形態）。つまり、市民社会において、最低でも保障されるべき「自由の平等」の水準とは、シティズンシップの諸権利として明記されているすべてのものである。自由の広がりを期待する要素は具体的に3つある。資産および所得の多寡、社会環境整備の程度、個人的差異性に対する社会的配慮の程度である。これについては、志賀信夫（2016; 2020a; 2020b）に詳論されている。

定して事の終結をみようとするならば、その補償は人々が漏らす不満や異議申立てに対する「口止め料」として機能してしまうだろう。補償が口止め料として機能してしまうとき、国の基準によって認定された者とそうでない者とのあいだに分断が生じてしまうかもしれない。その分断は、積極的に両者を切り離すというわかりやすいものだけではなく、補償された人々の異議申立ての動機を解消させていくことで、被害者全体の社会的力を次第に削いでいくという消極的でみえにくいものでもある。

　必要なのは、すべての被害者に対して「自由の平等」を保障することである。ここで主張している「自由の平等」とは、セン（Sen, 1992; 2009）のケイパビリティアプローチにヒントを得ている。

　「自由の平等」は、被害者のあいだだけの平等ではないことは注意喚起しておきたい。ここでいっているのは、この社会のすべての構成員に保障すべき自由の水準を被害者の人々にも保障するということである。もちろん、これは被害者の人々に対する金銭的補償が不要であるということを意味しない。金銭的補償は、人々が実質的な自由の広がりを確保するうえで必要不可欠な条件である。ただし、それは十分条件までみたすものではない。

　「自由の平等」を達成しようとする最初の政策的試みは、医療・保育・教育・介護・居住等の人間生活に必要な社会サービスを限りなく低額化する、あるいは無償化するというものである。これらの政策パッケージは、ベーシックサービス（BS）と呼ぶべきものであり、佐々木・志賀編（2019）においてもベーシックインカム（BI）を批判的に検討する中で提案されている[9]。ただし、BSが実現されても、それが官僚的な管理のもとに置かれているならば、十分にその機能を発揮することができない可能性がある。

---

[9]　BIは「所得の平等」を達成するが「自由の格差」を生み出す。これに対して、重要なのは、「自由の平等化」である。労働者階級が獲得してきた諸権利は、社会全体で実現すべき平等化されるべき自由の領域について約束し法的形態をまとわせたものである。つまり、権利とは自由の共同的で法的な表現形態なのである。

日本におけるこれらの社会サービスは、官僚的管理であるか、企業的管理と官僚的管理の混合物となっているため、単に企業的管理を官僚的管理に置き換えるというのではなく、民主的管理にしていくこと、つまり「コモン化」するという主張の方が、より現実に即していると思われる。したがってこれは、単に社会サービスの「国有化」を意味するものではない。例えば、斎藤（2020）は「〈市民〉営化」という呼び方をしている。各種のサービスを脱商品化することで企業的管理から脱するのみならず、官僚的管理にも依存せず、民主的管理とするということが「コモン化」である。

　この「コモン」は、「無所有への対応」という側面からも非常に有効である。資本主義社会において、労働者階級は基本的に自らの労働力以外には売るべきものがない無所有者である。無所有者であるからこそ、他者や自分を傷付けるような労働であっても従事せざるを得ない場合がある。資本主義社会において、非自発的失業が貧困とほぼ一体的なものとなっていることや、働いていてもなお貧困であるという状況（＝ワーキングプア）が生じるのも、この無所有状態を余儀なくされているということが原因である。

　この無所有状態に対して、共同所有物の領域を徐々に増やしていったり、人々を小生産者化（本稿では詳論できないが）していくという取り組みは、貧困対策としても、持続可能な社会開発政策としても非常に有意義なものであるとみることができる。特に、共同所有の領域を徐々に増やしていくということは、別の視点からみれば、貨幣を使用しなければ獲得できないような領域を減らしていくことに他ならない。賃労働への過度な依存を後退させることができるのである。またこのことは、貨幣獲得のために企業主義的経済開発を地域の人々が肯定せざるを得ないという可能性を縮小するという意義もある。人権を無視した経済開発の相対化の契機となり得るのである。

　「コモン」とよく似た概念として、宇沢（2000; 2015）による「社会的共通資本」という概念があるが、本稿で提案している「コモン」との違い

は、その管理の方法、そして「労働（人間と自然の物質代謝を媒介するもの）への注目」にある。両者はともに環境や人権という視点はあるものの、宇沢はコモンの管理が官僚的管理の域にとどまっている。これでは、水俣の事例のように、企業の利潤追求と被害者の生活補償という利害対立の中で、官僚組織の1つである行政が必ずしも被害者の側には立たず、むしろ企業の側に立ってしまったという事実を真の意味でこえていくための提案にはなり得ない。

　水俣病被害の過程を「差別」というところから捉え返すとき、既に起きてしまった被害を補償するための「自由の平等」を達成するとともに、再び同じ歴史を繰り返さないようにするための予防策を形成していくためには、本稿でいうところの民主的な共同管理の中に、参加できない人々を創り出してはいけないのである。差別という事態を看過してしまうと、共同管理が達成されたとしても権力勾配は残り続け、排除や周縁化は解消されないからである。

　あらゆる差別の実質的解消は、コモンの共同管理だけでなく、社会的不利地域における企業主義的経済開発の強行の試みに対しても抵抗可能性を生み出すことになる。これについては、さらに「物質代謝の攪乱」という視点からみていこう。

(2) 企業主義的経済開発による「差別」と「物質代謝の攪乱」

　本稿で主張しているところのコモン化について、これに必然的に要請される民主的な共同管理は、人間生活と自然環境のあいだの「物質代謝の攪乱」[10] というネガティブな事態に対しても一定のポジティブな貢献が可能である。「物質代謝の攪乱」に対抗する論理は、日本においては、岩佐

10　「物質代謝の攪乱」とは、人間と自然の物質代謝は循環過程とみることができるが、人間の経済活動による自然からの一方的な収奪によって、この循環過程に亀裂が生み出されることである。この亀裂が生じると人間の再生産にも直接的影響が生じてくる。原田の「子宮は環境である」（原田、2007: p.40）という指摘はその具体的事例を示すものである。

（2007）、岩佐・佐々木（2016）、斎藤（2020）等のマルクス研究から導出されている。

　そもそも、水俣病は資本の価値増殖のための活動（経済活動）のために、人々を土地や海等の自然から引き剥がすというところから始まっている[11]。水俣病被害の始まりは、公害病が発見された年でもなく、国が被害者の一部を患者として認定した年でもなく、工場排水によって自然に異変が生じた年でもないと筆者は考えている。自然と共生していた人々の生活が自然から引き剥がされ、物質代謝の攪乱がなされる契機となる開発の準備段階から始まっていたとみるべきである。つまりそれは、共同的な労働（素朴な形式ではあるが）が解体され、人々が個人化した結果、私的労働を余儀なくされてしまうような契機である。後のチッソとなる企業が水俣村に進出したのは、1908年であり、その前後までさかのぼって再検討する必要があるだろうということである。これは本稿で強調したいことの1つである。差別を通して公害病の被害をみるとき、その被害は加害企業が国や行政とともに差別の実践を開始する時点から始まるのである。

　「物質代謝の攪乱」を生起させる契機となった開発は、差別のあるところでなされ、継続される。例えば、東京から遠く離れた漁村で起きた水俣病事件は長らく放置された一方で、東京湾で起きた本州製紙事件には素早い対応がなされたことから、宮北は「差別されたところに犠牲が押し付けられてきた」（宮北、2015:p.33）と指摘している。また、宮北は沖縄の嘉手納爆音訴訟にかかわってきた経験からもやはり同様のことがいえるのではないかと論じている。「公害が起こって差別が起こるのではなく、差別のあるところに公害が起こっていることが分かった」（原田、1992:p.9;2007:p.85）という原田の経験的知見も再び思い出される。水俣の場合は、都市による地方に対する差別、そしてさらに地域内では、一部の住民がさらに社会的不利を余儀なくされている他の一部の住民に対して差別

11　これは、水俣病だけに限定されない。興南地域で発生した興南病、四台公害病、さらには沖縄の基地問題（権力公害と呼ぶべきもの）も同様のことがいえる。

を行った。「誰も文句を言わんから立地ができる。つまり公害が流せることによって高度成長が可能になる」（宇井、2006: I-p.27）という宇井の指摘は鋭い。

また、宇井は、公害が経済成長の「ひずみ」や「結果」であるという表現について、それは企業の側に立つものであると厳しく指摘している。なぜならば「ひずみというのはひずまないようにやっていけば公害はおこらないという考え方を前提としている」（宇井、2006: I-p.26）からである。「ひずまないようにやっていけば公害は起こらない」というのは、環境汚染物質が許容量や基準値以下であれば、公害は起きないので、被害を訴えても加害者は対応しないということに他ならない。

宇井によるこのような指摘は、例えば栄養失調や感染症で死亡率の高い社会において、環境汚染による健康被害が過小評価されたり看過されたりする可能性が高いこととも関係している。つまり、健康状態の悪化はもともとの社会環境における健康状態と加齢等によるものであり、環境汚染との因果関係が不明であるとされるかもしれないということである。これは企業主義的経済開発による「ひずみ」が過小評価されるということである。

こうした分析から導出できる知見の1つは、経済成長概念を再検討する必要があるということである。SDGs等の近年掲げられるようになってきた開発目標ですらも、企業主義的経済開発という根本問題に手を付けなければ公害被害を解消させることはできない。既に指摘したように、かえって被害を見えづらくする可能性すらある。被害が見えづらくなれば、社会的に最も不利であることを余儀なくされている人々の被害は無視されてしまうだろうことは想像がつく。

なお、前段で論じたコモン化を企業主義的経済開発の下で達成することができないのは、労働が共同体的に行われるのではなく、私的に行われるからであるということについても補足説明をしておきたい。マルクスが指摘するように、私的労働の発生は労働生産物が商品化するために必要な条

件となっている（『資本論』第一巻）。労働生産物が商品になるとき、重視
されるのは使用価値（商品が持つ有用性）ではなく価値である。そうなって
しまうと、その地域にどれほどエッセンシャルな需要があるかということ
を考慮するのではなく、利潤を生み出す需要への対応・生産に集中してし
まうようになる。価値に集中する生産活動の目的はそれ自身の増殖（＝自
己増殖）であるため、自然からの過剰搾取を行うものにならざるを得ず、
持続可能性のないものとなってしまう。自然環境にどれだけ負荷をかけ破
壊しようが、労働者をどれだけ酷使しようが、価値増殖という目的を放
棄できないような制御不可能な状況（＝物象化）が生じてしまうのである。
SDGsは、こうした物象化を制御するようなものではなく、あくまでも、
企業主義的経済開発の許容範囲を定めようとするものでしかない。

　資本主義が成熟し、利潤率が傾向的に低下してきたことが確認される社
会においては、自然からのより激しい搾取、より一層の環境汚染、より一
層の労働者酷使が予想される。そして、実際にそれは生じている。共同は
分断に、人権は差別に、分配は貨幣に置き換えられていっている。

　これに対して、生活者である人々が相互にアソシエートし、私的労働を
共同労働に転化することができれば、価値ではなく使用価値の生産を重視
できるようになる。使用価値を重視するということは、その共同体に必要
なもの以上を自然から搾取する必然性が失われているということである。
ただし、このようなアソシエーションは、差別が解消されないかぎり成功
することはない。

(3) 経済成長批判と社会開発の意義

　戦前においては、「富国強兵」と言われるように、経済成長が軍事力拡
大のための前提条件であった。戦後、高度経済成長期においては、国家が
経済成長を促し、実際に多くの人々の生活状態が向上した。このときまで
は、国家が市場をコントロールするか、国家と市場の協力関係が保たれて
いた。しかし、概ね1980年代以降、新自由主義が相対的に強力になると、

経済成長によって国家の社会政策が評価されるようになった。つまり、国家が市場の軛から逃れられないようになったのである。いずれにしても、経済成長という目標は依然として堅持され、企業主義的経済開発はそれを正当化する論理を時代状況にあわせて変化させながら展開され続けている。

　水俣病事件をみれば理解できるように、企業主義的経済開発が差別を利用して展開されていくとするならば、公害病の予防は科学技術の進歩に期待した議論に終始するのではなく、差別の是正や解消というところまでみていく必要がある。差別を解消するという試みは、分断された人々の私的労働を共同労働へ転化させていく契機を創出してための試みに他ならない。「社会開発」概念は、これまでの企業主義的経済開発ではなかったこうした契機創出の可能性を有しているところにその特徴がある。

　社会開発は、しばしばいわれるように、企業による上からの経済活動が中心となるというよりは、個人やコミュニティの人々による内発的な参加が中心となる（Midgley, 1995）。モナド化された人々の私的労働を共同労働に近似させていくこのような社会開発の方法は、前段でも言及したように、また、宮本が適切に指摘しているように、宇沢の「社会的共通資本」のような「資本概念の拡大や専門家集団による政策決定原理」（宮本、2015: p.89）を伴うようなものではない。

　このような、各々の個人やコミュニティの人々の参加を重視する「社会開発」概念は、従来の経済成長主義に対して批判的である。ラスキ（Lasch, 1991）が従来の経済成長に支えられた「進歩（progress）」に対して厳しい批判をしていることを受け、ミッジリィは社会開発の研究において、この「進歩」という考え方に対する批判的検討をさらに深めていく必要があることを主張している（Midgley, 1995: p.83）。従来の「進歩」概念批判のヒントとなるのは、「脱成長（degrowth）」の理論である。確かに、「脱成長」理論における「成長（すなわち「進歩」）」概念の変革は注目に値するし、今後も様々な視点からの議論がなされるべきである。

　現在の「成長」概念は、基本的にGDP（Gross Domestic Product）で計算されている。GDPより以前は、GNP（Gross National Product）で計算されていた。GDPやGNPを使用する成長概念は、競争と大量消費を前提としている。そして、大量消費を実現するために、絶えず消費を喚起する刺激策を必要とする。そこでは、どれだけ商品が売れるかが重要であって、人々のエッセンシャルな需要がどれだけ充たされているかは関係ない。GDPが主たる成長の指標として使用されねばならないうちは、企業主義的経済開発に対する規制は困難であり続けることが予想される。

　日本においては、1963年に発足した都留や宮本をはじめとする公害研究委員会によって、はやくも経済成長理論の批判的再検討がなされている[12]。公害問題という視点からだけではないが、世界的には、1960~70年代からGNP批判が展開されるようになった[13]。GDPにせよGNPにせよ、それらに対する主要な批判は、外部経済の内部化は行うが、外部不経済については内部化しないということに対して差し向けられている。国の政権運営の評価がGDPのような効果測定装置に依拠するならば、環境汚染の予防策等や社会保障については、企業の経済活動の果実を最大化させることを阻害しないような抑制的なものとならざるを得ない。

　近年、GDPによる成長概念が必ずしも人々の幸福度を向上させるものではないという認識のもとに、新たな評価指標作成を試みる先行研究は、スティグリッツ、セン、フィトゥシ（Stiglitz, Sen and Fitoussi, 2010）等によっても開始されている。スティグリッツらの取り組みの基礎となっている認識は、採用する評価指標が思考様式を規定するのであるということである。

　もちろん、スティグリッツらのような著名な研究者がそうした提案を行

---

[12]　委員会の成果としてのGNP批判は都留編（1968）に展開されている。他にも都留（1972）にみることができる。

[13]　例えば、ベル（Bell 1973）やヘンダーソン（Henderson, 1978）等の研究をあげることができる。

えば、世界に大きな影響を与えることができるかもしれないが、そうした影響力が実行力をもって作用するようになるには、各地域における人々の連帯による私的労働の共同労働への転化という展開をまたねばならないだろうと筆者は考えている。「GDPの向上＝成長（Progress）」という思考様式に欠陥があることを啓蒙するだけではなく、そうした思考様式を再生産する労働のあり方を変化させていくことが必要である。理念がいかに魅力的なものであったとしても、連帯なしにその実現は不可能である。

　本稿第2節で言及したように、水俣病事件の過程において、私的労働を余儀なくされてしまう原因となったのが、差別であった。そして、その差別がさらに利用されて、チッソの労働者内の分断が創出され、工場内での事故や水銀の曝露による有機水銀中毒の被害を増加させただけでなく、住民との共同性の成立をさらに困難にさせた。こうした事実から、筆者は連帯を可能にする契機となるものの1つが、積極的差別是正の諸実践にあると考えている。だからこそ、本稿は「差別」に注目してきたのである。

4.社会開発にとっての積極的差別是正

　本稿冒頭で引用した武谷は、同著において「現代の安全の問題のなかでは、いつも"公共"と"利潤の立場"の二つが対立している」（武谷、1967: p.204）と述べている。

　この指摘に対して、本稿では「公害の原点」である水俣病の事実およびそれに携わった人々の経験的知見をもとに、「社会開発」の輪郭を見定めようと試みてきた。「自由の平等」を目指すだけでなく、私的労働から共同労働への転化による「コモン」の実現や、GDP中心主義からの脱却という理念も非常に魅力的であることについて言及した。しかし、魅力的な理念が言明されたとしても、その理念を現実のものとするような実践との連関が明らかにされなければ、理論的説明としては未完であるといわざるを得ない。

　論じてきたように、差別の機能は資本の自己増殖活動に不可欠なものとして利用されてきた。特に、企業主義的経済開発においては、それが顕著にみられた。したがって、こうした差別や構造的暴力に対抗するところから出発することなくして、上述したような理念を実現することは不可能である。企業主義的経済開発によって生み出されるネガティブな現実から出発して分析していくことで、そこからあるべき「開発」のあり方がみえてくる。このあるべき「開発」が「社会開発」に他ならないものである。したがって、「社会開発」概念は、企業主義的経済開発による差別や構造的暴力を積極的に是正しようという具体的実践（積極的差別是正）と切り離して論じることができないのである。

　「積極的差別是正」がなければ、「持続可能な開発目標（SDGs）」の理念が掲げられるようになったとしても、それが許容する範囲内で企業主義的経済開発は最大限推進され続けるだろう。これでは公害も一方的な企業主義的経済開発も根絶することはできない。それどころか、長期にわたる微量汚染による健康被害はますます不可視化され、生理的弱者や社会的弱者の声はより一層小さなものにさせられていくだろう。

参考文献

Bell, D. (1973) *The Coming of Post-Industrial Society: Venture in Social Forecasting*, Heinemann Educational Publishers.

花田昌宣（2018）「公害被害と社会福祉の課題の方法論序説——水俣病事件の被害の社会的側面に関して」『水俣学研究』第 8 号、47-60

花田昌宣（2021）「労働組合運動の創生から安賃闘争前夜」冨田義典・花田昌宣・チッソ労働運動史研究会編『水俣に生きた労働者——チッソと新日窒労組の59 年』明石書店、34-59

原田正純（1972）『水俣病』岩波書店

原田正純（1992）『水俣の視図——弱者のための環境社会学』立風書房

原田正純（2004a）「水俣の教訓から新しい学問への模索」原田正純・花田昌宣編

『水俣学　研究序説』藤原書店、11-81

原田正純（2004b）「水俣病の歴史」原田正純編著『水俣学講義』日本評論社、23-
　　50

原田正純（2007）『豊かさと棄民たち──水俣学事始め』岩波書店

Henderson, H. (1996) *Creating Alternative Futures,* Kumarian Press (original edition, Berkley
　　Books, NY, 1978).

許粋烈（2008）『植民地期朝鮮における開発と民衆──植民地近代化論、収奪の超
　　克』明石書店

Illich, I. (1973) *Tools for Conviviality*, New York（渡辺京二・渡辺梨佐訳『コンヴィヴィアリ
　　ティのための道具』、2020、ちくま学芸文庫）

岩佐茂（2007）『環境保護の思想』旬報社

岩佐茂・佐々木隆治（2016）『マルクスとエコロジー──資本主義批判としての物
　　質代謝』堀之内出版

鎌田正二（1970）『北鮮の日本人苦難記』時事通信社

栗原彬（2000）『証言　水俣病』岩波書店

小林英夫（1973）「1930 年代日本窒素肥料株式会社の朝鮮の進出について」山田秀
　　雄編『植民地経済史の諸問題』アジア経済研究所、139-189

児玉隆也（1983）『この三十年の日本人』新潮社

宮北隆志（2015）「社会的困難に向き合う地域における『生活の質』と多様な主体
　　による『地域運営』」『水俣学研究』第 6 号、31-47

Midgley, J. (1995) *Social Development: The Developmental Perspective in Social Welfare,*
　　London: SAGE.

宮本憲一（1989）『環境経済学』岩波書店

宮本憲一（2000）『日本社会の可能性──維持可能な社会へ』岩波書店

宮本憲一（2006）『維持可能な社会に向かって』岩波書店

宮本憲一（2015）『自治・平和・環境』自治体研究社

岡本達明・松崎次夫（1990a）『聞書水俣民衆史　第二巻「村に工場が来た」』草風
　　館

岡本達明・松崎次夫（1990b）『聞書水俣民衆史　第五巻「植民地は天国だった」』
　　草風館

小野達也（2002）「社会福祉問題としての水俣事件：福祉課題・対応・評価」熊本学園大学『社会関係研究』9（1）、31-63

梁英聖（2020）『レイシズムとは何か』筑摩書房

斎藤幸平（2020）『人新世の「資本論」』集英社

酒井直樹（2012）「レイシズム・スタディーズへの視座」鵜飼哲、酒井直樹、テッサ・モーリス＝スズキ、李孝徳、『レイシズム・スタディーズ』以文社、3-68

佐々木隆治・志賀信夫編著（2020）『ベーシックインカムを問いなおす——その現実と可能性』法律文化社

志賀信夫（2016）『貧困理論の再検討——相対的貧困から社会的排除へ』法律文化社

志賀信夫（2020a）「貧困——反貧困のための貧困理解」埋橋孝文編著『どうする日本の福祉政策』ミネルヴァ書房、66-82

志賀信夫（2020b）「生活問題をめぐる議論における「資本－賃労働関係」の視点の必要性——貧困問題を例にした理論的試み」田中聡子・志賀信夫編著『福祉再考——実践・政策・運動の現状と可能性』旬報社、177-213

Sen, A. K. (1992) *Inequality Reexamined,* Oxford University Press.

Sen, A. K. (2009) *The Idea of Justice*, Penguin Books.

Sriglitz, J. E., Sen, A. and Fittousi, J. (2010) *Mismeasuring Our Lives: Why GDP Doesn't Add Up*, The New Press.

武谷三男編（1967）『安全性の考え方』岩波書店

都留重人編（1968）『現代資本主義と公害』岩波書店

都留重人（1972）『公害の政治経済学』岩波書店

宇井純（1968）『公害の政治学——水俣病を追って』三省堂

宇井純（2006）『新装版　合本　公害原論』亜紀書房

宇沢弘文（2000）『社会的共通資本』岩波書店

宇沢弘文（2015）『宇沢弘文の経済学——社会的共通資本の論理』日本経済新聞出版社

Wallerstein, I. (1983) *Historical Capitalism with Capitalist Civilization*, Verso.

山下善寛（2004）「チッソ労働者と水俣病——公害病と職業病の関係」原田正純編著『水俣学講義』日本評論社、73-95

参照HP

一般財団法人　水俣病センター相思社 :https://www.soshisha.org/jp/（2021 年 5 月 10 日
　　閲覧）

第3章　パートナーシップによる社会開発の推進
──SDGsの歴史的背景を踏まえた国内実施に求められる視点

大阪市立大学

阿 部 昌 樹

1. SDGsの背景

　ニューヨークの国連本部で開催された「国連持続可能な開発サミット」において『我々の世界を変革する──持続可能な開発のための2030アジェンダ（Transforming Our World: The 2030 Agenda for Sustainable Development）』と題する文書が全会一致で採択されたのは、2015年9月25日のことであった[1]。

　それから既に6年以上が経過した。この間、この文書に含まれていた「持続可能な開発目標（Sustainable Development Goals = SDGs）」は、我が国においても、徐々にその認知度を高めてきている。たとえば、株式会社電通が繰り返し実施しているインターネット調査によれば、2018年2月には、SDGsについて内容まで含めて知っていると答えた者が3.6%、内容はわからないがSDGsという言葉は聞いたことがあると答えた者が11.1%で、両

---

[1]　『2030アジェンダ』の採択に至る国際的な交渉過程に関して、南・稲場（2020: 33-65）を参照。

者をあわせても全回答者の15%に充たなかったのに対して、2021年1月には、SDGsについて内容まで含めて知っていると答えた者が20.5%、内容はわからないがSDGsという言葉は聞いたことがあると答えた者が33.8%となり、両者を合算すると全回答者の半数を超えるに至っている[2]。17の「持続可能な開発目標」のそれぞれが、それらの達成を目指す目標年として設定されている2030年までに、我が国においてどの程度まで達成されるかは未だ不確かであるが、SDGsという言葉や、その言葉がどのような意味を有しているのかについての認識は、我が国の社会にも徐々に浸透しつつあると言ってよいであろう。

　ところで、このSDGsは、2000年9月8日に「国連ミレニアムサミット」において採択された『国連ミレニアム宣言』をもとに、それと、1990年代の主要な国際会議で採択された各種の成果文書に掲げられていた、開発途上国において達成を目指すべき諸目標とを統合するかたちでまとめられた『ミレニアム開発目標（Millennium Development Goals = MDGs）』の、後継目標として位置づけられているが、SDGsには、ただ単にMDGsの後継目標であるということにとどまらない意味合いがある。それは、SDGsが、MDGsのみならず、それ以外の国連の様々な宣言や決議を踏まえ、それらに含まれていた国際社会が実現すべき諸理念や、それらの諸理念を実現していくためにたどるべきプロセスについての基本認識の多くを継承しているということである。そのことは、『2030アジェンダ』の以下の2つのパラグラフに明瞭に示されている[3]。

　　　新たなアジェンダは、国際法の全面的な尊重を含む、国連憲章の諸目的と諸原理によって導かれる。それは、世界人権宣言、国際人権に

2　電通 News Release（2021年4月26日）「電通、第4回『SDGsに関する生活者調査』を実施」（https://www.dentsu.co.jp/news/release/pdf-cms/2021025-0426.pdf）。
3　『2030アジェンダ』は、既にその仮訳が外務省によって作成され、公表されているが（https://www.mofa.go.jp/mofaj/gaiko/oda/sdgs/pdf/000101402.pdf）、本章においては、外務省の仮訳を参考にしてはいるものの、常にそれをそのまま用いているわけではない。

関する諸条約、「ミレニアム宣言」および2005年サミットの成果文書にも基礎を置く。また、「発展の権利に関する宣言」等のその他の文書からも教示を受けている。

　我々は、持続可能な開発のための確固たる基礎を築き、この新たなアジェンダの形成を促進したすべての主要な国連会議およびサミットやその成果、すなわち、「環境と開発に関するリオ宣言」、「持続可能な開発に関する世界首脳会議」、「世界社会開発サミット」、「国際人口・開発会議（ICPD）行動計画」、および「北京行動綱領」、「国連持続可能な開発会議」等の有効性を再確認する。我々はまた、これらの諸会議のフォローアップ、すなわち、「第4回後発開発途上国会議」、「第3回小島嶼開発途上国会議」、「第2回内陸開発途上国会議」、および「第3回国連防災世界会議」等の成果の有効性も再確認する。

　本章においてはまず、これらのパラグラフにおいて言及されている宣言や各種会議の成果文書等のうちのいくつかを参照し、『2030アジェンダ』が、国連の「社会開発（social development）」への指向の系譜を継承するものであることを確認する。次いで、「持続可能な開発のための実施手段を強化し、グローバル・パートナーシップを活性化する」ことが、SDGsの17番目の目標として掲げられていることや、『2030アジェンダ』においては、この目標と関連づけるかたちで、SDGsに含まれるその他の諸目標を達成するための手法として「パートナーシップ」が重視されていることに着目し、この「パートナーシップ」を重視する姿勢もまた、国連の過去の宣言や各種会議の成果文書に淵源を有するものであることを確認する。

　それらの確認作業を踏まえるならば、『2030アジェンダ』は、「パートナーシップ」すなわち多様な利害関係者の連携・協働によって「社会開発」の実現を目指すべきことを宣言した文書として読むべきであるということになる。このことは、我が国が国内においてSDGsの達成に向けて様々な取り組みを展開していくに際しても、当然に考慮に入れられなけれ

ばならない。そうした考慮が、我が国の地方自治体レベルにおけるSDGs
の達成に向けた取り組みに、どのように反映されているのかを検討するこ
とが、本章の最後の課題である。

2. 国連の「社会開発」への指向の系譜

「社会開発」という言葉が世界的に普及するきっかけとなったのは、
1961年12月の国連総会決議『国連開発の10年（United Nations Development
Decade)』であったと言われている（西澤1996: 43-44頁）[4]。しかしながら、こ
の決議においては、「経済的に低開発の国々における経済および社会開発
（economic and social development）は、それらの国々にとって根本的に重要で
あるのみならず、国際的な平和と安全の達成や、より迅速で関係するすべ
ての国々にとって利益となるような世界の繁栄の増進の基盤でもある」と
いう認識が示され、そこから、「社会開発」とは「経済開発」には還元さ
れない何かであることは読み取れるものの、「社会開発」が何を意味する
かが明確に示されていたわけではなかった[5]。

それに対して、翌1962年に公表された国連事務総長報告『国連開発の
10年——行動提案（United Nations Development Decade: Proposals for Action）』に

---

[4]　西澤信善によれば、国連で提起された「社会開発」の概念を、いち早く取り入れ、
政策に反映させたのは日本であり、日本におけるそうした「社会開発」の概念の政策へ
の反映は、戦後推し進められた高度経済成長の弊害を是正し、福祉国家へと舵を切ると
いう性格を強く帯びたものであったという（西澤1996: 44頁）。なお、1960年代の日本に
おける国政レベルにおける「社会開発」論の展開に関しては村井（2013）が、それと密
接に連動した学知としての「社会開発論」の展開に関しては杉田（2015）が参考となる。
また、日本における学知としての「社会開発論」の、1970年代初頭における到達点を
示すものとして松原編（1973）を、それ以降の展開の一端を示すものとして恩田（2001）
を挙げることができる。
[5]　「経済および社会開発（economic and social development）」というフレーズは、その後、
多くの国連決議や国連主催会議の成果文書において、「経済開発のみならず社会開発も」
という趣旨で、繰り返し用いられるようになった。『2030アジェンダ』にも、3回この
フレーズが用いられている。

おいては、「社会開発」が何を意味しているのかが、より明確になる。すなわち、この『行動提案』においては、国民総所得を増大させるだけではなく、それとともに国内の所得格差を縮減していくことの重要性が語られるとともに、所得格差を縮減するための取り組みとして、教育や職業訓練への投資を拡充し、失業者や不完全就業者を減少させていくことが肝要である旨が強調されている。そうした記述からは、国内総生産の変動によって測定される経済成長率のみに焦点を合わせ、その上昇をもっぱらの目的とするような「経済開発」ではなく、経済成長を図りつつ、同時に、その果実が社会の構成員の大多数に、より平等に分配されるような社会の実現を目指さなければならないという認識を読み取ることができる。そうであるとしたならば、「社会開発」とは、一国内の経済格差を縮小し、より平等な社会を実現するための取り組みであるということになる。

　こうした認識を引き継ぎ、"development" という語は、「経済開発（economic development）」だけではなく「社会開発（social development）」をも包含するものであることを再確認するとともに、そうした拡張された意味での "development" を実現することは、開発途上国の人々の権利であることを宣言したのが、『発展の権利に関する宣言（Declaration on the Right to Development）』である[6]。1986年に国連総会において採択されたこの宣言では、まず前文において、「発展（development）とは、全人類そしてすべての個人が、発展とそれがもたらす便益の公正な分配に、積極的かつ自由に、また有意義に参加することを基礎として、彼らの福利の耐えざる増進を目指す、包括的な経済的、社会的、文化的、および政治的なプロセスである」という認識が示されている。そして、そうした意味での「発展」は、「不可譲の人権（an inalienable human right）」であり、すべての人々が、経済

---

[6]　本稿においては、"development" という語には、原則として「開発」という訳語を当てているが、Declaration on the Right to Development に関しては、既に「発展の権利に関する宣言」という訳が定着しているため、それに従うこととした。なお、国連関連文書において用いられている "development" という語をいかに和訳すべきかについて検討した論考として、江澤（2007）がある。

的、社会的、文化的、および政治的な発展のプロセスに参加し、貢献し、その便益を享受する資格を有しているとともに、この「発展への権利」をどのように用いるかに関しての、完全な自己決定権を有していることが宣言されている。経済の領域のみならず、社会、文化、政治の領域をも視野に入れたうえで、それらの諸領域のすべてにおいて人々の福利の増進を目指していくことが"development"であるという考え方が、この宣言において明示されたのである。

　その後、"development"という語がこうした広がりを持つものであることを前提としたうえで、その重要な部分である「社会開発」がいかなる内実を有するものであるかを明確化したのが、1995年3月にコペンハーゲンにおいて開催された「世界社会開発サミット」の成果文書である『社会開発に関するコペンハーゲン宣言（Copenhagen Declaration on Social Development)』である[7]。

　この宣言においては、「世界中の国々で、一部の人々の繁栄が伸張している一方で、不幸なことに、それに他の人々の筆舌に尽くしがたい貧困の悪化が随伴している」ことが指摘され、「こうした甚だしい矛盾は容認し難いものであり、緊急の行動によって是正する必要がある」と指摘されている。各国における貧富の格差の拡大が、喫緊の対応を要する問題として剔出されているのである。「社会開発」とは、この問題を解決するための様々な取り組みの総称に他ならない。そうした取り組みには、「開発の中心に人間を置き、人々のニーズをより効果的に充足するよう、経済の方向づけを行うこと」、「すべての人々に機会の公平と平等を保障することをとおして、所得の公平な分配と諸資源へのより充実したアクセスを促進すること」、「社会のすべての構成員が、人間生活にとって最低限かつ基本的なニーズを充足することができ、個人としての尊厳、安全、および創造性を

---

[7]　「世界社会開発サミット」前後の「社会開発」をめぐる国際的な動向や、このサミットの成果文書である『コペンハーゲン宣言』の意義に関しては、西川編（1997）に収録されている諸論考が参考になる。

実現することができるよう、人々とコミュニティの進歩と安全を支援すること」、「人々、特に女性を、その能力が強化されるようエンパワーすることが開発の主要な目標であり、かつ、開発のための主要な資源の充実にも繋がることを認識すること」等が含まれる。

『コペンハーゲン宣言』は、1961年の国連総会決議『国連開発の10年』以来の、国連の「社会開発」への指向を継承するものとして理解すべきであるとしたならば、この宣言に示されているこうした国連の「社会開発」への指向は、以下の3点を、その中核的な要素として含むものであると考えることができる。

その第一は、いかなる手段を用いてでも、経済成長を実現しさえすれば、その成果は自然に社会に均霑され、貧困や格差は解消されるという、「トリクル・ダウン（trickle down）仮説」の妥当性の否定である。経済成長の果実が一部の人々に独占され、社会の構成員の大多数は、一国としての経済成長が達成されてもなお、それ以前と同様の貧困な状態に置かれ続けるという事態の発生が、けっして稀なことではないという認識を、国連の「社会開発」への指向は、その前提としているのである。

第二は、この前提から導かれる、貧困や格差の解消それ自体を主眼とした社会への介入の必要性の認識である。先進国からの資金援助や技術援助によって、開発途上国に巨大な工場を建設し、そこで製造される工業製品を先進国が大量に輸入するようにした。その結果として、被援助国となった開発途上国の国内総生産が飛躍的に増大したならば、「経済開発」には成功したと言うことができる。しかしながら、その開発途上国がこの工場が建設されたことによって得た利益が、一部の特権階層の人々に独占され、その開発途上国の住民の大多数は、この工場の建設前と変わらない貧困に苦しんでいるとしたならば、開発途上国への援助としては、成功とは言えない。開発途上国への援助は、被援助国のすべての人々の生活の向上を目的としたものでなければならない。この目的を達成するためには、狭い意味での「経済開発」だけでは不十分であり、それを超えた何かが行わ

れなければならない。「社会開発」という言葉が指し示しているのは、そうした狭い意味での「経済開発」を超えた何かであり、それは、貧困や格差の解消それ自体を主眼とした社会への介入に他ならない。もちろん、そうした対策を必要としているのは、開発途上国のみではない。狭い意味での「経済開発」は十分に達成された先進国においても、国内に看過することのできない貧困や格差が残存している以上は、その是正のための実践としての「社会開発」は必要とされるのである。

第三は、この貧困や格差の解消それ自体を主眼とした社会への介入は、その受益者となるべき人々が利用可能な能力や資源や機会を最大化するよう、それらの人々をエンパワーすることに重点を置いたものでなければならないという考え方である。貧困や格差を解消するための方策としては、大まかには2つのものが考えられる。1つは、富裕層の人々から高率で税を徴収し、その一部を、貧困層の人々に現金給付のかたちで分配したり、貧困層の人々への食料や居住施設等の現物給付のために用いたりするという方策である。もう1つは、貧困層の人々が、自立した生活を営んでいくための十分な収入が得られるような職業に就くために必要な教育や職業訓練を、無償もしくは僅かな負担で受けられるようにしたり、実際に貧困層の人々がそうした職業に就く可能性を高めるために、新たな就労の場の創出に努めたりするという方策である。「社会開発」の考え方は、これら2つの方策のうちの前者の有効性を全面的に否定するものではないが、しかし、後者をより重視するものなのである。

こうした認識を踏まえ、先に見た、『発展の権利に関する宣言』や「世界社会開発サミット」に言及している『2030アジェンダ』のパラグラフに立ち戻るならば、それらのパラグラフは、『2030アジェンダ』が、"development" という語を『発展の権利に関する宣言』に示されたような拡張的な意味で用いつつ、1961年の総会決議『社会開発の10年』以来の、国連の「社会開発」への指向を継承するものであることを示していると言うことができる。

　既に、『2030アジェンダ』にSDGsとして掲げられている17の目標のうちのゴール1からゴール6までについては、「人々が人権と尊厳を持って生きていくことができる社会環境を作る『社会開発』『人間開発』といわれる領域に属するものである」という説明がなされているが（南・稲場 2020:13頁）、この説明は、これらの目標が、これまで見てきたような意味での国連の「社会開発」への指向を継承するものであるという意味のものであると理解することができる。ただし、『2030アジェンダ』の全体を見るならば、国連の「社会開発」への指向の継承は、SDGsのうちの6つの目標に限定されない広がりを有している。『2030アジェンダ』の全体を貫く「誰ひとり取り残さない（no one will be left behind）」という理念が、まずもって、貧困や格差の解消と、そのために用いるべき手法として、不利な立場に置かれている人々を含むすべての人々のエンパワーメントを重視する、国連の「社会開発」への指向を継承するものなのである。このことは、『2030アジェンダ』全体を、そしてまたSDGsのすべてを、国連の「社会開発」への指向を踏まえて理解すべきであるということを含意していると言ってよいであろう[8]。

　この点を確認したうえで、次に、『2030アジェンダ』の、「パートナーシップ」を重視する姿勢に目を向けていくことにしよう。

3.「社会開発」の手法としてのパートナーシップ

　『2030アジェンダ』に連なる国連のパートナーシップを重視する姿勢

[8]　新田英理子の、SDGsが、「日本では政府の経済成長論の中で語られることも多く、福祉界より、経済界のほうが積極的に取り上げているため、経済用語としてとらえられているかもしれない」という指摘（新田、2020: 31頁）が正鵠を射たものであるとしたならば、日本において一般的に流布しているSDGsについての理解は、こうした国連の「社会開発」への指向を踏まえた『2030アジェンダ』の理解とは、かなり乖離したものである可能性がある。そうであるとしたならば、近年の日本におけるSDGsの認知度の高まりは、手放しに肯定的に評価できるわけではないということになる。

の継続性を確認するうえでまず重要なのは、1987年に公表された「環境と開発に関する世界委員会」の報告書『我ら共有の未来（Our Common Future）』であろう。委員長の名を取って『ブルントラント・レポート』とも呼ばれるこの報告書は、「持続可能な開発」というフレーズに、「将来の世代が自らのニーズを満たす能力を損なうことなく、今日の世代のニーズを満たすような開発」という定義を与えたことで知られているが、そうした意味での「持続可能な開発」を実現するためには、国家間の協力にとどまることなく、非政府組織（NGOs）、研究機関、経済団体等の協力を得ることが必要であることが、この報告書の随所で強調されている。

　この、国際的な諸課題に対処していくためには、国家以外の様々なアクターの協力が必要不可欠であるという認識は、先に引用した『2030アジェンダ』のパラグラフにおいても言及されている『環境と開発に関するリオ宣言（Rio Declaration on Environment and Development）』へと引き継がれていく。1992年6月に開催された「国連環境開発会議」で採択されたこの宣言は、その前文において、「国連環境開発会議」が、「諸国家、社会の主要セクター、および人々の間に新たな水準の協力を作り出すことによって、新しい公平なグローバル・パートナーシップを構築するという目標」を持っていたことに言及している。また、宣言本文中では、「諸国家は、地球の生態系の健全性および完全性を保全し、保護し、修復するために、グローバル・パートナーシップの精神に則って協力しなければならない」ことや、「諸国家そして人々は、この宣言において表明された諸原則の実施および持続可能な開発の分野における国際法の一層の発展のために、誠実に、パートナーシップの精神で協力しなければならない」こと等が述べられている。

　この『リオ宣言』の主眼が、国際社会における「グローバル・パートナーシップ」を構築していくことの必要性を強調することにあることは明確であるが、しかし、この「グローバル・パートナーシップ」の構成メンバーとして、国家だけではなく「社会の主要セクター（key sectors of societies)」に言及されていることを看過してはならない。地球環境の保護を図りつつ開発を進めていくという国際的な課題に対処するためには、国家間の協力にとどまらない、多国籍企業や国際NGOをも巻き込んだ取り組みが必要であるという認識が示されているのである。「持続可能な開発のための実施手段を強化し、グローバル・パートナーシップを活性化する」というSDGsの17番目の目標も、そうした意味での「グローバル・パートナーシップ」を活性化することの必要性を示したものとして理解されなければならない[9]。

　こうした『リオ宣言』における「パートナーシップ」を重視する姿勢は、この宣言を実行に移すための行動計画である『アジェンダ21』において、より詳細に述べられている。『アジェンダ21』においてはまた、『リオ宣言』を実行していくために各国が国内で取り組むべき重要事項が明示されるとともに、それらの重要事項への取り組みを、政府機関がもっぱら担うのではなく、諸セクター間でパートナーシップを構築したうえで実践していくことの重要性が強調されている。たとえば、ホームレスの人々やその他の貧困者への対応に関連した、「すべての国は、国、広域自治体、および基礎自治体のレベルにおいて、民間セクター、公共セクター、およびコミュニティセクターのパートナーシップをとおして、そしてまた、コミュニティを基盤とする諸組織の支援を受けて、環境に適合したシェルター戦略を支援し、発展させていかなければならない」といった記述がそれである。

　こうした『リオ宣言』および『アジェンダ21』に示された「パートナーシップ」を重視する姿勢を『2030アジェンダ』へと架橋する国連の成果文書としては、まずもって、SDGsに先行する国際的目標であるMDGs

---

9　なお、改めて付言するまでもないことではあるが、この『リオ宣言』において、地球環境の保護と両立可能なやり方で進めていくべきとされている「開発」とは、狭い意味での「経済開発」ではなく、先にその意味を明らかにした「社会開発」をも含むものであることは、この宣言が、人間こそが持続可能な開発への関心の中心にあることや、貧困を撲滅するための国際協力の必要性に言及していることから明らかである。

が挙げられるべきであろう。世界のすべての国々が、その国内において達成すべき目標をも含んでいるSDGsとは異なり、MDGsは、もっぱら開発途上国が直面している諸課題を解決するために達成すべき諸目標を掲げたものであったが、目標の1つとして、「グローバル・パートナーシップ」の推進が掲げられていた。開発途上国が直面している諸課題を解決するためには、開発途上国と先進国との双方にまたがる、国際機関や国家をはじめとする公共セクターのアクターのみならず、民間セクターや市民社会セクターのアクターも関与する、国際的な連携を推進していくことが必要であるという趣旨である。

　同様の「パートナーシップ」を重視する姿勢を示した文書としては、先に引用した『2030アジェンダ』のパラグラフにおいても言及されている「持続可能な開発に関する世界首脳会議」において2002年9月に採択された『持続可能な開発に関するヨハネスブルグ宣言（Johannesburg Declaration on Sustainable Development）』も重要である。この宣言は、「経済開発」、「社会開発」、および「環境保全」は、「持続可能な開発の、相互に依存し合い、補強し合う支柱（interdependent and mutually reinforcing pillars of sustainable development）であるという、『2030アジェンダ』に連なる、「経済開発」、「社会開発」、および「環境保全」を三幅対的に捉える視点を示したことでも重要であるが、それとともに、この宣言にはたとえば、次のような記述が含まれている。

　　我々は、持続可能な開発が、あらゆるレベルにおける政策形成、政策決定、および政策実施が、長期的視野に基づき、広範な参加を得て行われること求めていることを認識する。社会的パートナーとして、我々は、すべての主要なグループと、それらのグループのそれぞれの独立した重要な役割を尊重しつつ、安定したパートナーシップに取り組んでいく所存である。

　「あらゆるレベル」とは、国際レベル、アジアやアフリカ等の地域レベル、各国の国内レベルに加えて、国内の自治体等の区域や、さらにはより狭いコミュニティのレベルをも含むものと考えられるし、「すべての主要なグループ」には、「持続可能な開発」を推進していくことが重要であるという認識を共有する、多種多様なNGOや経済団体が含まれると解することができる。すなわち、この宣言は、2002年の世界首脳会議に参加した各国が、「持続可能な開発」の推進に向けての国際的な取り組みの実施に際しても、それよりも狭域での取り組みの実施に際しても、民間セクターや市民社会セクターに位置づけられる様々なグループと、積極的にパートナーシップを構築していくことを宣言したものであると理解することができるのである[10]。

　『ヨハネスブルグ宣言』のこうした考え方は、この宣言を実行に移すための行動計画である『持続可能な開発に関する世界首脳会議実施計画（Plan of Implementation of the World Summit on Sustainable Development）』に、より明確かつ詳細に示されている。

　『2030アジェンダ』との関連でとりわけ重要なのは、公的機関が一方当事者となり、特定の企業やNGO等との間で構築する二面的（bilateral）なパートナーシップだけではなく、多様な利害関係者が当事者として参画する多面的（multilateral）なパートナーシップを構築していくことが、様々な局面において必要であることが指摘されていることである。たとえば、貧困撲滅のための取り組みとして、「天然資源の管理技術を含む、持続可能な農業を営んでいくために必要な基礎的な技術および知識を、とりわけ開発途上国において、中小規模の農業従事者、漁業従事者、および農村部の貧困層に、農業生産と食料安全保障の改善を目的とした多様な利害関係

10　『ヨハネスブルグ宣言』やそれに前後するいくつかの国際会議の動向等から、多様な利害関係者が、対応すべき政策課題の特定から、政策の立案を経て、その実施へと至るプロセスの全体に、当事者として主体的に関与するようなガバナンスのあり方の重要性が高まってきているという状況認識を導出したうえで、そうしたガバナンスの実践に関して多面的な検討を行った研究成果として、企業と社会フォーラム編（2012）がある。

者の連携（multistakeholder approaches）や公民間のパートナーシップ（public-private partnerships）をとおして移転すること」の必要性が指摘されている。また、保健の向上との関連では、「安全な水の供給、下水処理、および廃棄物管理のために必要な技術を、開発途上国と経済移行国の農村部と都市部に、それぞれの国に固有の諸条件や、女性に特有の技術的ニーズの充足状況を含むジェンダー平等の達成度合いを考慮しつつ、相互に合意した条件に基づき、官民双方またがる多様なセクター間のパートナーシップ（public-private multisector partnerships）等をとおして、国際的な資金援助によって移転し、普及させること」が必要であるという指摘がなされている。

　これらの指摘に含まれている "multistakeholder approaches" や "multisector partnerships" というフレーズはいずれも、多様な利害関係者の間に緊密なネットワークが形成され、そこに関わる利害関係者間に必要な合意が形成されるとともに、その合意が利害関係者間の協力や適切な役割分担によって実現されていることが重要性であるという認識を含意している。『2030アジェンダ』における「多様な利害関係者間のパートナーシップ（multi-stakeholder partnerships）」への言及は、そうした認識を継承するものに他ならない。

　すなわち、『2030アジェンダ』においては、「多様な利害関係者間のパートナーシップ」という見出しのもとに、「すべての国々、とりわけ開発途上国での持続可能な開発目標の達成を支援するために、持続可能な開発のためのグローバル・パートナーシップを、知識、専門的能力、技術、および資金を動員し、共有する多様な利害関係者の協力によって補完しつつ、強化する」というターゲット17.16と、「様々なパートナーシップの経験や資源戦略をもとにした、効果的な公的主体間の、公民間の、そして市民社会におけるパートナーシップ（public, public-private and civil society partnerships）を奨励し、推進する」というターゲット17.17とが、「持続可能な開発のための実施手段を強化し、グローバル・パートナーシップを活性化する」というゴール17と紐付けられて掲げられている。これらのタ

ーゲットに示されている、国家をはじめとする公的主体のみならず、民間セクターや市民社会セクターに位置づけられる多数の利害関係者も参画する、多様なネットワークを重視する姿勢は、『2030アジェンダ』が、『リオ宣言』や『ヨハネスブルグ宣言』、そしてMDGsから引き継いだものなのである。

4. SDGsの国内実施の現状と課題

　本章においてはこれまで、SDGsを含む『2030アジェンダ』が、目指すべき目標に関しては、国連の「社会開発」への指向の系譜に連なるものであるとともに、その目標を達成するための手法としては、パートナーシップを重視するものであることを確認してきた。こうした認識は、日本国内におけるSDGsの達成に向けての取り組みを展開していくに際しても、当然に前提とされなければならないものである。そこで問題となるのが、実際に、日本国内におけるSDGsの達成に向けた取り組みは、こうした認識を踏まえたものになっているのかどうかである。

　日本国内におけるSDGsの達成に第一義的な責任を負っているのは、「国連持続可能な開発サミット」に参加し、『2030アジェンダ』の採択に賛成した日本政府であることは言うまでもでもない。しかしながら、日本政府の責任の下で実施されているSDGsの国内における達成に向けての取り組みは多岐にわたっており[11]、その全体を評価することは、容易なことでは

---

[11]　取り組みの全体を統括するために、2016年5月に内閣総理大臣を本部長、官房長官と外務大臣を副本部長、他のすべての国務大臣を構成員とする「持続可能な開発目標（SDGs）推進本部」が設けられ、この合議体が『持続可能な開発目標（SDGs）実施指針』や『SDGsアクションプラン』等の政策文書を発出しているが、それらの政策文書に基づいて具体的な施策や事業を実施しているのは、関係各省、政府関係機関、経済団体、自治体等の多様なアクターである。それらの施策や事業のそれぞれの、「パートナーシップ」による「社会開発」の推進への貢献度は様々であり、その全体を総合的に評価することは、容易なことではない。ただし、日本政府の基本的な方針に検討対象を限定するならば、たとえば、『SDGsアクションプラン2021』の「基本的な考え方」において、「温暖化への対応は経済成長の制約ではなく、積極的に温暖化対策を行うことが、産業

ない。そこで、以下においては、内閣府が所管している2つのプログラム、すなわち、自治体が中心となって実施する、地域レベルにおけるSDGsの達成に向けた取り組みを公募し、優れた取り組みを提案した自治体を毎年度30程度選定する「SDGs未来都市」と、「SDGs未来都市」に選定された自治体が実施しようとしている取り組みのうちで、とりわけ先導的なものを毎年度10程度選定し、資金的に援助する「自治体SDGsモデル事業」への自治体の対応に焦点を合わせて検討していくことにしたい[12]。これまで見てきたように、『2030アジェンダ』の本旨は「パートナーシップ」による「社会開発」の推進であると考えるべきであるとしたならば、人々の生活や就労の場である地域社会において、地方自治法によって「住民の福祉の増進を図ること」を最重要の使命とする存在として位置づけられている自治体が、SDGsの達成に向けての取り組みを、どのようなスタンスで、どの程度の熱意をもって進めていくかによって、『2030アジェンダ』の成否が大きく左右されるのではないかと考えられるためである[13]。

構造や経済社会の変革をもたらし、大きな成長につながるという発想の転換が必要である」と言明されていることからも読み取ることができるように、国内におけるSDGsの達成に向けての取り組みを、経済成長に貢献するようなやり方で推進していこうという姿勢が顕著であるように思われる。こうした姿勢は、それを過度に強調するならば、「社会開発」への指向とは相容れないものとなる可能性がある。また、後述する「SDGs未来都市」に選定されている自治体が「優先的に取り上げるもの」として選択している目標やターゲットにあらわれている傾向性は、少なくとも部分的には、日本政府のそうした姿勢の反映であると考えることができるように思われる。

[12] 「SDGs未来都市」の選定も「自治体SDGsモデル事業」による補助も、2018年度から実施され、2021年度までに、「SDGs未来都市」には123自治体が、「自治体SDGsモデル事業」の補助対象には、「SDGs未来都市」に選定された自治体のうちの40の自治体が提案した事業が、それぞれ選定されている。なお、「自治体SDGsモデル事業」に選定された事業には、4,000万円を上限として国から補助金（地方創生支援事業費補助金）が交付されるのに対して、「SDGs未来都市」に選定されただけでは、国からの補助金の交付はない。しかし、「SDGs未来都市」に選定された自治体に対しては、「自治体SDGs推進関係省庁タスクフォースも活用しながら、‥‥各省庁の支援施策活用等の助言や、国内外への成果の発信等」の総合的な支援を行うとともに、それらの自治体がSDGsの達成のために実施する事業に関しては、「地方創生推進交付金」を追加的に申請できる旨が、『SDGs未来都市等募集要領』に明記されている。

[13] 日本における自治体のSDGsの達成に向けての取り組みが、独特の特質を有してい

(1)「社会開発」への指向

　「SDGs未来都市」と「自治体SDGsモデル事業」が制度化されるに先立って、SDGsの達成に向けた自治体の取り組みを、国がどのような方法で奨励し、支援していくべきかを検討することを目的として「自治体SDGs推進のための有識者検討会」が内閣府に設置された。この「検討会」が取りまとめ、2017年11月29日に公表した『「地方創生に向けた自治体SDGs推進のあり方」コンセプト取りまとめ』には、自治体が、『2030アジェンダ』に掲げられている「全てのゴール、ターゲットに取り組むことは困難」であり、それゆえ、自治体は、「2030アジェンダやその中核としての17のゴール、169のターゲット、約230の指標等を参考にし、自治体として優先的に取り上げるゴール、ターゲットを選定し、それに基づいて政策目標を作るべきである」という指摘が含まれている。

　自治体が、「SDGs未来都市」と「自治体SDGsモデル事業」に応募するに際して作成しなければならない「SDGs未来都市等提案書」には、経済、社会、環境のそれぞれの分野において「2030年のあるべき姿の実現に向けて、SDGsの17のゴール、169のターゲットから優先的に取り上げるものを選択、記載し、その理由を記載すること」が求められているが、この「優先的に取り上げるもの」の選択を求めるという形式は、「自治体SDGs推進のための有識者検討会」の指摘を踏まえたものであると推測される。すなわち、自治体が、『2030アジェンダ』に掲げられている「全てのゴール、ターゲットに取り組むことは困難」であるという前提に基づいて、特定の目標やターゲットの選択が求められているのである。

　このように優先的に取り上げる目標やターゲットの選択を求めることに対しては、そもそも、目標やターゲットの取捨選択は、『2030アジェンダ』

るのか、それとも、諸外国の自治体のSDGsの達成に向けての取り組みと多くの点で共通しているのかは、『2030アジェンダ』への対応の国際比較という観点からも、地方自治の実態の国際比較という観点からも、重要な検討課題であるが、その点についての検討は他日を期したい。

の、17の目標と169のターゲットは「統合され不可分のもの（integrated and indivisible)」であるという記述と相容れないのではないかという疑問を提起することが可能であろう。しかしながら、本章との関連でより重要なのは、「SDGs未来都市」に選定されている自治体が、「優先的に取り上げるもの」として選択している目標やターゲットを見ると、産業振興、経済発展、雇用創出、インフラ整備等の、地域をより豊かにするような政策に関連した目標やターゲットが好んで選択され、それと比較すると、貧困や格差の解消に関連した目標やターゲットは、あまり選択されていないことである[14]。そうした選択傾向は、「SDSs未来都市」に選定された自治体の多くは、『2030アジェンダ』が国連の「社会開発」への指向を継承するものであることを十分に理解することなく、むしろ、それとは相容れない、地域が豊かになれば、その果実はいずれ、自然とすべての地域住民に行き渡り、貧困や格差は解消されるはずであるという、「トリクル・ダウン（trickle down）仮説」を信奉しているのではないかという疑念を喚起するものである。

　「SDSs未来都市」に選定された自治体が、そうした傾向を示していることは、他の多くの自治体のSDGsへの対応に影響を及ぼす可能性がある。すなわち、「SDSs未来都市」に選定された自治体は、少なくともSDGsへの対応に関しては、見習うべき存在であると、他の多くの自治体が受け止めたならば、『2030アジェンダ』に掲げられている17の目標と169のターゲットのうちから、地域をより豊かにするような政策に関連した目標やターゲットのみを選択し、それらの目標やターゲットに到達するために必要な諸施策に重点的に取り組む一方で、それ以外の目標やターゲット実現には目もくれないという政策的なスタンスを採りつつ、SDGsを積極的に受容し、その到達のために必要な諸施策に熱心に取り組んでいるとアピールする自治体が続出することが予想される。そして、そうした自治体の多く

14　この点について詳細に検討した論考として、阿部（2020）がある。

において、域内総生産は伸張する一方で、相対的貧困率が高まり、住民相互間の格差が拡大するといった事態が生じるかもしれない。そうした事態の発生は、『2030アジェンダ』が国連の「社会開発」への指向を継承するものであることを踏まえるならば、『2030アジェンダ』が正しく受容されていないことの証であると見なさざるを得ないであろう。

(2) パートナーシップの重視

　それでは、本章が着目する『2030アジェンダ』のもう1つの特色である、パートナーシップを重視する姿勢はどうであろうか。

　先に言及した『「地方創生に向けた自治体SDGs推進のあり方」コンセプト取りまとめ』には、「SDGsにおいては、ステークホルダーの連携とパートナーシップの主流化が強くうたわれて」いることから、「自治体は世界の共通言語であるSDGsを推進することにより、国内外の産官学民のステークホルダーとパートナーシップを構築し、地方創生を推進するとともに持続可能な開発に向けて一層の社会貢献を図ることができる」という認識が示されている。自治体が地域においてSDGsの達成に向けての取り組みを展開することは、地域における諸アクター間のパートナーシップの構築や強化に繋がり、それは、地域にとって望ましい変化であるという認識である。こうした認識が、SDGsのゴール17やそれと紐付けられたターゲットを強く意識したものであることは、言うまでもない。

　自治体が、「SDGs未来都市」と「自治体SDGsモデル事業」に応募するに際して作成しなければならない「SDGs未来都市等提案書」に、「域内の連携」について記載する欄が設けられているのは、こうした認識を妥当なものとして受容してのことであると推測される。この「SDGs未来都市等提案書」の「域内の連携」について記載する欄には、「域内の多様なステークホルダーとの連携及びそのメリットについて、それぞれできる限り具体的に記載すること」という注意書きに加えて、「できる限り、『住民』、『企業・金融機関』、『教育・研究機関』、『NPO等の団体』との連携につい

て、記載すること」という注意書きが付されている。自治体に、民間セクターおよび市民社会セクターのそれぞれに位置する多様なアクターとのパートナーシップの構築を求める注意書きであり、『2030アジェンダ』のパートナーシップを重視する姿勢を、適切に踏襲したものであると言うことができるであろう。

　また、「SDGs未来都市」に選定された自治体はいずれも、それらの自治体が選考を受けるための資料として内閣府地方創生推進事務局に提出した「SDGs未来都市等提案書」や、それを基礎として選定後に作成した「SDGs未来都市計画」を見る限り、多様な利害関係者とのパートナーシップの構築に、積極的に取り組んでいこうという意欲を有していると評価してよいように思われる[15]。

　もっとも、「SDGs未来都市」に選定された自治体のパートナーシップに関連した提案の中には、自治体が、様々な利害関係者のそれぞれとの間で、二面的（bilateral）な連携関係を構築していくという水準にとどまっており、自治体を含む様々な利害関係者が当事者として参画する多面的（multilateral）なパートナーシップの構築には至っていないものが少なくない。自治体が企画し、主体となって実施する事業の様々な局面において、その局面を無難に乗り切るための助言や助力を提供してくれるであろうと予想される関係者と連携することは、それ自体として望ましいことではあるが、それだけでは、『2030アジェンダ』において提唱されている「多様な利害関係者間のパートナーシップ」の実践としては不十分である。事業

---

[15]　ただし、自治体が、区域内の利害関係者とのパートナーシップの構築に積極的に取り組むようになったのは、『2030アジェンダ』に触発されてのことではない。2015年に「国連持続可能な開発サミット」において『2030アジェンダ』が採択される以前から、多くの自治体が、区域内の公共的な課題に対処することに関心を有する住民団体等とのパートナーシップの構築に積極的に取り組んできており、そうした自治体の取り組みは「協働」という語で把握されてきた。この点に関しては、阿部（2019: 73-116頁）を参照されたい。

の企画から、資金調達を経て、実施、そしてその成果の評価に至るすべての局面に、多様な利害関係者が相互に対等な立場で参画するようなパートナーシップのあり方が、今後さらに模索され、実践されていくことが必要であろう[16]。

　それとともに留意すべきなのは、自治体が、多様な利害関係者とパートナーシップを構築し、SDGsの実現を含む地域の公共的な諸課題に、パートナーと共同で対処していくことが推奨されているということは、自治体がこれまで担ってきた公共的な諸課題の解決主体としての責任の重要な部分を他のアクターに転嫁していくことが、肯定的に評価されるようになってきているということを含意していると理解されてはならないということである。公共的な諸課題を解決するために必要な資金を、住民や区域内で操業する企業から税として強制的に徴収することや、公共的な諸課題を解決するために必要な作為や不作為を、住民や区域内で操業する企業に法的に義務づけることは、民間セクターや市民社会セクターのアクターには、為し得ないことである。そうした、いわゆる公権力の行使を、地域の実情を踏まえて適切に行っていく責任を自治体が免除されることは、自治体と多様な利害関係者との間のパートナーシップが、二面的なもののみならず多面的なものも含めて、どれほど多彩に、どれほど緊密に構築されたとしても、有り得ないことなのである。

参考文献

阿部昌樹（2019）『自治基本条例——法による集合的アイデンティティの構築』木鐸社

——（2020）「SDGs達成のための自治体の役割」全泓奎編『分断都市から包摂都市

　　へ』東信堂、212-227 頁

江澤誠（2007）「Sustainable Development の訳語についての考察」環境科学雑誌 20
　　巻 6 号 485-492 頁

恩田守雄（2001）『開発社会学』ミネルヴァ書房

企業と社会フォーラム編（2012）『持続可能な発展とマルチ・ステイクホルダー』
　　千倉書房

杉田菜穂（2015）「日本における社会開発論の形成と展開」人口問題研究 71 巻 3 号
　　241-259 頁

西川潤編（1997）『社会開発』有斐閣

西澤信善（1996）「社会開発論の新展開」国民経済雑誌 173 巻 1 号 43-56 頁

新田英理子（2020）「『SDGs 時代』のボランティアへの期待」月刊福祉 103 巻 6 号
　　31-36 頁

松原治郎編（1973）『社会学講座第 14 巻──社会開発論』東京大学出版会

南博・稲場雅紀（2020）『SDSs──危機の時代の羅針盤』岩波書店

村井良太（2013）「『社会開発』論と政党システムの変容」駒澤大學法學部研究紀要
　　71 号 1-32 頁

諸富徹（2013）「『エネルギー自治』による地方自治の涵養」地方自治 786 号 2-29
　　頁

八木信一（2015）「再生可能エネルギーの地域ガバナンス」諸富徹編『再生可能エ
　　ネルギーと地域再生』日本評論社、149-170 頁

第4章　韓国におけるホームレス問題と寄せ場型地域の社会開発実践

──チョッパン地域における住民協同会活動を中心に

神戸大学大学院 国際協力研究科

松 下 茉 那

1.はじめに

　これまで、発展途上国において産業化や都市化に伴いスラムといわれる居住貧困地域が発生し、東アジアにおいても都市での居住貧困地域が発生してきた。そうした地域が出現する背景には、産業化による農村や地方からの都市への過剰な人口移動が起こり、都市がもつ労働人口の吸収力以上に都市人口が増大したという現象がある（全、2015: 108）。途上国においては、こうした都市への人口移動は「押し出し（push）要因」[1]が主な要因とされている。

---

[1]　しかし、この押し出し要因は、経済的な要因のみならず都市と農村間の社会的距離が縮まり、都市に進出しやすい環境が整備される等の経済外的な要因も重要であること、インフォーマルな仕事等、都市の多様な雇用機会の存在のような引っ張り要因にも注目すべきである、という点が確認された（全、2015: 108）。

そして、このような居住貧困地域が出現してからしばらくの間は物理的な居住環境改善のために、スラム・クリアランスを代表とする国家主導的な事業が行われてきた。しかし、こうした地域は劣悪な居住空間であると同時に、日常的な活動が営まれている「生活」空間であり、物理的な環境の整備と並行してどのように生活環境を改善していくかにかかっている（全、2015）。次第に、物理的な居住環境の整備と同時に住民の生活の質の向上を目指す必要性が認識され始め、1950年代以降は、国家主導的な整備施策からコミュニティの開発プロセスへの参加を視野に入れた「参加型開発」やコミュニティに基づいた包括的な「社会開発アプローチ」へと変化してきた（全、2015: 109）。

　本稿では、ソウルにある代表的な居住貧困地域の1つであるチョッパン（簡易宿泊所）地域に着目する。その中でも、住民が主体となり「住民協同会」を組織し活動を行っている敦義洞と東子洞地域に注目する。この地域では住民自らの力で住民や地域内の課題を解決するため社会的活動と経済的活動を基盤とする「社会開発実践」が行われ、住民間においては連帯関係や共助の輪が形成されている。これらの社会開発実践は、これまで行政が実施してきた物理的な居住環境の整備をはじめとする多様な行政の施策では捉えきれなかった部分にアプローチし人々の生活の質向上に繋がる共同体づくりにも貢献している。

2.社会開発アプローチ

　ジェームズ・ミッジリィ（2018）が唱える「社会開発アプローチ」は、特定地域において住民の積極的な参加に基づいた社会的活動と経済的活動の両方を実施するものである、と説明している。つまり、社会福祉と経済開発の二分化を終息させ、再分配的かつ消費志向的であるよりは、生産主義的かつ投資志向的な社会政策概念を再構築しようとするものである（全、2015: 113）。この投資的志向は、社会的投資といわれ、開発に貢献しリタ

ーンを生み出し将来の社会的福利を促進する資源配分のことである。そして、ミッジリィの社会開発実践には3つの方策がある。①統合を促進する組織体構成、②社会の福祉を増進する経済政策の策定、③住民参加型の経済開発に貢献する生産活動である。社会開発を促進するための戦略としては、1つ目が個人に基礎をおいた個人による社会開発、2つ目が地域社会の役割に基づく社会開発、3つ目が、社会開発を促進する政府による社会開発である。これら3つはすべて実行されなければならないし、それぞれの活動が調整され意図的に連携されなければならないとしている。住民、地域社会、政府のみならず地域のコミュニティワーカーの存在も強調されている（Midgley, 1999）。

3.韓国におけるホームレスの定義

　本稿で取り上げるチョッパン地域は、簡易宿泊所が密集している地域でありホームレス状態との関係性が高いことが既に知られている（キム、2015）。ホームレスを広い意味で捉えると、この地域の居住者は屋根をもつホームレスともいうことができる。
　まず、国際的なホームレスの定義と韓国国内での定義について整理する。EUの公的諮問機関でありホームレス政策の働きかけを行っている「ホームレスと共に活動する各国組織のヨーロッパ連合体（FEANTSA）」が提示しているホームレスの定義によると「ホームレス状態」とは、①「野宿状態（roofless）」、②家のない状態（houseless）、③不安定居住状態（Insecure）、④不適切な住まいに居住する状態（Inadequate）の大きく4つに分類される。FEANSTAによる定義は広範囲に亘っており、現に路上にいる人々に加え、より包括的かつ予防的な概念となっている（全、2011: 76）。
　それでは次に、韓国におけるホームレスの定義について確認してみる。2011年に制定された「ホームレス等の福祉及び自立支援に関する法律（以下、ホームレス福祉法）」によると、ホームレスとは次の3つのうちどれか

に該当している人としている。①相当期間、一定の住居無しに生活している人、②ホームレス施設[2]を利用、あるいは相当期間施設で生活している人、③相当期間、住居として適切性が著しく低い場所で生活している人である。保健福祉部が実施した「2016年度ホームレス等の実態調査」によると、住居としての適切性が著しく低い場所で生活している人とは「チョッパン住民」としている。しかし、チョッパンに対する定義は明確に定められておらず、この調査では「地域別のチョッパン相談所[3]のチョッパンの定義を総合すると、チョッパンとは一定の敷金なし[4]に月賦または日払いで、0.5~2坪前後の面積で炊事・洗面・トイレ等が適切に備わっていない住居空間。また、『チョッパン住民』は不安定な職業と不規則な所得により、正常な住居空間での生活維持が難しく、チョッパンで生活する人と定義した」とされている。ホームレス福祉法では、ホームレスを路上生活者とホームレス施設利用者だけではなくチョッパン住民も含めていることから、現に路上にいる人々だけでなく、野宿を繰り返しているか、野宿状態になる危機に瀕している人々も施策の対象とし、単に対症療法的な側面に留まらず、その予防をも含めた法律であり（全、2012: 86）、韓国ではホームレス状態を広義的に捉えていることが窺える。一方、日本においては「ホームレスの自立の支援等に関する特別措置法」で「ホームレス」とは、都市公園、河川、道路、駅舎等の他の施設を故なく起居の場所とし、日常生活を営んでいる者と限定的にされている。

2　ホームレス施設とは、ホームレス総合支援センター（住居・医療・雇用の相談及び福祉サービス連携）と一時保護施設（他機関と連携しながら一時的な寝場所、食事等提供）、自活施設（健康上問題がなく就労意思があり職業能力がある人を入所させ生活と就労相談、訓練等を提供）、再活施設（障害や疾病により自立が難しく治療や保護が必要な人を入所させ治療や各種プログラムを提供）、療養施設（健康上の問題により家庭や社会復帰が難しい人を入所させ相談・治療・療養サービスを提供）を指す（保健福祉部、2021）。
3　チョッパン居住者へ相談、就労支援、生計支援、行政支援サービスを提供する機関。保健福祉部が基本的な事業内容を制定し各自治体へ任せられ、実際の運営は自治体から民間委託されている（保健福祉部、2021）。
4　地域によっては一部敷金が必要なチョッパンも存在する。

86

　2016年の実態調査によると、2016年現在、韓国全体で路上ホームレスは1,522人、利用・生活施設ホームレスは9,818人、チョッパン住民は6,192人であった。チョッパン住民は、韓国で一般的に使われている「住居脆弱階層」に含まれている。住居脆弱階層とは、最低住居基準に満たない劣悪な環境で生活する階層を意味している（キム、2015）。そして、実は住居脆弱階層には、チョッパン住民だけではなく考試院や旅館・旅人宿、PCパン（ネットカフェ）、チムジルバン（サウナ）、ビニールハウス等もある。その中でもチョッパンは、路上生活者が野宿以前に住んでいた場所として一般住宅の次に多くなっている。路上生活者が野宿以前に住んでいた場所とその割合は、一般住宅（80.6%）、チョッパン（4.8%）、コシウォン・旅館・旅人宿等（4.0%）、親戚の家での居候（2.7%）、ビニールハウス・小屋等（2.1%）、その他（1.6%）、臨時保護施設（1.5%）、PCパン・チムジルバン等（0.7%）、社会福祉施設等（0.7%）、病院（0.5%）、不適切な住居（0.3%）、公園・緑地（0.4%）である。

4.行政によるホームレス支援施策

　ここでは、全（2012）とソウルホームレス施設協会（2018）より韓国におけるホームレスに対する支援施策の変遷を確認する。

　1998年~1999年は、応急救護を中心とし路上から施設入所を優先とした時期であった。宗教・市民団体を中心に「全国失職露宿者対策宗教・市民団体協議会」が結成され、ソウル市が「タシソギ（立ち直り）支援センター」を設置した。2000年から2001年は、自活・自立推進時期であり自立に繋がるホームレス支援体系[5]が構築された。2002年から2005年は、施設

5　3つのシェルターが設置され、「自由の家」（入退所自由な一時保護施設で無料宿泊所の機能）、「希望の家」（自活・自立準備施設として入所し、公共就労や職業訓練、就労斡旋を実施）、「自活の家」（社会復帰準備施設として入所し、社会復帰の準備を支援する機関）である。「路上」から「自由の家」―「希望の家」―「自活の家」に繋がる支援体系が構築された。（全、2012：林、2015）公共就労とは、行政が直接雇用し路上清掃等の仕事をすることである。

入所を前提とする支援ではなく、「路上保護の原則」を基に路上にいながらも人間としての尊厳を保った生活を可能にするための支援策が実施された。2003年には、「社会福祉事業法改正令」の範囲にホームレス条項が盛り込まれホームレスが法体系の中に組み込まれた。2005年から路上ホームレスのアウトリーチ活動を強化し、ソウル市は路上から抜け出すための施策を実施した。2011年には「ホームレス福祉法」が制定され、この法を根拠に保健福祉部が「住居脆弱階層全国実態調査」を行うことで、様々な居住貧困層の実態とニーズを把握できるようになった。

　ここからは国の支援策に加え独自の施策を実施している地方自治体の条例についてみていく。現在、以下の表のとおり20の地方自治体がホームレスに関する条例を制定している（表1参照）。ホームレス福祉法制定以前から条例を制定していた自治体は、釜山市、大邱市、大田市東区、太白^{テベク}市、済州市である。釜山はホームレスの保護と自活支援等を通じた社会復帰の活性化により、社会の最極貧層であるホームレス人権を保護し、市の適切な介入により社会的負担を最小限に抑えるとともに、ホームレスへの保護環境を作り、増加しているホームレスの生計維持及び自活対策を能動的に求め条例を制定した。大邱はホームレスシェルター、相談保護センター、チョッパン相談所に関する内容を含み、ホームレスの保護及び自活のために定期的に実態調査を実施し、チョッパンをはじめとするホームレスになる可能性が高い居住脆弱階層の人々も支援対象に含めなければならないとしている。大田市東区はホームレスによる社会問題を最小限に抑え、人権を増進するため路上を居住地としているホームレスに対して保護環境を設置し急速に増加しているホームレスの生計維持及び自活対策を講じることを目的に条例を制定させた。太白市は、2010年「社会福祉事業法」の規定により条例を制定しホームレス保護及び自活に対して必要な事項を盛り込んだが、現在もホームレス福祉法上の広義のホームレス定義を反映していない。済州は、浮浪人[6]、浮浪人福祉施設、ホームレス、ホームレ

6　アジア通貨危機により"失職露宿人"が発生するまでは一定の居場所がない人々を

表1　各地方自治体のホームレスに関する条例一覧

自治体	条例名	施行日
ソウル	ソウル特別市 露宿人等福祉・自立支援に関する条例	施行 2017. 1. 5./ 2017. 1. 5. 他法改正
		施行 2012. 7. 30./ 2012. 7. 30. 制定
釜山	釜山広域市 露宿人等福祉・自立支援に関する条例	施行 2018. 5. 16./ 2018. 5. 16. 一部改正
	釜山広域市 露宿人保護に関する条例	施行 2011. 2. 16./ 2011. 2. 16. 制定
大邱	大邱広域市 露宿人等福祉・自立支援に関する条例	施行 2019. 4. 10./ 2019. 4. 10. 全改正
	大邱広域市 露宿人保護に関する条例	施行 2018. 10. 1./ 2018. 8. 10. 一部改正
		施行 2010. 3. 30./ 2010. 3. 30. 制定
仁川	仁川広域市 露宿人等福祉・自立支援に関する条例	施行 2013. 10. 2./ 2013. 10. 2. 制定
仁川市東区	仁川広域市 東区 露宿人等福祉・自立支援に関する条例	施行 2020. 9. 28./ 2020. 9. 28. 制定
光州	光州広域市 露宿人等福祉・自立支援に関する条例	施行 2012. 6. 8./ 2012. 5. 15. 制定
大田	大田広域市 露宿人等福祉・自立支援に関する条例	施行 2019. 1. 1./ 2018. 12. 28. 一部改正
		施行 2013. 11. 8./ 2013. 11. 8. 制定
大田市東区	大田広域市 東区露宿人等福祉・自立支援に関する条例	施行 2021. 7. 1/ 2021. 7. 1. 一部改正
		施行 2016. 11. 14./ 2016. 11. 14. 全改正
	大田広域市 東区露宿人保護に関する条例	施行 2011. 8. 5./ 2011. 8. 5. 一部改正
京畿道	京畿道 露宿人等保護・自立支援に関する条例	施行 2020. 5. 19./ 2020. 5. 19. 一部改正
		施行 2011. 10. 20./ 2011. 10. 20. 制定
城南市	城南市 露宿人等福祉・自立支援に関する条例	施行 2015. 12. 18./ 2015. 12. 18. 制定
始興市	始興市 露宿人等福祉・自立支援に関する条例	施行 2020. 11. 4./ 2020. 11. 4. 制定
安山市	安山市 露宿人等福祉・自立支援に関する条例	施行 2015. 8. 10./ 2015. 8. 10. 制定
安養市	安養市 露宿人等福祉及び自立支援に関する条例	施行 2019. 11. 15./ 2019. 11. 15. 一部改正
		施行 2018. 11. 16./ 2018. 11. 16. 制定
太白市	太白市 露宿人保護に関する条例	施行 2021. 7. 13./ 2021. 7. 9. 一部改正
		施行 2019. 6. 27./ 2019. 6. 27. 一部改正
		施行 2010. 11. 26./ 2010. 11. 26. 制定
忠清南道	忠清南道 露宿人等福祉・自立支援に関する条例	施行 2020. 12. 30./ 2020. 12. 30, 制定
天安市	天安市 露宿人等福祉・自立支援に関する条例	施行 2020. 6. 1./ 2020. 6. 1. 一部改正
		施行 2020. 1. 30./ 2020. 1. 30. 制定
全州市	全州市 露宿人等の福祉及び自立支援に関する条例	施行 2017. 4. 28./ 2017. 4. 28. 制定
木浦市	木浦市 露宿人等の福祉及び自立支援に関する条例	施行 2019. 10. 21./ 2019. 10. 21. 制定
昌原市	昌原市 露宿人等福祉・自立支援に関する条例	施行 2019. 2. 15./ 2019. 2. 15. 制定

済州	済州特別自治道 露宿人等福祉・自立支援に関する条例	施行 2017.5.1./ 2017.5.1.一部改正
		施行 2016.12.30./ 2016.12.30.一部改正
		施行 2014.4.21./ 2014.4.21.一部改正
	済州特別自治道 浮浪人及び露宿人保護施設設置運営等に関する条例	施行 2008.7.16./ 2008.7.16.制定

出所:韓国自活福祉開発院・韓国都市研究所（2021）と国家法律情報センターより再編成

スシェルター、相談保護センターを定義したが、ホームレス福祉法上の広義のホームレス定義は反映されていない（韓国都市研究所・韓国自活福祉開発院、2021）。このように韓国の地方自治体においても、ホームレス対策の必要性が認識されており各地方自治体で内容に多少の差はあるもののホームレスの保護や自立支援に取り組むための条例を制定している。

5.チョッパン地域に対する行政施策

　ここでは、ホームレスに含まれるチョッパン住民が住むチョッパン地域における行政施策の変遷をみてみる。1999年、チョッパン住民が発見され社会問題となり、2000年頃より保健福祉部は、チョッパン住民の生活相談及び便益施設として全国11カ所（ソウルには5カ所）のチョッパン密集地域にチョッパン相談所を設置した。主な事業は、食料品や生活用品の提供、幅広い分野の相談窓口、保健医療や安全点検サービス、公共賃貸住宅への入居支援、住民登録の復元サポート、自活支援、就職斡旋、地域住民の懇談会開催等である。

「浮浪人」とし、社会秩序を乱す集団と分類し、強制収容・隔離させる政策を推進した（韓国自活福祉開発院、2021）。「浮浪人及び露宿人保護施設設置・運営規則」において、「浮浪人」とは、定まった住居と生業手段なく相当な期間に路上で徘徊また生活するか、それによって浮浪人福祉施設に入所した18歳以上の者をいう（林、2015; 韓国自活福祉開発院、2021））とされていた。20011年のホームレス福祉法では、浮浪人と露宿人という言葉が「露宿人等」という言葉に統一され、それまでの浮浪人福祉施設は露宿人再活施設及び露宿人療養施設に見なすことが明記された。実際は、2021年現在も浮浪人福祉施設と記載がある福祉施設も存在する。

　そして、2020年には国土交通部が永登浦チョッパン地域における住居環境改善及び公共住宅事業計画[7]を発表した。これは、現在のチョッパンを全面撤去しチョッパン住民が再入居する公共賃貸住宅を供給するという内容である。さらに、2021年には東子洞チョッパン地域を対象とする同様の計画が発表された（国土交通部、2021）。

　次に、ソウル市が実施しているチョッパン地域への政策について整理する。ソウル市の政策としては、永登浦地域を対象とした「永登浦チョッパン地域リモデリング事業」、昌信洞、東子洞、南大門地域を対象とした「低価格チョッパン事業」、そして敦義洞地域を対象とした「セットゥルマウル事業」がある。「永登浦チョッパン地域リモデリング事業」とは、2012年より社会的弱者（ここではチョッパン住民）の居住福祉水準向上のため、トイレや共同キッチン、シャワー室、洗濯室、共同休憩室を兼ね備え、各部屋に暖房を設備した住居改善事業である。事業開始にあたり、チョッパンの環境が向上することにより家賃の上昇が予想されたため、管理人や家主と交渉し5年間は現在の家賃を維持するという協定を結んだが、様々な理由によりこの事業は中断することになった。「低価格チョッパン事業」は、2013年より始まり、既存のチョッパンを所有者からソウル市が借り上げ、基本的な住居設備や電気配線等の改善を行いチョッパン居住者へ貸す事業である。「セットゥルマウル事業」は、2015年から5年間実施した事業で、インフラ整備と住民共同利用施設の設置等、居住環境改善を実施した。これにより、敦義洞地域内に新しい建物が建築され、その中にシャワー室や洗濯室、キッチン、休憩室が設置された。このほかにも

7　2020年1月、国土交通部・ソウル市・ヨンドンポ区は、ヨンドンポ地域のチョッパンを全面撤去し、2023年入居を目標にチョッパン住民が再入居する公共賃貸住宅と分譲住宅等計1.2千戸の住宅を供給すると発表した。内訳は、チョッパン住民のための永久賃貸住宅370戸と新婚夫婦等若者のための幸福住宅220戸、そして分譲住宅等600戸である。さらに、国土交通部は、ヨンドンポのみならず、今後、全国のチョッパン密集地域においても段階的に整備する予定だと明らかにした。（国土交通部、2021）

ソウル市では、多様な支援事業[8]を実施している。このように、ソウル市としても居住改善や住民同士の共同体形成に取り組んできた。しかしながら、物理的な環境改善は全体には及ばず、共同体形成においても地域住民の抱える課題を解決に導くような結果には至っておらず、チョッパン住民の生活は未だに深刻な状況に置かれている。

6.チョッパンとチョッパン居住者

　チョッパンとは、日本でいう簡易宿泊所のことである。しかし、チョッパンの場合は、旅館業法で定められている日本の簡易宿泊所とは違い未認可の宿泊所である。チョッパンは第2節でも述べたとおり公式に定められた定義がないが、約3.3㎡の狭小の部屋である。多くの建物では、トイレ等は共有部分に設置され冷暖房も完備されてなく住居環境としては劣悪だといえる。チョッパンが社会問題と認識され始めた背景には、1997年の

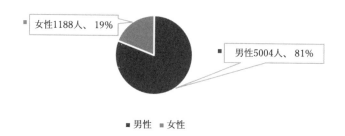

図1　図1　性別でみる韓国全体のチョッパン居住者
出所:「2016年度露宿人等の実態調査」より筆者作成

8　具体的には、火災防止のための安全点検、電気・ガスの点検、猛暑や極寒の時期に飲食物の配布や暖房器具や扇風機の配布、休憩室の開放（暑さや寒さを防ぐため）、インフルエンザ予防接種、コロナ禍においてはマスクや消毒液の配布を行っている。加えて、ソウル市を通して多くの民間団体からも食料品や物品の支援が実施されている。

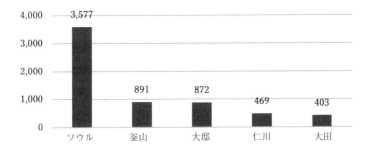

図2　地域別チョッパン居住者の人数（単位：人）
出所：「2016年度露宿人等の実態調査」より筆者作成

　韓国でのアジア通貨危機による影響がある。経済危機により多くの人が失業や経済的困難に陥り路上へと押し出された。急増した路上生活者の救済のために、ソウル市が開設した緊急保護施設へ想定を超える人々が集まったことを契機とし、それまで可視化されることがなかったホームレスが居住している「チョッパン」という劣悪で密集した居住地があることが明らかになった（ソウル市政開発研究院、2002; 林、2015）。チョッパン居住者は、それまで家族単位で生活していた都市の居住貧困層とは異なり、地方からの単身労働者や失業等の事情により家庭から離れた単身世帯であったことも明らかになった。

　保健福祉部（2017）によると、チョッパン居住者は、約8割が男性でありそのほとんどが単身世帯である（図1参照）。年齢は、男性においては50代が31.9％、その次に40代と60代がそれぞれ20％となっており、女性については、40~80代までほぼ同じ数値であり、70代が22.6％と最も多くなっていた。家賃は地域によって多少のばらつきはあるが、平均25万ウォン程で一般的にみると低価格であるが、こうした劣悪な環境を考えると決して安くはない。

　韓国全体のチョッパン居住者は、2016年現在ソウルに3,577人、釜山に891人、大邱に872人、仁川に469人、大田に403人で全体の半分以上がソ

ウルに集中していることがわかる（図2参照）。

　チョッパン住民の平均世帯員数は1.04人で1人世帯の割合は仁川を除くと95%以上となっている。経済状況については、住民の半数が日本の生活保護に該当する「国民基礎生活保障」を受給したり公共就労[9]に従事したりしている。勤労所得を得ている場合は主に日雇い労働であり不安定な就労状況である。就労状況は、常用職（1年以上の契約期間）が6.0%、日雇い労働が15.7%、自活勤労、公共勤労、高齢者就労が0.5%、廃品回収等が1.6%、未就業（就労能力有）が6.5%、未就業（就労能力無）が67.8%であった。主な収入源は、国民基礎生活保障制度給付（67.2%）、勤労活動（24.9%）、その他（3.0%）、収入がない（2.6%）、友人及び親戚からの援助（1.7%）、教会及び福祉施設の支援金（0.5%）という結果であった。つまり、チョッパン住民の多くは就労能力がなく未就業の状態であり、就業していても日雇い労働という不安定な状況に置かれていることがわかる。チョッパン居住者にとってチョッパンに居住することで最も不便なことは、1つ目にトイレ、炊事、洗濯施設の未整備、2つ目に冷暖房の未整備が挙げられていた。チョッパン地域に関しては、3つの課題が挙げられた。①チョッパン地域が非衛生的であること②電気等の基本的なインフラの未整備③地域に対する良くない認識及び周囲の人からの偏見であった。一方、チョッパン居住者に移住の意思を尋ねるとチョッパンに継続して居住したい人は、男性で51.8%、女性は62.1%という結果であった。理由の多くは、他に住む場所がないからであり、ほかには特段不便を感じないから、チョッパンに住んでいれば支援を受けられる、親しい住民がいるから、位置が便利だから、仕事場に近いからというものである。つまり、希望してチョッパンに継続的に居住したいというよりはチョッパン以外に住める場所がないという現実である。

　このように劣悪な住居環境であるチョッパンを選択する理由には、家賃

9　注釈4を参照。

の支払い方法が日払いや保証金無しの月賦が可能であるため一般的な賃貸
住宅を契約するよりも少ない負担ですぐに屋根のある部屋で生活ができる
からである。チョッパン居住者の半数は、路上生活経験者であることか
ら、チョッパンは、路上生活にならないための最後の砦であり、路上生活
から脱出する初めの一歩ともいわれている。

7.チョッパン密集地域の成り立ち

　ここでは、ソウルにある5大チョッパン密集地域（永登浦、東子洞、敦
義洞、昌信洞、南大門）について、特に敦義洞地域の成り立ちを確認する。
ソウル5大チョッパン密集地域の特徴は、都心に存在し交通網が発達した
場所の近くにあり、加えて繁華街や大きな市場がある。保健福祉部（2017）
によると、永登浦に547人、東子洞に1,212人、敦義洞に576人、南大門に
893人、昌信洞に329人が把握されている。

　ソウル5大チョッパン密集地域の中でも、最も都心に存在している敦義
洞チョッパン密集地域は、ソウルの中心部に位置し周りを高層ビルに囲ま
れ、外部からは見えにくい構造になっている。約85棟の建物に約700のチ
ョッパンがある。他の地域同様、半数が国民基礎生活保障給与を受給して
いて、約3割が65歳以上である。男女比も9対1で男性単身世帯がほとん
どを占めている。

　筆者が実施した敦義洞チョッパン住民協同会幹事チェ・ボンミョン氏へ
のインタビュー調査（日時：2020年2月17日、於：敦義洞住民協同会事務所）
によると、1950年代敦義洞は主に売春業を営む女性たちが居住していた。
1950年代半ばより仕事を求め地方からソウルへ上京してきた単身の若者
が急増し、日雇い労働者の寄せ場が形成されるようになり賑わいを見せる
ようになった。しかし、1968年当時のソウル市長の施策により、売春業
に対する大規模な取り締まりが実施され、女性たちはほかの地域に散らば
ることを余儀なくされた。その後、チョッパンの所有者たちは、建物を簡

易宿泊所として利用し始めた。当時、韓国は高度経済成長期真っただ中であり、寄せ場も巨大化していった。それに伴い、1つの部屋を2分割3分割し、より低価格で1人でも多くの人が居住できるように部屋数を増加させ、ピーク時には約800世帯が住んでいたといわれている。こうして、敦義洞チョッパン地域が形成された。

　チョッパンの形成過程は、主に大きく3つある。1つ目は、敦義洞のように売春街が住居へと変化していったタイプと、2つ目は安価な宿屋が住居としてチョッパンへ変化していったタイプがある。3つ目は、植民地時代に鉄道線路補修班の労働者たちのための宿所として建てられ朝鮮戦争後に部屋が増えたタイプがある。このようにチョッパン地域は、もともとは売春街や安宿が集まっていた地域だったが産業化や都市化にともない農村からの単身労働者と、都市において経済的状況が悪化した人々が住む場所であった（全、2004）。

8.チョッパン地域における地域独自の社会開発実践

(1) 敦義洞住民協同会の社会開発実践

　韓国政府やソウル市が多様な政策を実施している中、敦義洞と東子洞チョッパン密集地域においては社会開発実践といえる住民主体の住民協同会活動が行われている。

　敦義洞地域においては「敦義洞住民協同会」という住民自治組織が2018年に作られた。意思決定をすべて会員である住民が行い、住民自身が地域のために何ができるかを考え、住民主導で活動する組織である。設立目的は、①貯蓄力を養う、②経済的・社会的地位の向上と暮らしの質を高める、③ともに協同することにより自らを助け、他の人と分け合う共同体の精神を実践する、この3つである。主な活動は、①共済会活動、②炊き出し活動、③葬祭活動である。共済会活動とは、会員である住民が毎月出資金を出し合い、その出資金は、個人への少額貸付や協同会の活動資金

に使われている。この出資は単なる出資ではなく、貯蓄でもある。炊き出し活動は、ほぼ毎日昼食の提供を行っている。コロナ禍になり、周辺の炊き出し施設が活動を休止し、食事に困る住民がいる状況になり住民同士が話し合いコロナ予防を徹底させた方法で再開した。さらに地域内での活動にとどまらず、民間、公的な炊き出し中断により困っている周辺のホームレスの人々がいる場所でも炊き出し活動を行った。身体が不自由な住民のためにお弁当の宅配も行っている。葬祭活動は、チョッパン住民は様々な事情により家族やそれまでの人間関係を断ち切っている人が多く、亡くなった後、葬祭を執り行う人がいなかったり連絡がつかなかったりする場合がある。そういった住民のために、住民協同会が葬祭を執り行っている。他にも協同会で所有している畑で白菜を育て、キムチを作り住民に配ったり、季節のイベントを開催したり、手作り石鹸を販売し売上金を活動資金にしたりしている。

　筆者が2020年2月に行った住民協同会幹事で社会福祉士のチェ・ボンミョン氏へのインタビューでは、「住民協同会の活動をするようになり、住民たちは地域の一員であるという意識が芽生え、積極的に地域の課題を他の住民と共有し合い、周辺で困っている住民がいないか見渡す助け合いの輪、互助の精神が養われるようになった」と話してくれた。それは、コロナ禍の炊き出し活動によく表れている。コロナが深刻な状況になり、住民の頼りの綱であった近隣の炊き出し施設が次々と休止し、住民協同会もリスクを考え一旦は、休止を決めた。しかし、住民同士だからこそ、今住民が何に一番困っているのかを把握し、自分たち自身で住民のためにできることを検討し、行政にも掛け合いながら再開した。どこかからの支援を待つのではなく、設立目的の3番目を実践したのである。住民協同会の幹事であるチェ氏は、一方的な介入を行うのではなく、地域住民と一緒に過ごしながら専門的な助けが必要な時にサポートを行う役目を担っている。つまりミッジリィが唱える社会開発実践には欠かせないコミュニティワーカーである。

(2) 東子洞サランバンマウル住民協同会の社会開発実践

　もう1つの社会開発実践地域である東子洞は、ソウル駅の向かい側にありソウル5大チョッパン密集地域の中でも最大規模をほこる地域である。70棟のチョッパンの建物に、約1,000余名が住んでいる。東子洞の住民の約70%は、国民基礎生活保障の受給者か公共就労か日雇い労働等所得が低い都市最貧困層である。多くが一人世帯で、30%程が65歳以上の高齢者で、30~40%は路上生活経験者である。住民の中には、いわゆる信用不良者が多く、また疾病がある人も多く通院は重要な日課である（ソン、2020）。

　東子洞には、「サランバンマウル住民協同会」という住民組織がある。この組織は、2011年に①貯蓄形成、②社会経済的地位及び生活の質の向上、③共同体の実践を目的として作られた。当初は3人の住民から始まったが、2020年には約390人が会員となり、地域住民の約4割が参加している。25名の役員と委員が住民指導者という立場で活動をしながら継続的に住民たちと関わり住民を組織している。さらに、地域内で新たに活動に参加してくれそうな人や、住民指導者として活動してくれそうな人の発見も行う。毎年3月に定期総会が実施され、任期2年間の役員はこの総会にて組合員たちが直接選出し、委員は3つの委員会（事業・組織連帯・教育広報）に所属し、役員をサポートしながら活動する（ソン、2020）。主な事業は、①共済会活動、②教育事業、③協同経済事業、④地域行事、⑤葬祭活動、⑥地域の清掃活動である。共済会活動は、住民たち自身が出資し共同基金を作り、生活費、医療費、住居費等、すぐにお金が必要な組合員に対して行う少額貸付を主な事業としている。この地域住民には、不良者が多いため、お金が必要な時にどこからもお金を借りることができず、高額な利子がつく闇金を使うしかないという背景は、協同会を作った理由の1つにもある。協同会設立間もない頃は、貸付返済率が66%であったが、最近は90%となっている。教育事業は、組合員、委員、役員に対する教育

であり、他の住民組織の現場を見学にいくこともある。協同経済事業は、組合員の経済力向上のため営農事業（ニンニクとコーン）、冬の屋台（焼き芋・たい焼き・おでん）事業と共同購入である。共同購入においては、チョッパン地域ではカセットボンベを使用することが多いため、協同会で大量に購入し低価格で組合員へ提供している。地域行事とは、1年に2回組合員たちが各自出せる範囲の寄付金を出し合い、組合員400人分の食事を提供し季節の行事を実施している。葬祭活動では、身寄りのない故人のために、また、同じ地域に住んでいる地域住民が故人を十分に追悼できるようにするために協同会で葬祭を執り行う。地域の清掃活動は、2014年より毎月2回活動を行い、2019年には第100回目が実施された。このほかにも、通院が必要な住民の付き添いを行ったり、部屋の掃除を手伝ったりと同じ地域に住む住民同士が助け合いながら生活をしている。その他にも、住民を組織して東子洞で起きる問題に積極的に介入する。これは例えば、強制退去を迫る問題に対する抵抗運動が挙げられる。

　サランバンマウル住民協同会の監査役であるソン・ドンス氏は、「協同会の目的は、サービス、福祉ではない。私たちがしようとしていることは組織的にしっかりと団結し、問題を解決し予防することだ。住民たちが、堂々と主体意識を持ち生きていくことだ。私たちの活動は、住民の思いと意思を集めたもの。私たち自身が、助け合い行動をすることだ」（ソン、2020）と書き記している。住民協同会は、住民の経済的状態の向上だけではなく、住民同士を結び付け助け合う精神を高め合っていることが確認できる。

　各地域の住民協同会の活動を通して、資金を貯め公共住宅へ引っ越しをした住民や、共済会活動で貯蓄しながらその貯蓄金の使用用途を考えながら将来に希望を持つ住民、自身の生活に余裕があるわけではなくても住民協同会に寄付金や食料品を寄付する住民が生まれ、地域住民に対して生活や経済的な側面からだけではなく、情緒的な側面にもアプローチしていた。

表2　サランバンマウル住民協同会と敦義洞住民協同会の概要（2020年基準）

	東子洞サランバンマウル住民協同会	敦義洞住民協同会
設立時期	2011年	2018年
参加主体	チョッパン住民	チョッパン住民
設立目的	① 貯蓄形成 ② 社会経済的地位及び生活の質の向上 ③ 共同体の実践	① 貯蓄性を養う ② 経済的・社会的地位と暮らしの質の向上 ③ 協同することにより、共同体の精神を実践
参加人数	約390人	約200人
総出資金額	3億6,000万ウォン	5,000万ウォン
コミュニティオーガナイザー	○	○
経済活動	共済会活動（少額貸付）	共済会活動（少額貸付）
	共同経済事業	手作り石鹸を販売
社会活動	教育事業	炊き出し活動
	葬祭活動	葬祭活動
	清掃活動	
	地域行事	
	通院の同伴、部屋の掃除、引っ越しの手伝い等	白菜を育てキムチを作り住民に配布、季節のイベントを開催
外部の団体との繋がり	教育の一環として他の住民組織の現場を見学。外部組織（住民運動情報教育院）による住民教育実施。	他の住民組織とも交流、住民組織に関するイベントにも参加。外部組織（住民運動情報教育院）による住民教育実施。
公的機関との関係	ソウル市から支援の申出はあったが実施はされていない。チョッパン相談所との交流はある。	ソウル市から委託されているチョッパン相談所とは良好な関係であるが、連携体系は構築されていない。

出所:敦義洞住民協同会幹事チェ・ボンミョン氏へのインタビュー（日時：2020年2月29日　場所：敦義洞住民協同会事務所）及びソンドンス(2020)より筆者作成

　敦義洞住民協同会とサランバンマウル住民協同会を比較してみると、どちらもチョッパン住民主体の組織となっており、組織の中にはコミュニティオーガナイザーである外部からの介入者が存在している。どちらも社会開発に欠かせない経済的活動も実施しており、外部団体との交流機会も設けている。一方でどちらの地域も、対立関係にはないが政府との相互の調整や連携関係構築には至っておらず、政府、コミュニティ、住民、民間団体を巻き込んだところまでは発展していない（表2参照）。

9.おわりに

　本稿ではまず、ミッジリィが唱える社会開発を実施している韓国のチョッパン地域に着目するため、ミッジリィの社会開発について整理をした。次に、韓国においてはホームレスと関係性の高いチョッパン住民を広義のホームレスと捉えていることを確認し、一方で、チョッパン住民以外にも広義のホームレスの対象となる居住脆弱層がいることも実態調査結果をまとめた先行文献からわかった。行政のホームレスに対する姿勢としては、応急救護から施設入所を前提とした支援、そして自立を促す体系の整備をしながら、施設入所ではなく現場保護に即した取り組みへと変化し2011年のホームレス福祉法制定にたどり着いたことを確認した。さらに政府だけではなく地方自治体においても条例の中にはホームレスの定義が限定的なものも存在していたが、ホームレス福祉法制定以前から条例の制定が行われており、こうした問題に取り組む積極的な姿勢が窺えた。次に、チョッパンは、狭小の空間であり様々な設備が未整備の劣悪な環境であること、チョッパン住民の多くは単身男性世帯であり、半数が国民基礎生活保障制度の受給者でありホームレス経験者も多く存在し、路上生活と屋根のある生活との境界線にいることが実態調査からわかった。社会問題と認識されているチョッパン地域に対して行政も多様な支援を実施しているが、未だにチョッパン居住者が置かれている環境は改善していなかった。一方

で、社会開発を基盤としているソウル市の敦義洞と東子洞地域においては住民主体の自治組織が構成され、共済会活動をはじめとする経済活動と、清掃活動や葬祭活動をはじめとする社会活動が行われていた。こうした活動は、もともと希薄な人間関係の中にいた住民たちにとって経済状況の向上のみならず相互の助け合いの輪へと繋がっていた。つまり、共同体形成を目的としつつも、成果をあげられていなかった行政に対し、住民協同会は住民たちを組織しコミュニティ構築に貢献していた。さらにこの活動には、地域、住民だけではなくコミュニティワーカーの存在もあり、他の住民組織との交流も実施していた。しかしながら、行政との連携や調整は見受けられなかった。今後は、地域、住民、政府が相互に調整をし合いながら連携関係を築き、双方が補完しうる関係を基礎とした取組みが求められているのではないだろうか。

参考文献

林徳栄（2015）「韓国におけるホームレス歴史研究——政策カテゴリーとしての『浮浪児・人』から『露宿人等』まで」立命館大学大学院先端総合学術研究科博士学位請求論文

全泓奎（2004）「居住貧困層の社会的包摂と地域包括型対応に関する研究——韓国、ソウル市を中心として」東京大学大学院博士学位請求論文

全泓奎（2006）「韓国におけるまちづくりとコミュニティワーク」内田雄造（編著）『まちづくりとコミュニティワーク』部落解放・人権研究所

全泓奎（2011）「韓国におけるワーキングホームレスの現状と居住福祉の課題」『総合社会福祉研究』39、総合社会福祉研究所

全泓奎（2012）「韓国ホームレス福祉法の制定と包括的な支援」『ホームレスと社会』5

全泓奎（2015）『包摂型社会　社会的排除アプローチとその実践』法律文化社

ソンドンス（2020）「東子洞（東子洞）チョッパン村の敷居のない銀行」全泓奎編『分断都市から包摂都市へ東アジアの福祉システム』東信堂

Midgley, J.（1995）Social Development: The Developmental Perspective in Social Welfare,

London: SAGE.（萩原康生訳（2003）『社会開発の福祉学』旬報社）

Midgley, James（2018）"Social Development, Asset Building, and Social Investment: The Historical and International Context, " The Journal of Sociology & Social Welfare: Vol. 45: Iss. 4., pp.11-33.

김성근 キムソングン・류창수 リュチャンス（2015）「사회취약계층의안전실태와 개선방안연구」「社会脆弱階層の安全実態と改善方案研究」한국행정연구원 韓国行政研究院

서울시정개발연구원 ソウル市政開発研究院（2002）「쪽방사람들」「チョッパンの人々」

사단법인서울노숙인시설협회 社団法人ソウルホームレス施設協会（2021）「서울 , 노숙인지원사업 20 년 ; 1998-2018」「ソウル、ホームレス支援事業 20 年 ; 1998-2018」서울시복지재단 ソウル市福祉財団

보건복지부 保健福祉部 (2017)「(2016 년도) 노숙인등의실태조사」「(2016 年度) ホームレス等の実態調査」

보건복지부 保健福祉部（2021）「2021 년노숙인등의복지사업안내」「2021 年ホームレス等の福祉事業案内」

한국자활복지개발원 , 한국도시연구소 韓国自活福祉開発院、韓国都市研究所（2021）「노숙인등복지사업의점검 ・ 분석및발전방향연구」『ホームレス福祉事業の点検・分析及び発展方向研究』한국자활복지개발원 韓国自活福祉開発院

국가법령정보센터 国家法律情報センターホームページ　https://www.law.go.kr/ 最終閲覧日 :2021 年 10 月 10 日

「전국최대서울역쪽방촌 , 명품주거단지로재탄생」「全国最大ソウル駅チョッパン村、ブランド住居団地に再誕生」국토교통부 国土交通部（2021-02-05）　http://www.molit.go.kr/USR/NEWS/m_71/dtl.jsp?id=95085150（最終閲覧日：2021 年 10 月 21 日）

第5章 ソウルと大阪における移住者の社会開発と地域コミュニティ

——カトリック大阪大司教区社会活動センターシナピス

カトリック大阪大司教区社会活動センターシナピス

川本　綾

1.はじめに

　日韓ともに結婚や就労を目的とした外国人流入の波から数十年が過ぎ、定住が進む一方で、離婚や離別によってホスト国の家族との関係が断絶して社会に放り出されたり、在住歴は長くても在留資格を持たなかったり失ったりして、既存のセーフティネットから零れ落ちる人々が存在している。定住から長い年月が経ち、本国にはもはや帰る場所がなく、ホスト国での生活を希望しながらも様々な資源から排除されている人々が、個人レベルでこの日本社会で生き抜いていくのは非常に難しいのが現状である。特に公的な制度へのアクセスが在留資格や言語の問題等で阻害されている場合、同郷ネットワークをはじめとする自助組織や市民団体による支援に期待するほかないが、新型コロナウイルスの拡大に伴う失職や感染防止のための接触機会の激減により、それもままならなくなってしまった。ただでさえ社会との接点が少ない当事者たちがコロナ禍の中で孤独を深め、追い詰められていることは想像に難くない。今こそ、当事者の居場所とな

り、また当事者側からも何らかの形で社会と繋がって発信できるような地域やコミュニティの形成が必要とされているのではないだろうか。地域社会の中で当事者が居場所を作り社会に積極的に関わっていく方法を考えるに当たり有効だと思われるのが、社会開発アプローチである。

　ミッジリィ（2003）は、既存の援助型のアプローチではなく、コミュニティあるいは社会に焦点を合わせた、より広い社会プロセスや社会構造を対象とする社会開発アプローチを提唱している。このアプローチの特徴は社会福祉と経済活動を結びつけているところにあるが、その社会開発の関心は都市中心部の貧困者、農村の貧困者、エスニック・マイノリティ・女性等、経済成長から取り残された人々や開発から排除された人々に向けられている（2003:42）。つまり、「取り残された」人々に対し、個人を対象とした援助活動ではなく、地域といったより広い視点から当事者を位置づけ、エンパワーメントする、動態的なアプローチといえるだろう。本章では、ソウル市の移住女性の自助組織である「Talk To Me」と筆者が勤務する大阪市のカトリック教会の組織「社会活動センターシナピス（以後シナピス）」による実践に焦点を当て、地域に根差した移住者の社会参加の方法について考察したい。

2.取り残されていく国際結婚移住女性

(1) 家庭に囲い込まれる移住女性

　韓国は、第二次世界大戦以降、長年にわたり外国人に対する排除政策を続けてきたが、2000年代に入り、移民国家へと大きく舵を切った。そして移民の統合にかんする法整備を急速に進めていった。その背景には、アジアからの結婚移住女性の増加と深刻な少子化問題があった。韓国も日本同様、深刻な少子化問題を抱えており、2005年には合計特殊出生率が1.08と史上最低値を記録した。韓国政府にとって、「韓国人」を増やすことは、喫緊の課題であり、韓国人を産み増やしてくれる存在として結婚移住女性

が注目されたのである。政府は、この後、少子化対策の一環として移民政策を展開し、その政策の焦点は、結婚移住女性と、韓国国籍を持つ子どもたちの社会的統合に当てられていった。そして2008年には「多文化家族支援法」が制定され、各地方自治体に「多文化家族支援センター」が設けられる等、結婚移住女性とその子どもたちに対する適応支援体制が「多文化」の名のもとに整えられていった。

　しかし、2000年代初めの移住女性の急激な流入からおよそ20年弱が過ぎ、韓国生まれの子どもたちが学齢期あるいは大学進学を迎える時期に差し掛かっている。すでに韓国語を習得し、韓国文化にも慣れた結婚移住女性は、子どもを産み、育て、子どもの旅立ち、配偶者との離別等、定住初期とは異なるライフステージに立っており、言語や文化等の適応期とは異なる困難を抱えていることがある[1]。

　例えば、2018年に移住女性を支援する自助団体にインタビューに行った際、年の離れた夫と死別・または離別して経済的に困窮し、嫁ぎ先でも居場所を失って精神的に追い詰められていく女性たちが後を絶たないという話を聞いた。この点について、移住者の社会統合モデルの特徴が、性別役割分業をもとに女性を再生産労働に追いやる「父権家族的福祉モデル」であるためであることが指摘されている（キム、2015）。ただでさえ結婚移住女性が安定的な就労につくことは難しく、社会参加の機会も非常に限られているのに、韓国人の配偶者との離婚、別居や死別等が重なると困窮度はより増し、移住女性は家族や親族を中心としたセーフティネットからも排除されて孤立していく。この場合、社会との繋がりを確保したり、経済的自立を促したりする支援が必要とされるのである。

(2) 当事者による地域貢献型自助組織

　次に紹介する「Talk To Me」は、ソウル市内で活動する移住女性の自助

---

[1] 詳しくは川本（2019）を参照。

団体である。この団体は、スリランカ出身のイレッサ・ペレラさんによって2010年に設立された。2018年現在、スタッフは10人で5、6千人の援助会員を有している。事業内容は、大きく移住女性への就労支援、移住女性の出身地での教育支援、地域内での社会奉仕活動に分けられる。移住女性への就労支援としては、移住女性による出張料理教室、弁当販売、ケータリング、「モニカ人形」のキットの作成・販売等が挙げられる。モニカ人形とは、様々な皮膚の色をした抱き人形で、団体の象徴にもなっている。「モニカ」とは、韓国語で「머니까（遠いところから来た）」という意味をあらわしている。移住女性がこのモニカ人形の体や顔のパーツを切り分け、縫製して、まとめたキットを支援者が2万ウォンで購入し、完成させて団体に送り返す。人形の顔や洋服は制作者の裁量に任されており、どれ一つとして同じものはない人形が完成する。その人形を移住者が様々な路上マーケット等で販売（2万ウォン）することで、さらに現金収入が生まれ、その一部が労働報酬となる仕組みである。また、完成して送り返された人形は、教育機関、児童養護施設等、要請のあるところに無料で配布され、子どもたちの遊び相手となる。この「モニカと遊ぼう！」と名付けられた事業は、移住女性の就労支援であるばかりでなく、様々な顔の色をした人形を作ったり一緒に遊んだりしながら、多様性に対する理解力を育てようとする多文化理解教育の一環としても活用されている。近年ではソウル市が教育庁や自治体やNGO、地域社会と協力し、青少年の教育にあたる「ソウル市型核心教育」事業の一環として、このモニカ人形を通した多文化教育コンテンツを提供している。

　なお、モニカ人形の売り上げ等の一部は、「이모나라 나눔여행（おばさんの国わかち合い旅行）」事業を通し、移住女性の出身地への教育支援にあてられている。この事業は、里帰りが難しい移住女性の出身地を、子どもと韓国人の支援者とともに訪問し、故郷の次世代のための教育支援をする事業である。これまで、代表のイレッサさんのふるさとであるスリランカのカルタラ地域で、現地の関係者と協議を重ね、廃校寸前の小

学校を再建したり、IT教育にかんする教育プログラムを開発したりしている。近年は、スリランカの支援に加え、国際結婚で韓国に渡ったものの結婚生活が破綻し、ベトナムに帰った女性と韓国の血を引く子どもたちが集住している地域で、韓国語教室等を作る計画が進行中とのことであった。移住者の子どもたちにとってこの事業は、どうしても遠く感じざるを得ない母親の国を実際に自分の目で確かめ、深く感じることができる貴重な体験となっていた。

　またこの団体は、地域活動の一環として、当時の事務所のそばに位置していた「チョッパン（ドヤ）」に住む高齢の単身男性たちとの交流も定期的に行っていた。これは、「移住」にともなう苦労が、外国人だけに特有な現象ではなく、韓国内で地方から都市に移住してきた人々も同じという発想からきており、悩みを共有する自分たちだからこそ手が差し伸べられるのではないかというメンバーの意見から始まった。

　イレッサさんの話によると、そもそも団体発足のきっかけは、移住女性が韓国社会で活躍するための居場所づくりの必要性を感じたからであった。韓国社会に定着し、言葉も文化も学び、時には帰化して「韓国人」になっても、実際に移住女性が安定的な就労につくことは困難で、社会参加の機会は非常に限られているのが現状である。イレッサさんは、いつまでも来るか来ないかわからない支援を待つだけではなく、定住の道を歩んでいる移住女性が、社会の一員として自主的に行動を起こすことの重要性を語った。韓国では、移住女性が、移住女性である前に、家族に対して責任を持つ一個人であり、また「韓国人」となった存在であるという視点が欠如しているという。「Talk To Me」の活動は、故郷にも韓国にも家族を持つ移住女性だからこそできることであり、そこに社会参加の糸口があると考えている。

　一方、「Talk To Me」の主要事業である移住女性の就労支援を考える際、その背景には、韓国人の配偶者との離婚や死別にともなう移住女性の孤立や経済的困窮等、初期適応を過ぎ、家族を持つ生活者として韓国社会に定

住しているからこそ生じる問題が存在している。韓国人の家族が担っていたセーフティネットから抜け出し、自分の足で立とうとした時、その地盤は脆弱で心もとない。その理由の一つは、韓国の移民政策が、結婚女性移民とその子どもたちを対象に、少子化の解消という国家的課題を目的に設定されているところにもあるだろう。移住女性が、韓国人の家族の中で「韓国人」の子どもを育てるという目的以外の道を歩んだ時、その居場所は極めて少ないのが現状なのである。なお、イレッサさんもまた、「移住」にまつわる問題は、外国人だけではなく、国内外を移動する韓国人にも共通するものであると捉えているのが特徴的で、外国人でもあり、韓国社会に生活基盤を持つ生活者の一人として、韓国社会で排除されがちな人々にも支援の輪を広げていきたいという意志を持っている。「Talk To Me」による実践は、まったく指針のない、定住のその後の移住女性の未来図を、地域に根差す当事者の視点で独自に切り拓こうとする実践であると捉えることができるだろう。

(3) コロナ禍による変化と新規事業の開拓

　今般のコロナ感染症にあたり、韓国はいち早く症状の程度に合わせた隔離と治療が可能な医療体制を整え、PCR検査数を増やし、IT技術を駆使した感染経路の特定を急いだ。この迅速な対応には2015年にMERS（中東呼吸器症候群）の拡大を止められなかった経験が生かされているのではないかということが日本でも報道された。韓国でも外国人の雇用が概して不安定で生活基盤が脆弱であることは日本と同様である。特に支援側へのアクセスが難しくなった当事者はどのように過ごしていたのだろうか。

　2021年10月に、代表のイレッサさんにオンラインでのインタビューを行ったところ、コロナ感染症拡大による影響で生活基盤がそもそも脆弱な外国人住民がより苦しい状況に陥った点は日本と同じであった。中でも指摘していたのが、政府による財政支援も含めたコロナ対策支援から外国人住民や在留資格を持たない外国人労働者がこぼれ落ちた点である。特に

後者が深刻で、イレッサさんは有事の際は在留資格に関係なく、まずは健康も含めた安全をどの人にも確保すべきということを、外国人諮問委員として活動する地域の自治体内で発言したという。ただ、「Talk to Me」の活動については、意外にもそれほど影響がなかった。その理由の一つは、そもそもモニカ人形の取り組み自体が、家庭から出て働くことが難しい外国人女性が家でもできる仕事

ミールキット例。材料や調味料が全て1人分～2人分程度のパッケージになっており、レシピ通りに炒めたり和えたりするだけで異国の味が楽しめる。（写真：イレッサ代表提供）

として企画されており、コロナ禍の中でも変わりなく仕事ができたことが挙げられる。そしてもう一つの大きな理由がオンラインの活用である。人々が家にこもるほかなかった2020年、コロナ前より準備していた多国籍のミールキットオンライン販売が当たった。

これは、ベトナム、インドネシア、タイ、中国、そしてウズベキスタン出身のスタッフが、それぞれ故郷の料理を材料と調味料をそろえてパッケージにし、注文に応じて各家庭に宅配するものである。事業展開にあたってはクラウドファンディングを利用し、利用者からのリプライを丁寧にフォローしながら人気の高いメニューを探り、同時に資金を調達した。そもそもケータリングや弁当宅配サービスを展開してノウハウがあったところに加え、手狭だった事務所を移転し、専用の厨房を手に入れていたため、コロナ禍でも感染対策を行いながらキット用の材料を準備することが可能だったのである。家族がみな長期にわたって家から出ることができず、家庭料理のレパートリーにも限界がある中で、ちょっと違うものを味わいたいという要求は日本に住む私たちにも十分に理解ができる。現在はこのミールキットの企画販売が「Talk to Me」の主要な事業になっているという。

また、広報・啓発の一環として行っている青少年への教育活動も、出

張講義に変わってコンテンツをYouTube配信に切り替えたため、オンライン授業が進んだ現場の需要にも応えることができた。特にモニカ人形を通した活動は、2020年にユネスコの「持続可能な開発のための教育（ESD:Education for Sustainable Development）」に指定され、団体の知名度をさらに高めるとともに、その価値が国内外で認められた。海外事業にかんしては、渡航が難しいため往来はとん挫しているものの、韓国内で次々に廃棄される携帯電話をスリランカに送り、現地の人々が使えるようにするIT支援事業の準備を進めている。このように「Talk to Me」は、急激に進展するIT化の波にうまく適応しながら事業展開を図っている点に特徴がある。そのため人と人との接触が極端に制限された状況であっても、ただちに資金が枯渇するということがなかった。この背景には代表のイレッサさんの、外国人が外国人であるという理由で政府による支援を受けることに慎重な考え方もあるように思われる。自分からは何も動かないで支援ばかりを受け続けると、いつまでも「お客さん気分」が抜けず自らの能力も開発されない。外国人住民だからこそできることを一つの強味として自らの能力を高め、韓国社会の一員としての責任を果たす、その目的はコロナウイルス感染症の拡大という未曾有の事態にあたっても変わることはなかった。

3. シナピスの難民移住者

(1) シナピスによる支援

　筆者が勤務するシナピスは、大阪教区（大阪、兵庫、和歌山）のカトリック教会内の社会活動を支えるネットワーク組織で、2002年に設立された。難民移住者支援をはじめ、人権や平和に関する活動にかかわっているが、ここで紹介する難民移住者支援は、大きく①生活・医療相談および同行支援、②難民認定申請・在留資格取得にかかわる裁判および手続き支援、③自助活動支援（シナピス工房・シナピスカフェ）、④自立支援（アパートの斡

旋等）に分けられ、相談件数は年間のべ500件を超える。支援対象者は在留資格を問わないが、多く相談が寄せられるのは「仮放免」と呼ばれる、在留資格がないため、ほとんどの公的サービスから排除される人々である。

(2) 仮放免で生きる人々

　日本の場合、中長期の在留資格を持つ外国人に関しては、生活保護、児童手当、国民健康保険等各種社会福祉制度が日本人同様に適用され、情報へのアクセスや申請等の手続きに問題があるにせよ、困ったら制度的な行政支援を受けられる可能性がある。しかし、これらの制度的支援がのぞめず、就労も認められていないのが、シナピスで多く支援している「仮放免」の人々である。

　仮放免とは、在留資格を持っていなかったり、または在留資格を持っていても期限が切れて収容令書または退去強制令書が出ていたりする人が、一時的に入管収容を解かれ、入管外で暮らすことを認められる措置である。出入国管理統計によると、日本には2020年末現在およそ3,000人の退去強制令書による放免者がおり[2]、この中には、難民認定申請者や様々な事情で本国に帰ることが現実的に難しい人々等が含まれている。在留資格がないというと、ともすると犯罪者のような扱いを受けがちであるが、実際は長年日本社会で私達の隣人として暮らしている生活者である場合が多い。この仮放免者には就労が認められておらず、健康保険や児童手当等各種福祉制度の対象外となり、もちろんコロナ対策として出された特別定額給付金等も受給できなかった。いわば自助、共助、公助の内、自助と公助のほとんどが認められず、共助、すなわち誰かの支援を受けなければ生きることが難しい人々なのである。

　しかも、今回のコロナ感染症の拡大にあたっては、その共助すら危うい

2　出入国在留管理庁「出入国管理統計」より。

ものとなった。緊急事態解除宣言によって事務局が閉鎖された2020年4月から5月は、シナピスの難民移住者支援もすべての支援が一時的に停止した。緊急事態宣言の有無にかかわらず、頼る先が教会しかない当事者たちは日に日に困窮を深めるほかない状態に陥ったのである。そればかりではなく、緊急事態宣言が出てすぐ、難民申請者の一人が高熱を出した。もしコロナ感染症陽性だった場合、病院に同行したスタッフも、宣言前に一緒にいた難民移住者や他のスタッフも濃厚接触者となってしまう。日本に家族がいなくてシナピスしか頼るところのない難民・移住者とスタッフが感染によって共倒れになったら、私たちは一体どうなってしまうのだろうという不安が残った。

　コロナウイルス感染症が今までの災害と違ったのは、支援の手を含めた社会的な関係性が、感染予防という名目で断ち切られてしまったことである。日本に頼れる家族もいなく、在留資格がない仮放免の人々は、そもそも行政からの支援がのぞめないため、支援者・支援団体からの支援が断ち切られてしまったらただ飢えるしかない。行政が無策のまま仮放免の人々を就労の許可も出さないで社会に放り出した結果、少なくとも3,000人にものぼる人々が、生きるということすら保障されず放置されるという重大な人権侵害が引き起こされることとなったのである。これはコロナウイルス感染症の拡大以前からの問題であり、今回のコロナ禍を通して、より顕著にかつ深刻な形で現れる結果となった。

(3) シナピス工房とシナピスカフェの実践

1. シナピス工房の取り組み

　働くことのできない仮放免の難民移住者は、教会に寄せられた寄付を受けて生活し、教会内で様々な奉仕活動を行っている。その一環でシナピスでは、難民移住者がロザリオやアクセサリー等の雑貨を作り、寄付のお礼として配る「シナピス工房」活動を行っている。実際のところ、働く機会を奪われるということは、社会との接点が著しく阻害されることをも意味

する。それに加え、入管に出頭するたびに再収容と強制送還に怯え、長期にわたる在留資格や難民申請にかかわる裁判を抱えながらどこにも行くところがない状況は、当事者を心身ともに追い詰めていく結果にも繋がる。そのため、「居場所」の一つとして、事務所の一部空間を難民移住者のために開放しているのである。

　工房の活動には長年ボランティアがかかわっていて、当事者たちに作り方を教えたり一緒に作ったりしているが、製作以外にも生活相談や子どもの教育相談にのったりと、当事者と日本社会を繋ぐ窓口にもなっている。ところが、この工房活動も緊急事態宣言に伴う自粛によってできなくなってしまった。また品物と引き換えに寄付を募ることができるミサや教会内のバザーや講演会等、各種の集まりも停止してしまったため、一時的に支援が停滞せざるを得ない状況に陥ってしまった。

　そんな中、他の宗教団体からの提案で、シナピスの難民・移住者が使い捨ての医療用防護ガウンを作り、その枚数に応じてその宗教団体から寄付をもらい、完成した医療用ガウンを困っている医療機関に寄贈するというプロジェクトに参加できることになった。

　5月中旬よりスタートしたガウン作りは、思っていた以上の効果をもたらした。スタッフが几帳面で真面目な青年をリーダーに指名し、チームで教えあいながらガウンを完成させていくようにしたところ、活気が生まれ、次第に各自が責任感を持って自主的に作業にあたるようになった。仮放免の人々は、人として生活を営むための様々な資源から遠ざけられ、自分が日本社会の中で招かれざる客であることを日々痛感せざるを得ない。そんな中、自らの手で作ったものがこの社会で誰かに喜ばれているという実感は、嬉しいものだったに違いない。これまでのシナピス工房での活動を通じて理解はしていたものの、当事者の人々が何より欲していたのは、やりがいと社会参加に対する「実感」だったのだと再認識するにいたった。

2. シナピスカフェの取り組み

　ガウン作りと並行して、大阪市内の空き修道院を大阪教区が借り受けることが決まった。そして支援対象者が増えて手狭になっていたシナピス事務所の代わりに難民移住者の居場所として利用できることとなった。この修道院を「シナピスホーム」と名付け、何ができるかを模索

旧修道院内の聖堂を活用したカフェ。(写真：筆者)

していった。しかしシナピスホームがある場所は古くからの住宅地で「顔つき」の違う人々がいきなり出入りすることを警戒されないかという憂慮もあった。シナピスホーム担当となったスタッフは、毎日、箒とちり取り、ゴミ袋を持って町に出て、掃除をしながら会う住民に挨拶をし、シナピスホームの話をして理解を得られるよう努力を重ねていった。このスタッフは介護福祉士としての経験を持っており、地域住民との交流を進める中で、地域に高齢者が多いことや、介護サービスでまかなうことができない買い物や付き添い、家の中の力仕事等ちょっとした困りごとを抱えていることが多いということを知った。そこで提案したのが「おとしより食堂（仮称）」だった。

　「おとしより食堂」は、難民移住者が地域住民をもてなし、ちょっとした困りごとの手伝いして地域のために働く取り組みである。この背景には、シナピスホームが社会参加ややりがいを求める難民移住者だけではなく、地域の住民にとっても温かい居場所となってほしいというスタッフの願いがあった。ただ、コロナ禍で食堂を開くのは現実的に難しい状況であったため、まずは週一回のカフェを開くこととなった。

　そして、2021年春に、難民移住者たちが茶菓を用意して住民をもてなす「シナピスカフェ」がオープンした。ちょうどこの頃、シナピスの支援

活動が夕方のニュース番組の特集で報道され、カフェの取り組みが紹介されたのだが、その反響は大きかった。自分も居場所がないという高齢者が報道を見て居てもたってもいられず、事務所に電話をしてくれることもあった。これは、難民移住者が主体となって自ら居場所を作る取り組みとして始めたものではあったが、「居場所のなさ」という孤独を抱える人が年齢や国籍、地域を問わず存在していることが露わとなった瞬間でもあったように思う。難民移住者が抱える生きづらさが、決して難民移住者だからという理由だけに基づくものではなく、日本社会に住む私たちの生活の営みにも深く関わる問題であることが垣間見られたのである。

　大阪のコロナ感染症の急拡大に伴い、カフェの利用者が減った6月からは、「おとしより食堂」オープンのための準備として、難民移住者が各自の故郷の家庭料理を順番に作り、スタッフと共に日本の人の口に合うように話し合う試食会を開いた。毎回この試食会は難民移住者に好評で、ある男性は故郷の家族に何度も作り方を聞いて作ったことのない故郷の味を習得、披露した。その料理の匂いをかいだ同郷の男性は、「幼いとき実家の台所で母親が食事を作っていたときのにおいがする」と目を潤ませたという。自らが作った故郷の料理が誰かを喜ばせているという実感、そして共に食べることで呼び起こされる懐かしい家族との記憶、その一つひとつが誰にとってもかけがえのないものであった。

　また、家庭菜園を作り、オーガニック野菜を提供できるよう準備も進めている。そして、毎週一度は難民移住者たちがスタッフと会議を開いてシナピスホームに必要なものやもてなし準備について話し合う場を設け、当事者が主体性を確保できるような仕組みを作りつつある。手探りではあるが、当事者たちの生き生きとした表情を見るにつけ、支援を与える側、受ける側と固定されがちな支援の在り方について私たちスタッフも考えさせられるような相互作用が生まれつつある。

　一方、現在のカフェの利用者は、地域住民のみならず、地域内の福祉関係者、教育関係者、医療関係者等多岐にわたっており、その中で協力関係

を築く等、波及効果が認められるようになっている。今後このシナピスホームの活動が地域の中にどのように位置づけられるのかはまだわからない段階ではあるが、難民移住者や地域住民の居場所としてセーフティネットの一つとなり、また、異なる文化や言語を持つ人々が地域内で新たな共同性を構築できるような社会資源となることを期待している。

4.おわりに

　本章では、韓国における国際結婚移住女性による自助組織である「Talk To Me」と大阪のカトリック団体が実践する「シナピス工房」および「シナピスホーム」の活動について紹介した。

　「Talk To Me」は、移民政策の陰でセーフティネットからこぼれ落ちた結婚移住女性たちの居場所づくりと社会参加を目的に、独自のアイディアで、常に韓国社会に積極的に入り込んでいくことを念頭に置きながら事業を展開している。そして巧みに時代の波にも乗り、コロナ禍であるにもかかわらず事業拡大を図っている。また、公的な支援に関しては、コロナ禍のような有事の際は、公的機関が在留資格に関係なくすべての外国人の命を守る行動をとるべきという主張を行いつつも、公的支援への依存は当事者の自己開発を妨げかねないという観点から慎重な立場を貫いているのも特徴的である。この団体は、移住女性の自助組織ではあるが、外国出身者だからこそできる社会貢献という視点を強く持っており、移住女性を支援対象者としてではなく、韓国社会の中で積極的に自らの人生を切り拓いていく主体として捉えている。これは様々なライフステージを経験する、定住のその後の生活戦略にかかわる取り組みであるともいえるだろう。

　また、「シナピス工房」、「シナピスカフェ」の実践は、働くことを禁止され、各種の公的支援からも排除されている仮放免の難民移住者が、自らの居場所を作り、社会参加を果たしていく取り組みである。特に後者は、支援者がコロナ禍を契機に当事者たちが社会とのかかわりを切望している

ことを再認識する中で生まれたものであった。活動する「場」を手に入れた難民移住者は、水を得た魚のように生き生きと主体的に取り組んで地域に溶け込めるよう努力し、いまやシナピスカフェになくてはならない存在となっている。もちろん支援・被支援の関係性自体は変わらないが、この活動は支援の在り方についても一石を投じた。すなわち、閉ざされた教会内で支援をする側と受ける側がやりとりをするだけではなく、教会を開放し、地域の中で難民移住者と共に生きていく道を切り開くことができないか模索し始めたのである。そこでは、当事者にとっても地域住民にとっても居心地のいい「場」の形成が志向されており、シナピスホームの存在が、双方にとって有益な地域の資源となる可能性が秘められている。

　紹介した取り組みは、社会開発という面で必ずしも経済効果が望めるものに成長するかどうかはまだ不明であるが、その萌芽的事例として取り上げることができるだろう。

参考文献

川本綾（2019）「韓国における国際結婚移住女性の生存戦略と実践」全泓奎編著『東アジア都市の居住と生活』東信堂、p146 〜 164

キム・ヒョンミ（2015）「韓国多文化政策と外国人共同体」ソウルグローバルセンター「外国人住民共同体発展方案模索討論会」資料（韓国語）

ジェームズ・ミッジリィ（2003）『社会開発の福祉学：社会福祉の新たな挑戦』萩原康生訳、旬報社

第6章　日韓の生活困窮者支援比較
——地域福祉施策の観点から

大阪市立大学

野村 恭代

1.はじめに

　日本では、地域福祉施策を計画的に整備するために、各自治体におい
て地域福祉計画を策定している。地域福祉計画は、平成12年6月の社会福
祉事業法等の改正により、社会福祉法に新たに規定された事項であり、市
町村地域福祉計画と都道府県地域福祉支援計画がある。計画策定において
は、地域福祉推進の主体である地域住民等の参加を得て、地域生活課題を
明らかにするとともに、その解決のために必要となる施策の内容や量、体
制等について、多様な関係機関や専門職も含めて協議を行い目標を設定
し、計画的に整備していくことが求められる。また、地域福祉計画の策定
は、平成30年4月の社会福祉法の一部改正により、任意から努力義務へと
変更された。さらに、「地域における高齢者の福祉、障害者の福祉、児童
の福祉その他の福祉の各分野における共通的な事項」を記載する、いわゆ
る「上位計画」として位置づけられた。さらに、上記法改正において、法
第106条の3第1項各号で規定する「包括的な支援体制の整備に係る事業

に関する事項」が計画に盛り込むべき事項として新たに追加された。

　一方、韓国の地域福祉の拠点として、福祉サービス供給組織として重要な位置を占めているのは社会福祉館や社会福祉法人等である。社会福祉館は1989年の住宅建設促進法により設置基準が整備され、低所得層の福祉問題を予防、解決するための総合的な福祉サービス提供拠点として位置づけられている。地域福祉推進における韓国の特徴は、多様な市民団体による活動にある。これらの市民団体による活動は、韓国ならではの特徴であると言える。また、韓国では2003年の社会福祉事業法の改正により、地域社会福祉計画の位置づけが明示された。

　本章では、日本及び韓国における地域福祉施策の中でも、特に生活困窮者への支援に焦点をあて両国の生活困窮者をめぐる背景や状況を概観するとともに、地域福祉の観点から今後求められる支援について考えていく。

2.背景

(1) 日本の福祉課題の増大と生活困窮者自立支援

　地域生活上の福祉課題は社会的孤立・孤独の課題のみならず、多様化・深刻化・潜在化の様相を呈している。それはきわめて構造的な性格をもつものである。その背景要因をいくつかあげるとすれば、自然発生的な血縁・地縁による相互扶助関係を包含した地域社会の瓦解、認知症高齢者の増加による介護ニーズの普遍化と増大、年金・医療・介護等の制度疲労、さらには経済活動の低迷を背景とした経済的困窮者の増加等が深く関係している。また、福祉課題の多様化は、いわゆる「制度の狭間」を生み出し、現行の福祉制度では対応できないことは明白である。平成27年度から施行された生活困窮者自立支援法に基づく生活困窮者支援制度は、「生活困窮者」を対象とし、新たな課題構造に対応するために、新たな支援の仕組みの構築を志向したものであった。そして、ここでいう「生活困窮者」とは、経済的困窮のみならず、社会的孤立を含むものであり、コロナ

禍において増大した孤立・孤独の課題は、法制定時から解決すべき課題として認識されていたものである。

　日本の公的扶助制度を大別すると、資力調査を要件とする貧困者対策と、所得調査（制限）を要件とする低所得者対策の2つがある。前者の貧困者対策には、生存権を実現する生活保護制度がある。これは生活に困窮している国民すべてに対して、健康で文化的な最低限度の生活を保障するため制度であり、その上で制度利用者の社会的自立を促進する相談援助や支援活動を行うよう定められている。生活保護受給者は、1995（平成7）年に底を打ったものの、そこからバブルの崩壊やリーマンショック等々の影響を受け、増加傾向にある。生活保護制度が開始されたのは1951（昭和26）年度であり、この時期は戦後間もない混沌とした状況であった。その際の生活保護制度利用者は、概ね200万人であった。数だけを単純に比較すると、現在は戦後の状況よりも制度利用者数は多い状況である。

　また、生活保護受給者の世帯累計別の保護世帯数と構成割合について着目すると、生活保護世帯については、高齢者世帯、母子世帯、傷病・障害者世帯、その他の世帯のうち、「その他の世帯」の割合に注目する必要がある。「その他の世帯」は、2004（平成16）年度は9万4,000世帯であったが、2014（平成26）年11月には28万世帯まで増加している。構成割合としては9.4%から17.4%に倍増している状況にある。このことから、社会において生活困窮に陥る確率は相対的に高まっていると考えられ、その中でも特に稼働年齢層の貧困リスクが高まっているものと推察される。

(2) 生活困窮者自立支援制度の対象者

　まず対象者として想定されるのは、非正規雇用の状態にある労働者である。非正規雇用労働者は、2013（平成25）年の時点で約37.5%の割合であり、コロナ禍においてその割合はさらに高まることが予想され、正規雇用者と比べ立場が非常に不安定であるため、不況に陥るとまず解雇の対象となる恐れがある。ワーキングプアという言葉もあるように、非正規労働者

は正規雇用と比べ給与所得が低く、解雇された後に次の職が決まらない場合には、直ちに生活困窮に陥るリスクが高いと考えられる。

　次に、ニートやひきこもりの状態にある者である。ニートの状態にある人は2016年時点で約57万人、ひきこもりの状態にある人のいる世帯は約26万世帯であると考えられている。このような状況にある人々は、現時点では家族等の支えがあるため生活に困窮する状態ではないものの、生活を支えてくれる家族等がいなくなった場合、直ちに困窮状態になる可能性が高い。20年、30年とひきこもりの状態にある場合、例えば生活を養ってきた家族が亡くなる等の状況になったとしても、すぐに就労することは難しいだろう。

　また、貧困の連鎖もきわめて重い課題である。生活保護受給世帯の世帯主のうち、約4人に1人の割合でかつて自身の親も生活保護を受けていた、ということが明らかにされている。貧困の連鎖は確実に存在することから、このような現象に対してどのように対処していくのかが問われている。

(3) 人口減少社会の到来とその対応

　人口構造の変化、とりわけ人口減少社会の到来は、福祉課題の増大にさらなる深刻な影響を与える要因となる。日本創成会議・人口減少問題検討分科会における発表では、地方から大都市部への人口流出が今後も止まらないという仮定のもとで算出した結果、2040年には「消滅可能性都市」（20~39歳の女性人口が5割以下に減少する自治体）が896自治体に達することが示された。このことは、人口構造における少子高齢化は、人口減少と重なってさらに深刻な事態が想定されること、その背景要因にある人口流出は、地方自治体それぞれが対策を講じることが不可避であることに加え、日本全体の産業構造を含めた骨太の対策が必要であることを強く示唆するものである。2040年を待たずしても、地方ではすでに「消滅」の危機に瀕している自治体は少なくない。そしてこの度の新型コロナウイルスによ

り、経済的にも危機的状況にある地域は全国に広がっている。このような状況は、日本、韓国の双方にあてはまるものであると考えられる。

3.生活困窮者への就労支援

(1) 生活困窮者を取り巻く状況

　筆者は、2015年にひきこもり等の社会的孤立の実態を把握するため、北海道Ａ町での全戸訪問調査を実施した。この調査の目的は、①生活困窮者・社会的孤立者の把握、②生活困窮・社会的孤立の状態に至るおそれのある人の把握、である。②については、「予防的支援を要する人」の把握も意図している。本調査で得られた主な結果は、①何らかの支援を要する世帯が3割にのぼること、②現時点では生活困窮・社会的孤立の状態にはないものの、周囲が気にかけておく必要があり、将来的に支援を要する可能性がある世帯が全体の1割程度存在すること、③15歳以上65歳未満の人のうち、2%の人が長期にひきこもっていること、の3点である。

　本調査で明らかになったことの1つは、調査対象の世帯を丁寧に全戸訪問してみると、想定以上に「長期に」ひきこもっている人が多かったことである。回収できた世帯の中に長期のひきこもりに相当する人のいる世帯は、全世帯の2.6%に相当する結果となった。

　長期のひきこもりは、今や社会的孤立の象徴ともいえる社会的課題の1つであるが、実際は相当深刻な事態にある。そしてその背景や要因も多様で深刻であるが、いずれも早期のアプローチが必要であり、また社会的居場所づくりや多様な就労の機会等、支援のための環境整備が不可欠である。加えて、現に社会的孤立・孤独の状態にある人の把握と対応はもちろん大切であるが、課題が深刻になってから事後的に対応するのではなく、予防的に早期にアプローチする方策を導き出すことがきわめて重要である。

　また、筆者らはＢ市Ｃ区及びＢ市社会福祉協議会からコロナ禍における

区の現状と生活困窮者自立支援制度の実施状況について情報提供を受け、コロナ感染以前には想定されなかった層が生活困窮の状態に陥っているという現状を把握した。具体的には主として、①接待を伴う飲食店関連（バー、スナック、キャバレー、クラブ、ホストクラブ、キャバクラ、ガールズバー等）、②外国人世帯、③ひとり親世帯である。これらの層がコロナに伴う総合支援資金の申し込みのために社会福祉協議会窓口を訪れていることは事実であるが、アセスメントがまったくできていない状態であり、手続きが終わると関係性も途切れてしまっている状況にある。そのため、その後の支援にも繋がっておらず、窓口を訪れた人のうち、支援が必要である人がどれくらい存在するのか、予防的な関わりが必要な人の割合はどの程度であるのか等も把握できていない状態である。加えて、上述した①～③の層の特性として、a.そもそもコロナ禍における制度を知らないために窓口にすら来ない、b.そのため実態がわからない割合が高い、c.①のなかには運営自体を隠していることにより、公の制度を利用できずにいる団体が存在する、という点があげられる。

(2) 就労訓練事業（中間的就労）の概要と課題

生活困窮の状態にある人のうち、就労に困難を抱える人、一般企業で自立した働きができない人等への支援の1つである中間的就労については、就労訓練事業という民間の自主事業として法律に位置づけ、都道府県知事の認定制度が作られたことがその背景にある。対象者の能力や適性、状況に応じて作成した個別の就労支援プログラムに基づき、一般就労に向けた支援を中・長期で実施するものである。生活困窮者自立支援法に基づく就労訓練事業（中間的就労）は、一般就労（一般労働市場における自律的な労働）と、いわゆる福祉的就労（障害者の日常生活及び社会生活を総合的に支援するための法律（障害者総合支援法）に基づく就労継続支援B型事業等）との間に位置する就労の形態として位置づけられている。

就労訓練事業における就労形態は、①非雇用型：事業者と雇用契約を締

結せず、訓練として就労を体験する、②支援付雇用型：事業者と雇用契約を締結し、専任の担当者の支援を受けながら働く、といった2つの類型が設けられている。就労訓練事業は、これらの方法により、本人の状況に応じて、適切な配慮のもと、生活困窮者に就労の機会を提供しつつ、就労に必要な知識及び能力の向上のために必要な訓練、生活支援並びに健康管理の指導等を行う事業である。 事業の最終目的は、支援を要せず一般就労ができるようになること、最終的には困窮状態から脱却することとされている。

　具体的な対象者としては、①直近の就労経験が乏しい者（いわゆるひきこもりの状態にある者またはあった者及びニートの者、長期間失業状態が続いている者、未就職の高校中退者等）、②身体障害者等であって、障害者総合支援法に基づく障害者就労移行支援事業等の障害福祉サービスを受けていない者、身体障害者等とは認められないものの、これらの者に近似して一定程度の障害があると認められる者、障害があると疑われる者である。

　就労訓練事業の形態には、事業所の設立目的やその実施規模に応じて、次の2つの類型がある。①生活困窮者への就労機会の提供、地域社会への貢献等の要素が事業所の設立目的に含まれ、就労者（雇用または非雇用の形で労働や訓練を行う者）の中に対象者である生活困窮者が一定割合以上含まれる事業を経営する類型（社会的企業型）。なお、自ら独立して事業を運営するほか、独自に生活困窮者のための就労場所を持たないNPO法人等が、地域の事業所と提携し、スタッフの同行の下、対象者に就労体験を提供する方式も、社会的企業の事業形式として想定されている。②一般事業所（社会的企業ではない事業）において、対象者である生活困窮者を雇用または非雇用の形で受け入れる類型（一般事業所型）。一般事業所における就労訓練事業については、対象者を若干名、一般事業所が受け入れ、非雇用・雇用いずれの場合も、就労支援担当者による支援のもと、就労を行う形態とされている。なお、一般事業所において対象者を受け入れ、清掃や運搬の補助等、対象者の状態や就労訓練事業における就労形態（雇用型、非

雇用型）に応じた業務に従事させながら、仕事の雰囲気を体得させ、一般就労に向けた支援を行うようなケース、障害者就労継続支援事業を行う施設等において、定員外（障害者総合支援法に基づく給付等の対象外）として対象者を受け入れ、作業施設内での就労に携わる中で一般就労に向けた支援を行うようなケース等も、一般事業所型の一類型として想定されている。

①、②いずれの類型で実施する場合も、事業者は就労訓練事業が認定基準に適合していることについて、都道府県知事等の認定を受けた上で、自立相談支援機関のあっせんに応じて対象者を受け入れることとされている。

　具体的な支援としては、複雑な作業ができないという状態の対象者には、その状態に応じて、例えばコピーや手紙の封入作業等、他の作業から簡単な作業を切り出して担当してもらう、連日の勤務が困難であったり、1日8時間働くことが難しいという状態の人等に対しては、毎日出勤しなくても良いように配慮したり、午前中だけの勤務にする等、本人の状況に応じた就労の場を提供する事業がこの就労訓練事業である。

　生活困窮者自立支援事業において、幅広く間口を広げて相談を受けたとしても、出口がなければ支援にはならず、自立相談支援機関で問題を抱えるだけの結果になり、対象者の社会参加には繋がらない。そのため、この就労訓練事業は生活困窮者への支援においてきわめて重要な事業であるが、任意事業であるためにすべての自治体が実施しているわけではないという課題もある。

4.韓国における生活困窮者支援

(1) 韓国の公的扶助制度

　韓国に公的扶助制度が導入されたのは、1961年である。それ以前にも、1944年に「朝鮮救護令」が実施されているが、本格的に制度として実施されたのは1961年に制定された「生活保護法」からである。ただ、この生活保護制度には課題があった。給付の対象は、扶養義務者がいないまた

は扶養義務者がいても扶養が受けられない者のうち、①65歳以上の老衰者、②18歳未満の児童、③妊産婦、④疾病あるいは障害により就労に支障がある者、⑤生活困窮の状態で、保護機関が法律による保護が必要だと認めた者、のいずれかに該当する者である。このように対象者が限定されており、セーフティネットとしての機能や役割は十分に果たしえない制度であった。

　その後、生活保護法は何度か改正が行われ、2000年には新しい公的扶助制度として「国民基礎生活保障制度」が誕生する。生活保護法が国民基礎生活保障法に変わったことにより、国民の権利性が強化されることとなった。また、給付の対象も変更され、18歳未満、65歳以上で働く能力のない者に制限する年齢基準を廃止し、国が定めた基準に則り誰であっても制度上の給付について受給できるようになった。

　国民基礎生活保障制度による給付の判断基準に関しては、金（2017）によりまとめられた図表を参考に説明を加える。国民基礎生活保障制度による受給対象者は、①所得認定額が最低生活費を下回っている者、②扶養義務者がいないまたは扶養義務者に扶養能力がない者、という2つの要件を満たす必要がある。それまでの生活保護法の規定では、所得のない者であっても財産が一定額を超える場合には、給付の対象とはならなかった。国民基礎生活保障制度では、この問題点を改善するために、生活保護法の受給基準を見直し、世帯の所得評価額と財産の所得換算額を合算した所得認定額が最低生活費よりも低い場合には、受給対象者となるよう制度改正が行われた。（金、2017）また、財政基盤の差による自治体間の負担度を軽減する措置として、自治体の財政自立度を考慮した財源の国庫補助率を採用している（表1）。

表1　事業別国庫補助率

事業名	国庫補助率
〈国民基礎生活保障〉	
教育給付	ソウル40~60%、その他70~90%
生計給付	ソウル40~60%、その他70~90%
医療給付	ソウル50%、その他80%
住居給付	ソウル40~60%、その他70~90%
出産給付	ソウル40~60%、その他70~90%
〈基礎老齢年金〉	40~90%
〈保育料〉	ソウル10~30%、その他40~60%
〈障害者年金〉	ソウル50%、その他70%
〈障害手当〉	ソウル50%、その他70%
〈1人親世帯養育費支援〉	ソウル50%、その他80%

出所：金（2017）を基に筆者作成

(2) 貧困対策としての就労支援

　2000年の国民基礎生活保障法により、基礎生活保障制度と共に新たな自活支援事業も導入された。自活支援事業は、就労能力のある受給者に対し勤労への参加を義務化する事業であり、制度時給者（最低生計費100%）と次上位階層（最低生計費120%）を対象に制度受給から脱するための支援を提供するものである。自活支援事業の対象となるのは、基礎生活保障法で生計保障受給者となった者のうち、①勤労能力の有無、②世帯特性、③環境、④現在の就業状況、等の判断により、就業することが困難であると判断された者を除外した「条件付き受給者」であり、対象者の自活類型について判断を行う。また、判断の際には、社会福祉担当の公務員が「世帯別自活支援計画」を作成し、世帯の自活を促すための支援を提供する世帯員を中心に診断が行われる。

その後、対象者の類型ごとに「自活事業プログラム」が提供される。サービスの提供主体は、非就業対象者は保健福祉部、就業対象者は労働部であり、実施は自活事業実施機関によって行われる（表2）。対象者は、各プログラムへの参加を通じて自活を目指す。プログラムへの参加が生計保障受給の条件となっているため、参加しない場合には給付が中断されることになる。

自活事業プログラムは、①リハビリプログラム・地域奉仕、②自活勤労、③自活共同体・就業斡旋、の順で設定されており、対象者の能力や意欲を段階的に向上させることにより、最終的には自活することを目的に提供されるものである。③の自活共同体は、日本にはない発想に基づき設置されているものだと言える。これは、対象者または対象者と同様の生活水準にある人たち同士で組合または付加価値税法上の2人以上の事業者として設立・運営する共同出資方式の事業である。国及び地方自治体が保証機関となり、構成員に対象者が3分の1以上いる共同体に対して、国公有地優先賃貸、国・地方自治体事業の優先委託、事業資金融資、生産品優先購買等の支援を行っている。

表2　類型別自活事業プログラム一覧

主管	類型	自活事業プログラム	自活事業実施機関
保健福祉部	非就業対象者	自活共同体事業	自活後見機関
		自活勤労（Up-grade型）	民間委託機関等
		自活勤労（就労型）	市・郡・区等
		地域奉仕	社会福祉館、精神保健センター、市・郡・区等
		リハビリプログラム	精神保健施設、社会福祉館、大学研究所、自活後見機関等
		生業資金融資	市・郡・区

		職業斡旋	雇用安定センター
労働部	就業対象者	職業訓練（創業訓練）	職業訓練機関
		職業適応訓練	雇用安定センター、職業適応訓練機関
		自活就業促進事業等	雇用安定センター

出所：中尾（2004）を基に筆者作成

5.本人の状況に合わせた就労支援

　なぜ生活困窮者に就労支援を提供することが大事なのか、現実的な観点からその理由を述べると、そうしないと地域が立ち行かなくなるからである。つまり、支援を実施することは、生活困窮者のためだけではないということである。地域のためであるし、地域にある事業所や地域に居住する地域住民のためでもある。私たち一人ひとりの問題なのである。

　そのため、地域の様々な主体がチームとして支援を行うことが求められ、「仕事探しさえうまくいけば就職できる」という対象者については、ハローワークを中心に引き続き支援を行うことが必要である。まだその状況に達していない対象者に関しては、まずは社会参加に向けた支援として、日常生活において他者と話ができること、規則正しい生活を送ることのできるよう支援を行い、働く気力のない人、気力はあるものの技能等が伴わない人等に対しては、自治体による就労準備のための支援が求められる。

　また、就労に困難を抱える人、一般企業で自立的な働きができない人等に対しては、中間的就労の場が求められる。もしも対象者が複雑な作業ができない状態にあれば、その状態に応じて支援や作業内容を柔軟に検討することが求められる。本人の状況に応じた就労の場を提供することがなによりも大切である。

　生活困窮の状態にある人が相談に訪れたとしても、その先の出口がなけ

れば相談支援機関で抱え込だけで終わってしまい自立には繋がらない。そのため、就労訓練に関する事業や主労訓練の場を開拓する必要がある。

6.両国に求められるこれからの生活困窮者支援——地域福祉の観点から

　生活困窮者への自立支援では、今後何を重視する必要があるのだろうか。両国に共通するこれからの取り組みについて以下に述べる。

　1点目は、アウトリーチの重要性である。生活困窮者の中には、地域から孤立した状態にある者も少なくない。そのため、通常はあたりまえに入手できる情報が得られなかったり、あるいは社会との関わりそのものに非常に強い恐怖心を感じている場合もある。このような状態にある場合には、自ら支援を求めることが困難であることが予想される。生活困窮の状態にある人が相談に来ることを待つのではなく、こちら側から出向いていく意識と姿勢が求められる。

　2点目は、ワンストップ型の相談窓口の整備と機能強化である。生活困窮者はこれまで制度の狭間に置かれていた人たちである。日本における生活困窮者支援も、韓国における貧困層に対する支援も、どちらも第2のセーフティネットであることは共通する点である。「制度の狭間は二度と生み出さない」という強い意識のもとで、どのような相談であってもまずは受け止め、排除しない意識が大切である。

　3点目は、一人ひとりの状況に応じた支援の必要性を改めて認識することである。支援の対象者を「生活困窮者」という画一的なイメージにあてはめるのではなく、一人ひとりの状況に応じた支援を考え実施していくことが必要である。

　4点目は、様々な複合課題を抱えている対象者が多いことから、1つの機関だけで包括的な支援を行うことは困難であることを理解することである。特に日本では、生活困窮者自立支援制度において、任意事業を含め様々な事業を実施しているが、地域の他の事業者や関連団体等と連携しネ

ットワークを構築しながら、チームとしてひとりの生活困窮者を支援するという発想と意識が大事になる。

　相談の受付だけで繋ぎ先がないということになれば、生活困窮者の自立にはならない。入口を広げ対象者を選別せずに受け止めるのであれば、出口を広げるための取り組みも同時並行で進めなければならない。自立相談支援機関等による相談支援の中で、仮にニーズを把握したとしても、そのニーズを吸収し支援するための事業がないと支援にはならない。ニーズを把握しても見て見ないふりをしてしまうことになり、それは支援とは言えない。生活困窮者に関しては、明確な定義がないためどれほどの需要があるのか等の把握は非常に難しいといった課題もあるかもしれない。しかし、例えば生活保護受給の申請に来たものの、生活保護基準に該当せずに生活保護を受けられなかったケースの数や実際の失業者の数から等、生活困窮者層の推測は可能である。さらに、各自治体の中での関係機関や関係者との情報交換、学校中退者の数やニートの状態にある人の数等、基本データは多岐にわたり存在している。そのような既存データを活用することで支援対象者の数を推計することは十分に可能である。

参考文献

岩間伸之・野村恭代・山田英孝・切通堅太郎（2019）『地域を基盤としたソーシャルワーク——住民主体の総合相談の展開』中央法規出版

金明中（2017）「韓国における公的扶助制度の現状と課題（前編）——生活保護制度から国民基礎生活保障制度導入まで」『ニッセイ基礎研究レター』、pp.1-8

厚生労働省ホームページ　https://www.mhlw.go.jp/stf/seisakunitsuite/bunya/0000073432.html（閲覧日：2021/10/30）

許賢淑（2016）「韓国の勤労貧困層（Working Poor）に対する勤労連携就業支援政策からの考察」『社会政策』第 8 巻第 2 号、pp.94-101

五石敬路（2004）「自活支援事業改革の動向と就業貧困層」奥田聡編『経済危機の韓国：成熟期に向けての経済・社会的課題』日本貿易振興機構アジア経済研究

所、pp.105-125

小島克久（2016）「韓国の社会保障（第 5 回）韓国の公的扶助について」『社会保障研究』Vol.2、No.1、pp.122-125

李恩心（2017）「韓国の高齢者ケアにおける地域福祉推進――A 市の地域包括ケアシステムへの取り組みを通して」『人間社会学部紀要』No.916、pp.75-81

宮本恭子（2016）「島根県における生活困窮者の自立支援を進めるために」『山陰研究』第 9 号、pp.77-96

中尾美知子（2004）「韓国における自活支援福祉政策の模索」『岩手県立大学社会福祉学部紀要』第 6 巻第 2 号、pp.15-2

第7章　城中村改造と包摂型住宅政策の実現

大阪商業大学

閻　　和平

1.はじめに

　中国の都市に城中村と呼ばれる地区が存在している。それは特定の場所を指すものではなく、ある特質を備え、都市の中でまだらに分布し、大きさも様々な一連の地区の総称である。その特質とは、市街地にあるにもかかわらず、都市計画規制外にあり、農村的なコミュニティを維持していることである。城中村は決して中国の都市に固有のものではなく、経済発展・都市化の中で政策によって造りだされたものである。すなわち、中国の特有の土地制度や戸籍制度等によって、農村地域が都市地域に制度変更・都市化していく過程で人為的に意図的に農村のままに切り捨てられて取り残された地区である。城中村の外は都市インフラが整って都市的経済社会活動が展開されているのとは対照的に、城中村の中は一昔の農村的共同体が維持され、都市インフラが著しく欠乏し、いわば都市化・都市政策の残余地域である。

　城中村は政府の都市化政策において残余的な存在であるが、住宅市場において極めて重要な役割を果たしている。それは都市戸籍をもたない外来労働者の主要な居住地区となっているからである。中国政府の住宅政策の

中心は積極的な持ち家推進である。しかし、住宅購入には都市戸籍が必要である上に、たとえその制限をクリアできたとしても高騰する住宅価格の前にほとんどの外来労働者にとって、住宅は高嶺の花である。仕事への通勤や家賃等の制約により、多くの外来労働者にとって、低家賃で交通利便性が良い城中村は唯一の選択可能の住居となっている。

　城中村は外来労働者の住処になってはいるが、住環境としては決して良いものでなく、むしろ劣悪であると言ってよかろう。建物は隙間が僅かに見える程度にぎっしり林立しているため、通風や採光すらできない部屋が多い。都市インフラがほとんど整備されていない上に、生活需要に迫られて簡単に後付けになっているものが多い。このため、火事をはじめ都市災害リスクと常に背中合わせの状況にある。

　城中村は事実上外来労働者の主要な住宅市場にはなっているが、住宅の多くが違法建築である。つまり城中村はあくまでもインフォーマルな住宅市場である。非合法な城中村の住宅市場に対して、政府は治安や公衆衛生を取り締まる以外、ほぼ放任状態にしている。それには様々な理由があるが、城中村はいずれ経済必要性に応じて最終的に取り壊されると政府が考えているからである。

　これまで多くの城中村が取り壊されて様々な都市施設に再開発された。しかし、再開発された地区に外来労働者向けの低額な賃貸住宅が再建設されることは皆無だった。再開発が進む度に、交通利便性がよく低額な賃貸住宅が消滅し、そこに居住していた外来労働者が何の補償もなく立ち退きさせられてより遠く不便なところで新たに低廉住宅を見つけざるを得なくなっている。

　2019年に中国の一人当たりGDPが一万ドルを超え、所得水準が中進国に仲間入りした。2020年に行われた第7次人口センサスによると、常住人口で測った都市化率が63.89％に達し、2000年の36.09％から大きく上昇した。中国はいま量の拡大を追求する経済発展から質を重視する成長モデルへの転換が求められている。都市開発については、外延的拡大ではなく、

持続可能な都市イノベーション時代である。これらのことを背景に、深圳市政府が全国に先たち2020年に『深圳経済特別区都市更新条例』（以下、深圳都市更新条例もしくは条例）を制定し、条例は2021年3月1日に正式に施行されるに至った。

深圳都市更新条例では、都市更新手法に従来のスクラップ＆ビルド（scrap and build、取り壊して再建、中国語：拆除重建）方式に加え、新たに建物の構造躯体を取り壊さずに部分改造し、併せてインフラを整備することを通じて都市更新を図る手法・総合整備（中国語：総合整治）を打ち立てた。都市更新条例の成立を受け、深圳市政府は城中村の改造に関して原則取り壊さず既存の建築物を有効活用して持続可能な地域に整備していく政策を発表した。さらに不動産管理会社による賃貸管理の下で総合整備後の住宅の一部を公的社会保障住宅に取り入れる方針を表明した。

深圳都市更新条例ならびに関連する諸政策は排除空間としての城中村に大きな変化をもたらし、外来労働者をめぐる住宅政策の転換にも繋がるものであると思われる。本稿は、都市更新条例の施行が外来労働者の住宅市場としての城中村にいかなる変化をもたらし、中国の住宅政策は外来労働者にとって排除的なものから包摂型のものに変容するかを検証するものである。

2. 社会的排除空間としての城中村

(1) 城中村と社会的排除

城中村は決して中国の都市に固有のものではなく、都市化過程で、制度さらに政策によって人為的にまた意図的に造り出されたものである[1]。

城中村の出現は計画経済体制下の工業化モデルに遠因があった。社会主

---

[1] 城中村という用語を使って初めて問題提起を行ったのが楊安（1996）、その後、魏立華、閻小培（2005）が城中村問題について系統的分析を行った。日本では、孫立、城所哲夫、大西隆（2009）が城中村について一連の研究を発表した。

義計画経済体制は、工業化を進めるために、農業からの蓄積をもって工業化に必要な資金供給を行うモデルである。具体的には、戸籍制度が創られて、土地所有権を農村戸籍の人々の集団組織に与える代わりに、集団構成員が農業に専念し、そこから得た収入を国に一部上納し、その残りで構成員の生活さらに生産拡大や地域のインフラ整備等を賄っていくのである。農村・農業から集められた農産品は都市住民への食糧配給となり、低賃金労働を支え、工業化が推進されていく。都市労働者は土地のような生計手段が認められない代わりに、出生から死ぬまでの社会保障がある。つまり、土地所有をめぐる状況が城中村の誕生や今日の城中村問題の遠因となった。

城中村を造り出した直接的な要因は土地管理制度である。1987年に『土地管理法』が施行された。土地管理法は市街地（市区）の土地が国有であり、郊外および農村の土地が集団所有であると明文化した。その上、都市開発は国所有地のみ可能であり、開発するために国より有償で土地使用権を取得して行う。集団所有の土地は都市開発が行われるためには、まず国所有地に収用されることが前提だと定めた。

上述した制度枠組みに加え、1990年代に入って展開された急進的都市化政策が結果的に大量の城中村を造り出した。

農村の土地は集団所有であるが、さらにその使用主体によって、集団構成員が共同利用するものと個人が利用するものに大別される。前者は主に田んぼ・畑等の農業用地や郷鎮企業等が使用する建設用地である。後者は農民個人に居住・生活用に無償で使用を配分される自宅敷地や自家用野菜庭園である。

戸籍制度また土地制度の本来の趣旨に基づいて土地収用を実施する場合、生計手段の農業用地を国所有地に収用するならば、生計手段を失った集団構成員を都市戸籍に変更し、適切な職と社会保障を与えなければならないのである。実際、計画経済時代では、そのように制度が運用されてきた。しかし、急進的な都市化政策が実施された1990年代以降、制度に

基づいて収用手続きをすると、収用交渉が長引き、収用コストが膨らむことになる。収用事業を短期間に終了させ、都市開発を急速に進めるためには、収用を共同利用の土地等に限定して行うことにし、居住集落を収用せずにそのままにするか、もしくは別地域に集団移転を行わせることがしばしばだった。その結果、都市化された市街地の中に、農村社会制度が維持されたままの農村コミュニティ集落だけが残る地区が造り出された。それが「都市の中にある村落」いわゆる城中村である。

　こうした急進的な都市化政策は計画経済時代に残された戸籍制度の弊害を解消するところか、農村戸籍が得られるべき都市開発利益を奪い、都市化、経済発展の外に切り捨てられて排除し、新たに社会的排除空間としての城中村を造り出した[2]。

　城中村は従来の土地の集団所有制を引き継いでいるため、都市計画の規制外にあり、地区内のインフラ整備、管理等も従来の農村体制を承継することになった。その結果、地区内の生活インフラが低レベルのままに取り残され、その後、住宅の賃貸化が進み、外来労働者の集住地区になっても政府によるインフラ改善のための投資はほとんどがなく、外来労働者居住が増えるにつれて、生活環境が悪化する一途である。

　城中村生活環境悪化の根底には、城中村はあくまでも都市化過程にある一時期の副産物であり、いずれは取り壊されてなくなるものであると、政府も在来村民も考えているからである。このため、違法に建てられた賃貸住宅も長期経営の視点ではなく、利益を追求し低質に造られたものが多い。

(2) スクラップ＆ビルド方式の城中村改造

　急進的な都市化政策等により、都市化過程において、都市の中に農村的共同体のまま取り残された多数の地区が生まれたが、都市化の深化、既成

---

[2] 戸籍制度と急進的な都市化政策が如何にして城中村を社会的排除空間として作り出したかについて、詳細は閻和平（2019）を参照されたい。

市街地の再整備が進むにつれて、開発から取り残されたこれらの城中村は新たに開発・地域整備対象に加えられることになる。しかし、その開発方式はスクラップ＆ビルドによるものがほとんどである。

スクラップ＆ビルドによる開発の第一歩は同じく城中村の土地・建築物の収用である。しかし、以前の都市化のための収用対象は主に田んぼ・畑であった。収用の交渉対象は村管理委員会であり、国が定めた基準があった。しかし、再開発される城中村の収用対象は建築物となり、交渉相手は個々の地権者や建築物の所有者である。田んぼ・畑と違って、建築物の収用は再建築価格に基づいて行われる。収用補償は建築物の面積、用途、さらに周辺の不動産価格に依存する。周辺の不動産価格の上昇はそのまま収用補償額の上昇に反映される。

スクラップ＆ビルド方式開発主体は民間企業である。政府は経済発展計画等をもとに、都市の再整備地域を指定し、その地域の開発を民間ディベロッパーに競争入札させて落札した民間ディベロッパーが整備プロジェクトを進めていく。整備地区の地権者、建物の所有者が収用交渉相手にはなるが、整備計画そのものにはまったく参画も関与もできないのである。往々にして整備後の地区は従来の地区と歴史的な継承や住民の継続性もなく、従前と断絶したものがほとんどである。

スクラップ＆ビルド開発される前は、城中村の住人は少数の地権者の在来村民のほかに圧倒的に多数を占めているのが外来労働者である。しかし、スクラップ＆ビルド整備後の地区では、低廉な住宅が取り壊されて、代わりに商業や近代的オフィスが建設されている。もとよりたとえ、住宅が建設されても、高級住宅しかなく、従来の賃借人だった外来労働者が借りられるものではない。

(3) スクラップ＆ビルド方式開発の行き詰まり

農村地帯だった頃、土地収用の補償は開発利益に比べ極端に低かった。そのため、収用される地権者の農民が激しく抵抗し、特に暴力的立ち退き

行為に対して抵抗する群衆事件が多発していた。2000年代に入って、政府が社会の安定を図るために、警察による収用交渉への介入を禁止し、あくまでもディベロッパーが地権者との合意を原則に求めるようになった。一方、経済発展さらに不動産価格の急騰により、収用補償金額がうなぎ上りに高まって交渉が難航し、プロジェクトの開発期間が大きく延び、不確実性が高まっている。

　経済発展の中で都市への人口流入が続いて、低廉な賃貸住宅への需要は高まる一方である。その中で、城中村の住宅は居住環境が悪いが、何よりも家賃が安い上に、交通の利便性がよく、また城中村の中で生活費が安い施設が揃っているため、外来労働者にとって、城中村が重要な居住選択肢である。

　2000年代初めまでの外来労働者は農民工を中心とする出稼ぎ労働者であった。出稼ぎ労働者とは、都市に一定期間滞在後に都市を去り、故郷に戻る人々である。彼らは単身者が多く、社会への参加要求が少ないのである。しかし、2000年代以降、外来労働者は出稼ぎ労働者のほかに、都市に残って定住を希望する人が増えた。中では、夫婦がそろって来たり、子供を連れて家族単位で都市に来たりする人が増えている。彼らは金を稼ぐため一時の仮住まいを求めるのではなく、人生の寄り所として都市を考えている。また、外来労働者の職業も単純労働に従事する人から、高等教育を受けてホワイトカラーとして働いたり、自分でスモールビジネスを起業したりする人も増加し、多様化している[3]。

　中国政府の住宅政策は持ち家の推進に重点を据えている。低中所得者に対して、社会保障住宅として割安な分譲住宅・安居住宅を供給している。その購入には都市戸籍が必要な上に、戸数が限定的で価格も周辺の商品住

---

[3]　1980年代に中国が改革開放政策を実施したに伴い、農村から都市に出稼ぎに来た人たちが増え、彼らは農民工と呼ばれていた。2000年代に入ってその人数が1億人を超え、多くの産業において重要な存在となり、彼らに対する呼称が新産業工人に変わった。近年、都市定住や都市化促進を受けて新市民という呼び名が増えている。

宅に比べ幾分安いとはいえ、住宅価格が急騰した今、都市に来た間もない外来労働者にとって必ずしもアフォーダブルだとは言い難い。また、公営住宅として廉租住宅も一部提供されているが、供給量が少ないうえに、立地的に不便な郊外地域にあるものがほとんどである。

　総じて住宅価格の高騰に伴い、収用補償金が膨らむ一方であり、スクラップ＆ビルドによる従来の開発方式が行き詰まりに直面している。また、多様化し増える外来労働者の居住問題が深刻化し、外来労働者が短期滞在・帰郷することを前提にし、もっぱら都市戸籍者のみを対象としている現在の住宅政策が行き詰まっている。城中村の住宅を活用し、戸籍種類を問わず全社会を包摂する新たな住宅政策を構築する必要性が高まっている。これらのことを背景に、城中村に対する従来のスクラップ＆ビルドによる開発方式の転換がいま求められているといえよう。

3.第二次住宅制度改革と都市更新時代

(1) 第二次住宅制度改革

　1998年に中国は住宅制度の改革を行った。それは勤務先から社宅を配分される制度を廃止し、すべての人が市場から商品住宅を取得する制度変革である。別の見方をすれば、それは賃貸（社宅）中心から持ち家中心への社会転換であるといってもよい。この時、社宅は居住者の従業員に安く払い下げられた。1990年代に急進的な都市化政策が進まれて、都心が大きく外延的に拡大した。社宅はいずれも都心一等地に立地することになり、中古とはいえ、資産価値が倍々ゲームのように増大した。さらに、2000年代に入って、住宅価格が急騰して住宅市場が次第に過熱し、住宅バブルの様子さえ呈している。この過程でいち早く商品住宅を購入し、利益を上げた人の多くが都市戸籍をもつ在来居住者である。言い換えると、これまでの住宅制度改革は都市戸籍者、都市の在来居住者のためのものであり、最も恩恵を受けたのは都市戸籍をもつ在来居住者である。

　中国の経済成長には都市化が大きく貢献している。常住人口で測った都市化率は、1978年に17.92%だったものが2011年に50%を超え、2020年現在では63.89%に達した。また経済発展、社会諸制度の改革が相まって、人口移動が盛んになり、特に若者が第1線都市と呼ばれる北京、上海、深圳、広州の大都市に行って自己実現を目指して移住している。しかし、彼らが直面する最大の挑戦は仕事や生活をするための居住確保である。これらの第1線都市の住宅価格の年収倍率がいま軒並み20倍を超えた。つまり、高収入でなければ、定住し人間らしく暮らす居住の確保が困難である。

　中国大都市の人口構成の特徴の一つが戸籍をもたない外来人口の多さである。深圳市の場合、2015年の常住人口は1,137.87万人である。このうち、深圳市戸籍をもつ常住人口が僅か354.99万人であり、全体の3割ほどに過ぎなかった。2019年では、戸籍人口が494.78万人に増えたものの、常住人口が1,343.88万人、戸籍人口の割合は36.82%に微増したが、非戸籍人口が相変わらず常住人口の6割以上を占めている。常住外来人口のほかに、およそ1,000万人以上の短期滞在者がいると言われている。

　要するに、これまでの戸籍所持者を中心とする持ち家推進の住宅政策は、住宅をめぐる社会分断をもたらし、都市に必要な人材流入、人材の定着を阻害しかねない。実際、高い住宅価格の前で住宅取得を諦め、第1線都市から出身地にUターンした若者、住宅が比較的に取得しやすい中小都市にJターンする若者が増えている[4]。

　都市が持続可能な発展を維持していくために、いま住宅政策の修正が必要となり、それを第二次住宅制度改革と呼ぶ人もいる[5]。第二次住宅制度改革はまず持ち家中心主義の商品住宅供給一辺倒を修正し、様々な所得層の

---

[4]　近年、"北京、上海、広州から脱出"（逃離北上広）現象が生じている。住宅価格が高くていくら頑張っても住宅が買えないことは一因であると分析されている。

[5]　2009年に14名の不動産関連専門家が政府に住宅の準公共財の性質を重視し、住宅の供給、居住確保にもっと積極的に関与し、市場一辺倒の住宅政策を修正する提案を行った。日本の国会議員に当たる全国人民代表から『住宅保障法』の立法を提案された。

ニーズに合う多様な住宅の供給をしなければならないのである。特に都市戸籍を持たない外来労働者に対して、支払い可能な、住環境が整った賃貸住宅の供給が求められる。

　2018年に深圳市は新たな住宅政策方針を打ち出し、第二次住宅制度の改革に着手した。新たに制定された住宅政策は多層型、区別対応、全社会をカバーする住宅供給と住宅社会保障体系を構築することである。その柱の一つが社会保障住宅と商品住宅の供給量比率を6:4にし、社会保障住宅を2035年までに100万戸以上供給することである。ある調査によると、現在の深圳市の住宅ストックは城中村の住宅が全体の50%、商品住宅が30%、社会保障住宅10%、社宅時代の古い住宅が10%をそれぞれ占めている。すなわち、社会保障住宅を充実していくには、城中村の改造が要になると言えよう。

(2) 改造から更新に

　深圳が経済特別区になったのは1980年であった。40年の間、深圳市の既成市街地が最初の3平方キロメートルから900平方キロメートルに拡大した。深圳市の市域が1997.47平方キロメートルであるから、このうちの半分が生態保存地域として開発が禁止されており、新たに市街地開発可能の地域はほとんどが残っていない状況である。既成市街地の更新が深圳市の持続的発展にとって焦眉の急である。

　深圳市における都市更新政策が正式に始まったのが2004年である。同年に『深圳市城中村改造暫定規定』（以下暫定規定）が通達された。『暫定規定』が7章31条の構成である。タイトルの通り、この規定は都市全体ではなく城中村のみに特化したものである。規定の第2条に公式政策文に初めて城中村を定義した。

　　第2条　わが市城中村（旧村）改造の計画、建設、管理工作が本規定を適用する。

　本規定がいう城中村（都市開発予定区域内の旧村を含む、以下併せて城中村と称す）とは、わが市の都市化過程において、関連規定により、農村集団経済組織の村民及びそれを引継いだ組織単位が保留し使用している非農業建設用地の地域範囲内の既成市街地である。

　『暫定規定』は改造目的として3つを挙げた。すなわち、都市機能の改善、都市の発展促進、住民の生活質の向上である。それに関連して具体的に改造すべき城中村の要件について、同規定第8条に5つのケースを挙げた。

　① 都市基礎インフラや公共施設が改造を必要とすること
　② 村内の生活環境が悪化し、住民の生命財産の安全及び身体健康が重大な脅威を受けていること
　③ 村内に重大な環境汚染、治安悪化等の問題が存在し、周辺地域の住民また組織単位の正常な経営と生活を著しく妨げていること
　④ 産業構造の調整により、重大なプロジェクトを導入し、改造を必要とすること
　⑤ 公共的利益により、市（区）政府が改造を決定したこと

　『暫定規定』では、城中村の生活環境の改善も改造内容に含めているが、それが極端に悪化した場合に限定し、主要な目的はむしろ都市の発展のために城中村を利用した産業構造の転換等にあった。改造方法については、特に指定や規定はなく、従前のスクラップ＆ビルド方式を暗黙の前提にしていると思われる。

　これまで都市化過程の中で城中村が作り出されてそのまま放置されていた。一部改造行為があっても都市開発関連規定の中で行われ、城中村に特化し明文化した規定はなかった。その意味では、『暫定規定』は城中村改造を初めて明文化し改造事業が依拠する政策根拠ができたといえよう。ま

たそれは深圳市の都市更新の幕開けでもある。しかしながら、その開発方式は従来のスクラップ＆ビルド方式からは脱却しておらず、むしろ暗黙の裡にスクラップ＆ビルドを政策的に追認したとも言える。

2007年に深圳市は『工業区域のレベルアップ改造実験モデルプロジェクトを推進することに関する意見』を通達した。都市改造が城中村からさらに工業区域に対象範囲を拡げた。

2009年に深圳市は政策をさらにレベルアップし、『深圳市都市更新弁法』を公布した。ここに政策文章として初めて都市更新という概念が使用されるようになった。『深圳市都市更新弁法』では、都市更新手法として3つの手法を打ち出した。すなわち、スクラップ＆ビルド、総合整備、機能改変である。

2012年に都市更新事業の中で生じた問題を踏まえ、『深圳市都市更新弁法実施細則』を制定した。

2016年に『深圳市人民政府が都市更新工作改革を施行する決定』を発表し、都市更新のプロジェクトに関する審査批准権限を市政府から区政府に委譲した。同年11月に経済発展五か年計画の策定に合わせて、『都市更新の"十三回五か年"計画を作成する通知』を区政府に出し、ここから深圳市の都市更新事業が一気に加速することになった。しかし、一連の都市更新政策の中で、スクラップ＆ビルドによる開発方式が想定されて依然採用されていた。

城中村の改造はスクラップ＆ビルドではなく、現在の建物を存続させたまま最小限の取り壊しで総合的に整備を行う方針が明確化されたのは2019年に制定された『深圳市城中村（旧村）総合整備全体計画2019-2025年』である。この計画では、計画期間中に原則として城中村の改造はスクラップ＆ビルドを行わないと成文化した。ここに城中村改造方式の大転換が確定した。そして、2020年に全国の都市に先立って、それを法制化したのが『深圳市都市更新条例』である。『深圳市都市更新条例』は深圳市人民代表会議の審議を経て制定され、2021年3月21日に正式に施行した。

(3) 都市更新条例

『都市更新条例』は中国最初の都市更新事業に関する法律である[6]。『条例』は基本的に既述した2009年の『都市更新弁法』また2012年の『都市更新弁法実施細則』をベースにしたものであり、条文は『都市更新弁法』の7章51条から7章72条に増えた。しかし、『条例』は条文を増やしたのみでなく、都市更新をめぐる理念・手法について大きな変化があった。

　第1条の制定目的について、『条例』は『弁法』にあった都市機能の完備、人間居住環境の改善を引き継ぎながら、『弁法』にあった産業構造の最適化を削除し、代わりに都市品質の向上を追加して、経済発展を追求する一辺倒の都市開発からの転換が窺える。このことに関連して、『条例』には都市更新が社会公共利益を増進させなければならないとする第4条が新設された。同条では、社会公共利益を増進させる手段として、公共施設建設の強化、市民活動空間の拡大、環境保護・省エネの推進、歴史文化遺産の保護が挙げられている。『土地管理法』では、都市開発において集団所有の土地を国所有地に収用を行う際、社会公共利益のためでなければならないと定められているが、社会公共利益の定義がないため、往々にして住宅開発販売や企業誘致等営利目的開発の土地収用が多かった。都市更新を社会公共利益の増進と結び付けさせ、社会公共利益について抽象的ではなく具体的に示したことは極めてエポックメーキングなものであるといえよう。

　『条例』では、都市更新をめぐる政府の役割についても、大きな変化があった。『弁法』の第3条では、都市更新が政府誘導、市場運用、計画による全体の執り行い、節約集約、権益保障、公衆の参与の原則を遵守しなければならないと定めていた。つまり、都市更新事業において、政府があくまでも政策的に誘導し、サポートする立場であり、都市更新事業は民間

---

[6]　2021年9月1日に深圳市に次いで、『上海市都市更新条例』が施行された。執筆時間の制約でその内容の検討については別稿に譲る。

事業者を中心に展開されるものであった。これに対して、『条例』の第3条では、政府が全体の執り行いをし、都市計画による誘導、公益優先、節約集約、市場運用、公衆の参与の原則を遵守しなければならないと役割分担を大きく変更した。つまり、政府の役割は間接的な誘導から直接的かつ主体的に全体の執り行いをするものに大きく変化し、都市更新事業においてサポート役から主役に転じたのである。また、公益優先がより強調される一方、市場運用の順番を大きく後退させた。

　『都市更新条例』が『都市更新弁法』に比べ最大の変化は都市更新手法の選択である。『弁法』では、都市更新手法として三つの手法が挙げられた。すなわち、スクラップ&ビルド、都市機能の改変と総合整備であった。三つの手法が同列的に表記され、手法選択に関する規定はなかった。そして、実態として結果的に民間事業者の主導のもとで行われた都市更新事業はほとんどがスクラップ&ビルド方式を採用した。スクラップ&ビルド方式は都市更新対象地区すべての建築物を一旦取り壊し、更地にした上で新たに建物を造って売り出す。このために、事業規模が大きく、開発利益が大きい。営利目的とする民間事業者がこの方式を選択したがることは至極当然の結果であるといえよう。

　『都市更新条例』では、都市更新手法は明確に優先順位を付けられた。まず、都市機能改変方式は、既存建築物の構造を維持することを前提に行われることから、総合整備方式に吸収される形で手法分類として廃止された。次にスクラップ&ビルド方式については、『条例』第24条で、スクラップ&ビルド型都市更新とは、総合整備型では本条例第2条2項に規定された状況を改善もしくは除去することが困難であり、既存建築物の全部あるいは大部分を取り壊す必要があり、その上、都市計画に従って再建築する活動のことであると定義した。つまり、都市更新方式の選択において、まず総合整備型を優先的に採用することである。そして、スクラップ&ビルド型が選択されるのであっても、それが条例第2条2項に規定された都市基礎施設と公共サービス施設を緊急に整備する必要、環境が劣悪で重

大な安全性のリスクがある状況、現在の土地用途、建物の機能あるいは資源、エネルギー利用が経済社会の発展要求に著しく不適合で、都市計画の実施を妨げていることを条件にするものである。このほかに、スクラップ＆ビルド型都市更新手法が選択された場合、取り壊される旧住宅は原則築20年以上であり、かつ公共施設の不足や重大な安全上のリスクがあるものでなければならないとしている（第26条）。

　総じて、『都市更新条例』が制定されるのを機に、深圳市が外延拡大的都市開発時代から、既成市街地の都市更新時代に入り、さらに都市更新事業においてはスクラップ＆ビルドではなく、現在の建築物を存続させたまま総合整備の形で住環境の改善を図っていくことになるといえよう。

4. 城中村の総合整備と包摂型住宅政策の実現

(1) 城中村の総合整備

　城中村は急進的都市化政策の過程にいて、利益追求の結果として都市化に切り捨てられて、都市の中にあるにもかかわらず、農村コミュニティのまま都市開発から排除された地域である。しかし、その後に中国経済が大きく成長し、不動産価格が急騰したおかげで、城中村に排除されたいわゆる旧農民たちは自宅敷地を活用して低家賃の不動産経営を始めた。建設された住宅は密集し、生活に必要な公共施設はほとんど存在しないという住環境が極めて劣悪な地域になっている。そのために、治安問題をはじめ、火事等、都市災害の高リスク地域となっている。この状況に対して、政府は治安対策、公衆衛生対策または景観対策等を断片的に取り組んできた。しかし、不動産賃貸物件そのものが現在の法律制度上非合法な違法建築と見なされている。加えて、城中村そのものが早晩スクラップ＆ビルドされる地域として政策的に考えられている。このため、対症療法的な住環境改善策があっても、抜本的な総合的な住環境改善策はなかった。

　『都市更新条例』では、総合整備の主要内容について例示された。(1)

建物外観の修繕 (2) エレベータ、階段や建物間の渡り廊下等の建物補助施設の新設 (3) 道路交通、給排水、給電、ガス、消防、安全防止、ごみ分別、通信等の公共サービス施設の完備 (4) 養老、文化、教育、衛生、スポーツ、託児所、宅急便、駐車場、充電設備、社会治安等の各種コミュニティサービス施設の増設もしくは改造 (5) 文化遺産、歴史的町並み、歴史建築の保護、有効活用 (6) 建築物機能の改変 (7) その他の増築、改築あるいは局所スクラップ＆ビルド。

　上記の通り、総合整備は建物をめぐるハード面のみでなく、様々な公共サービスを含んでおり、その多くは政府が提供するもの、あるいは政府の許認可が必要なものである。縦割り行政の弊害が強い現在、政府の主体的、積極的な事業関与が成功のカギだともいえよう。これは、政府が都市更新事業においてこれまでのサポート役から、総合整備による都市更新において主体的に全体を執り行う主役への転換をもたらした要因である。

　総合整備された城中村は建物の密度が依然高いものの、街並みが一新し、もとより城中村外の都市既成市街地とほぼ同じ公共サービスやコミュニティサービスを受けることができるようになった。

(2) 包摂型住宅政策の実現

　城中村はスクラップ＆ビルドではなく、総合整備が行われることによって住環境が大幅に改善され、持続可能な地域として残されることに政策転換したことは大いに評価ができよう。しかし、これによって、違法建築問題をはじめ、城中村の諸問題が解決されたわけでない。もとより城中村の住環境が長い間改善されなかった背景に、違法建築であるゆえに、種々の工事認可が得られなかったことに一因があった。今回は政府が総合整備の全体執り行いを担うことを通じて行政による超法規的な措置として総合整備事業が展開されることになった[7]。

---

[7]　城中村の違法建築に対して、政府が一貫して禁止と取り壊しを求めていた。今回は総合整備を進める上で法的な存在を認めないが、存在、利用実態を追認する態度に変わ

　城中村に対してこのように超法規的な措置までして総合整備事業を進める一つの政策の狙いは住宅政策にある。不動産価格が急騰している今、若者の居住問題が深刻である。とりわけ、深圳市の競争力を支える IT 企業等に勤めている若い人材に適する住宅が著しく不足である。彼らは収入として決して低いというわけではないが、バブル化した不動産価格の前に住宅を買えるほどではない。一方、城中村の住宅は家賃が安いが、住環境の劣悪さが仕事を続ける気力を大いに奪うものである。つまり、いま深圳は住環境が整ってリーズナブルな家賃で借りられるアフォーダブル住宅が圧倒的に足りないのである。

　深圳市政府が総合整備を通じて城中村の住環境を整えるとともに、不動産管理会社の城中村住宅賃貸業への市場参入を促す政策を打ち立てている。政策として、まず個々人に所有・管理されている城中村の賃貸住宅について、不動産管理会社が所有者と長期管理委託契約を結び、長期管理委託契約を結んだ住宅をリフォームし、政府の総合整備事業と連携しながら現代若者向きの住環境を整えていく。次に、政府がリフォームした後の部屋を値上げした新家賃で不動産管理会社から借り上げる。そして、借り上げられた住宅を政府が定めた人材住宅入居条件を満たす企業の従業員に対して周辺市場家賃より遥かに安い家賃で貸し出す。このように政府と不動産管理会社と住宅所有者の三者協力モデルによって城中村をアフォーダブル住宅供給主体に改造していくのである。

　上記の政府＋不動産管理企業＋住宅所有者の三者協力モデルによって最初の城中村人材住宅供給改造プロジェクトは水囲村檸盟マンションである[8]。水囲村は深圳市福田区にあり、CBD に近接し、香港との通関口にも近い。面積は僅か0.23㎢であるが、1,500名の村民に30,000人以上の外来人

────────────

った。黎斌、全徳等の研究によると、政府の事業許認可書（以函代証）、政府会議の議事録（会議紀要）、役人による現場指導（現場指導）等の既定事実をもって城中村の存続を認めていることにした。
8　水囲村檸盟マンションの開発実態については、主に黎斌、全徳等の研究を参照・引用した。

口が住んでいる。2002年に一軒当たり90平米の自宅敷地に合わせて35棟の建物が密集して造られた。建物は7階建て、2階までは商業施設、3階以上は住宅である。

　2017年に福田区政府住宅建設局が深業集団有限公司とともに水囲村集団株式公司と29棟の建物の改造・運用契約を結んだ。深業集団有限公司が4,000万元を投入して住宅リフォームを行い、水囲村集団株式公司に対して月70~80元/㎡の借家料を支払う。福田区住宅建設局は1億元を投入して地域のインフラを総合整備する。改造後、福田区住宅建設局は深業集団有限公司から月150元/㎡の家賃で部屋を借り上げ、区内の人材住宅配分基準に適合企業を通じて、その従業員に月75元/㎡の家賃で貸し出す。

　リフォーム後の住宅は延べ面積が15,472平米、504部屋である。部屋は18タイプがあり、部屋当たりの面積が15~55平米である。すべての部屋がトイレ付きで、そのうち、146部屋はさらに独立したキッチンがある。部屋には基本の家具や家電製品を一通り備えている。

　改造は部屋だけでなく、建物にはエレベータが新設され、建物を渡り廊下で繋げ、避難通路を兼ねるとともに、日常の公共空間として使用ができる。改造は特に公共空間や交流空間の拡充に配慮していた。屋上に庭園を設置し、棟内に食堂、談話室、閲覧室、フィットネスルーム等を設置した。福田区政府は総合整備事業として地域にガス管を敷設し、電気容量を拡張し、給排水設備を改善し、生活インフラを整えた。

　この水囲村檸盟マンションが一連の事業を通じて住環境が大幅に改善され、政府の補助によって周辺の商品住宅に比べ遥かに安く、改造前とほぼ変わらない家賃で借りられている。これがアフォーダブル住宅を確保する深圳市政府の政策モデル事業となり、現在、色々な城中村で展開されている。

5.結び

　深圳市は中国においてはじめて『都市更新条例』を制定・施行した。これまでに検討してきたように、これは中国の都市化、都市開発をめぐる理念の大転換であり、中国経済社会が新たな段階に入ったことを意味するエポックメーキング的な出来事である。すなわち、中国の都市化・都市開発は外延的拡大による量を追求する開発から、都市をより持続的発展なものにする都市更新時代になった。

　城中村はこれまで社会的排除空間として生まれ、スクラップ＆ビルドの対象でしかなかったが、『都市更新条例』を機に、総合整備された城中村はハードの面で住環境の改善が見られるのみでなく、他の都市市街地と同じような公共サービスを受けられるようになり、城中村は社会的排除空間から包摂型地域に変容する一歩を踏み出したと言えよう。

　城中村は住環境を改善した上で存続していくことが住宅政策における意義も極めて大きい。総合整備前の城中村は外来労働者の町であり、スクラップ＆ビルドが行われる度に、外来労働者が立ち退きされて低廉な住居を求めてより遠い地域に引っ越ししなければならなかった。総合整備された城中村の住宅が一部公的住宅に組み込まれることは包摂型住宅政策の実現に新たな可能性を切り開いたといえよう。

　しかしながら、公共的住宅に組み込まれた住宅は人材住宅として政府の指定した一部の企業の従業員に限定配分されている。外来労働者すべてが平等に公的住宅の恩恵を受けられることになっていないところは制度の限界であると指摘しておきたい。さらに、公的住宅に組み入れられていない他の住宅の家賃上昇をもたらして、外来労働者の生活を圧迫していることにも留意すべきである。

参考文献

楊安（1996）「" 城中村 " 的防治」『城郷建設』1996 年 8 月号

魏立華、阎小培（2005）「中国经济发达地区城市非正式移民聚居区城中村的形成与演进」『管理世界』2005 年第 8 期

孫立、城所哲夫、大西隆（2009）「中国の都市における「城中村」現象に関する一考察」日本 都市学会『都市計画報告集』No. 8

閻和平（2019）「第 5 章　分断の中国都市社会と空間的排除」全泓奎編著『東アジア都市の居住と生活』東信堂

『深圳経済特別区都市更新条例』深圳市城市更新和土地整備局政策法規　http://www.sz.gov.cn/szcsgxtdz/gkmlpt/content/8/8614/post_8614017.html#19169（2021 年 10 月 30 日最終閲覧）

黎斌、仝德等、「政府 + 企业 + 村集体 " 的城中村综合整治新模式：以深圳市水围村柠盟公寓项目为例」『南燕规划』

Bin Li, De Tong, Yaying Wu, Guicai Li (2019) "Government-backed 'laundering of the grey' in upgrading urban village properties: Ningmeng Apartment Project in Shuiwei Village, Shenzhen, China," *Progress in Planning* (11): 100436.

第8章 香港における社会的弱者向けのソーシャルインフラストラクチャーの都市地理的発展背景

九州大学

コルナトウスキ・ヒェラルド

1. はじめに

　近年の都市研究では、都市生活の特性を考察するため、「インフラストラクチャー」という概念がますます着目されるようになった（DeVerteuil et al., 2020）。インフラストラクチャーは、そもそも公的セクターが供給する社会開発の基礎的なツールであり、総合計画等に基づいて社会経済的発展を図る役割を果たしている[1]。すなわち、インフラストラクチャーは、公的施設や公共空間から流通制度や交通手段まで含む、人々の日常生活を支える物理的基盤であり、社会秩序を維持する役割を果たしている。言うまでもなく、インフラストラクチャーの発展程度によっては、都市生活の実経験が大いに左右される。しかし、インフラストラクチャー供給の担い手は公的セクター以外にも存在している。サプライチェーンの構築に頼る民間

---

[1] こうした意味では、現在進行中の中国による一帯一路構想や2021年に始まった米国によるインフラ投資計画やという大規模なプロジェクトが今後の都市化にどのように影響していくのか興味深いところである。

セクターはもちろん、エスニックコミュニティやサードセクターも独自な形式やスケールで多様なネットワークの基盤となるインフォーマルセクターの発展に関わってきた実績がある[2]。

こうした中では、多様な人々がアクセスできる、いわゆる社会的包摂性を有している「ソーシャルインフラストラクチャー」（以下、SIと略す）も注目を浴びるようになった（同2020; Klinenberg, 2018）。SIとは、主に社会の再生産を補助する機能を持ち、格差問題や貧困問題に対する共助ネットワークが形成されやすい建造環境を指す。つまり、SIとは様々な人間関係から生まれる社会資本のことと異なり、むしろ社会資本が形成されていく物理的な条件を意味している（Klinenberg, 2018: 5、DeVerteuil, 2020:2に引用）。実は、社会的弱者への支援資源が集積されている「サービスハブ」という建造環境もその一つの事例であり、社会的な孤立・孤独の防止や（性的・階層的等の）多様性の受け入れに取り組む様々な資源が配置されている空間である（例えば、コルナトウスキ、2019）。また最近では、サービスハブと同じく、SIは、サードセクターによって構築・維持されることが多い。

本稿では、香港における社会的弱者向けのインフラストラクチャーの歴史的発展過程に着目する。香港は、もともと英領植民地であり、現在も深刻な格差社会であるため、格差の空間性とその形態がそもそもインフラストラクチャーの発展過程と密接に関係していると考えることができる（例えば、Mizuoka, 2018）。また、香港では、すべての土地が官有地であり、大規模な公営賃貸住宅制度が存在していることからも分かるように、公的セクターによるインフラストラクチャー（以下、公的インフラと略す）が香港独自の（高密度を重視とした）都市化過程に大いに影響したと考えることができる。とりわけ、公的インフラは、社会と経済の発展程度とも密接に関係しており、空間的に配置されるものでもあるため、経済的価値の循環

2　エスニックコミュニティによるインフラストラクチャーは、エスニックタウンへのインフラ投資のほかに、送金による国際インフラの発展も注目される（例えば、Saunders, 2011）。

（≒経済成長）を最大限にする宿命も有している。こうした社会背景においては、むしろ社会関係の向上を目的にしているSIがどのように発展したのか、また、どのような空間的な条件の上で展開したのかを、歴史的な視点から検討したい。そのため、物理的な条件、つまり都市化による建造環境の発展過程とその政治的背景に着目し、既存研究の整理を行う。以下は、戦後の香港が経験してきた2つの経済発展時期に分けて、住宅政策と都市計画を中心に、SIとその基盤となる社会団体の出現との公的インフラとの関係性を明らかにし、現在の在り方を考察する。

2. 工業都市の香港──労働人口の管理からみて

戦前、無税港を中心にヨーロッパとアジアの結節地点として繁栄していた香港は、朝鮮戦争をきっかけとして国連が1952年に共産中国に対し通商を停止（禁輸処置）したことにより、その経済基盤を通商から製造業へ転換した。こうした経済再編により、中国本土における国民党と共産党との内戦に苦しんでいた難民（中国南部出身未熟練労働者と上海出身資本家）が大量に流入し、人工過密問題が急激に悪化するとともに、香港の都市化が進んでいくこととなる。また、その経済的なベースとなる製造業、つまり生産を中心とした新たなインフラ設備に関しては、労働人口の確保・管理・再生産が欠かせないことであった。以下、その社会的再生産に主眼を置き、当時のSIの形成背景を検討する。

(1) 公営賃貸住宅制度の背景

1950年代以降の香港では、中国から経済移民や政治難民が大量に押し寄せ、住宅供給を実現可能にする新しいインフラの構築が緊急課題であった。しかし、住宅のみではなく新しい労働力を必要とする製造業のニーズにも対応できる都市化とそのインフラ設備も不可欠であったため、住宅と経済を両立したインフラ計画が図られていく。

まず香港政庁が目を向けたのは、戦後の商業機能を担っていた旧市街地の周縁部において広がっていた不法占拠（スクォッター）のクリアランスと彼らの再定住であった。大量な移民（難民）による極度の人口増加を経験してきた香港では、実は、移民の大部分が旧市街地内の民間住宅に居住していた（Smart, 2006; Keung, 1985）。しかし、当時の民間住宅市場には様々な規制（例えば、家賃統制等）があり、複雑な手続きによって、住宅を建設するための新たな土地を確保するのも困難であった（Smart 2006; Cheung, 1979）。これに対して、香港政庁は、市場に介入し民間住宅市場を促進するのではなく、公的セクターが主導する再定住住宅事業を採用したのである。

　しかし、その動機については、論者によって意見が分かれている。Drakakis-Smith（1979:161）によると、再定住住宅事業は工業を中心とした都市化を計画的に促進する目的があり、政庁が提供する開発用地や都市の拡大過程の厳密なコントロールは経済的成長と市民社会の政治的安定を図るためであると指摘する。Keung（1985）、Castells et al.（1990）、水岡（1997、1998）も、こうした経済的動機について論じており、香港政庁にとっての土地の再生産の重要性を強調し、政庁による住宅市場への「最小限の介入minimum intervention」から「直接介入direct intervention」へのシフトを指摘する。Keung（1985）とCastells（1990）は、公的な力を発揮する香港を「介入する国家interventionist state」とみなし、再定住住宅事業は、市場への直接的な介入というよりも、公的インフラと新住民労働者の再生産を合わせた積極的な介入を意味するとしている。とりわけ、当時の世界競争や厳しい輸入関税にうまく対処するために、再定住住宅とその後の公営賃貸住宅の供給を通じて、労働者の賃金を安価に抑え、製造業者に更なる財政的圧力をかけることなく労働力の安定化を促進することであったと考えられる（同、1990: 153）。つまり、再定住住宅事業は、商工業が必要とする土地を開拓する手段となり、その後の公営賃貸住宅事業は、労働者の賃金を補助する手段となっていたのである。

　Castells（1990）はこうした経済と（公営）住宅を組み合わせた公的イン
フラ発展を実現するためには、都市空間の計画的利用、つまり香港の「空
間的な操作manipulation of space」が、社会的統合と政治的支配を促進する
ために非常に有効な手段であったと指摘する。つまり、香港の住宅政策
は、製造業を中心とした旧市街地から拡大していく都市化を誘導する計画
的介入の手段であり、経済成長と社会的安定を統合させることを実現した
のである。

　水岡（1998）は、香港政庁の保管資料の調査を行い、再定住住宅と生産
（＝居住空間と労働力）の相互関係を解明した。彼によると、香港における
初期のスクォッター問題とは、香港政庁にとって、①クリアランスによる
スクォッターと旧市街地に集中していた雇用機会との破断とそれに伴う社
会的不安の増加の可能性、②クリアランスしないことによって、生産が必
要とする（工業）資本蓄積のための土地が創出できなくなる、というジレ
ンマであった。このジレンマを解決するためには、香港政庁が「スクォッ
ターたちが自己を労働力の商品として実現しうる空間的条件を整え」（同
1998:15）、再定住住宅というインフラ設備を主要手段として、「空間利用の
（経済的）効率化と（社会的）治安維持」（同1998:16）を図ったのである。さ
らに、水岡（1997）は、Kwun Tong工業ニュータウンの開発を取り上げ、
より詳細に戦後香港における工業化と土地の占有（「官有地政策」）を分析
し、Castells（1990）が論じた計画的空間利用は、1953年のKwun Tong工業
ニュー・タウンに由来すると指摘した。また、水岡（1997）は、スクォッ
ター再定住住宅と工業地域開発事業の連携により、香港政庁が、スクォッ
ターを社会的・空間的に包摂し、再定住住宅に入居させ、発展しつつあっ
た製造業のための安定した労働力を確保できたことを明らかにした。さら
に、このKwun Tong工業ニュータウンを契機として、香港政庁、特にその
中の「地主階級」が土地利用を重要な収益資源ととらえ、その手法が定着
していったことを指摘している。つまり、植民地政府は、新たな（当時都
市部から離れた）所有地を開拓することにより、経済的な発展を図ろうと

していたにもかかわらず、工業部門との安価な随意契約をやめ、最終的に市場価格（入札）でリースし、土地リースから得る収益を増やし、高層再定住住宅の建設によって、その収益資源を最大化したのである。このように、香港政庁は利用可能な土地を最も効率的に活用し、その土地の収益を重視していったのである。Ho（1992）も、1947年（15%）~1985年（45%）にかけて香港政庁があげた年間総合収益に占める割合の増加を明らかにしている。実は、この土地の収益を重視した制度、そして後にソーシャルモビリティの唯一の手段となる住宅投資が後々の住宅問題の主な要因となり、SIの重要性を増大させていくこととなる。

　上述した研究は住宅政策が労働施策と都市空間の操作、つまり都市開発にどのようなインパクトを与えたかを分析したものである。それに対して、Smart（2006）はそうした論点から焦点を外し、香港独自の住宅政策（＝再定住住宅事業）の開始へと至る系譜を保管資料の調査を通じて分析している。同研究では、当初様々な形態をとっていた再定住にとっては、いずれにせよ、地政学的な目的が最も重要であったとされている。つまり、英領植民地であった香港は、共産主義国である母国中国によって常に監視されており、火災の被災者の多くが中国本土からの移住者であったスクォッターへの対応は、非常にデリケートな問題であった。とはいえ、当時の不法占拠地区での大火では、多くの場合、中国から救済団体comfort missionが派遣され、香港政庁は、このような団体を通じて、反帝国主義的な運動が発生する可能性を常に懸念していた（同2006:70）。こうした地政学的な状態の中で、大火への対応、そして特にクリアランスへのフォローを行う際に、当時の植民地政庁が採用していた「黙認地区tolerated area」、「認可地区approved area」、路上[3]での一時的再定住の仕組みでは、

---

[3]　1950~1953年にかけて、香港植民地政府によるスクォッター大火に対する再定住事業は、スクォッターを「品行方正な職人respectable artisan」と「貧困者destitutes」いう2つのカテゴリーに分け、それぞれを都心の近くに建設された小屋（＝認可地区）と都心から離れた新界New Territories（＝黙認地区）に建設した小屋に定住させようとした（水岡、1997; 1998; Smart, 2006）。しかし、スクォッター本人の再定住が決定するまで、旧市

こうした反帝国主義的な運動を防ぐには不十分であろうと判断され、高層再定住住宅の供給に基づいた住宅政策の採用に至った側面は大きいと考えられる。一方で、再定住住宅事業が進めば進むほど、スクォッターも都市周縁部においてさらに増大していったため、決してこの事業がうまく機能していたとはいえない。

　では、SIはどのようなものであったのか？　1954〜1973年の再定住住宅事業は、住居と職場をセットにした大規模なプロジェクトであったが、1961年に開設された、（のちに公営賃貸住宅事業の基準となる）下位中流階級向けの政府低家賃住宅 low-cost housing、1951年に同じく香港政庁によるローン資金で中低所得者向けの低家賃住宅を供給し始めた「Hong Kong Housing Society（HKHS）」、1954年に同じく香港政庁によるローン資金で、中低所得者向けの低家賃住宅（自立ユニット）を供給し始めた「Hong Kong Housing Authority（HKHA）」とは社会環境的には異なっていた[4]。Dwyer（1971）が指摘するように、再定住住宅は、必要最低限の設備しかなく、行商人や個人経営の屋台等の日常生活を支える役割を果たしていた。一方、低家賃住宅では、商業施設、保育園、クリニック等も設備されていた。また、再定住住宅では、行政と入居者との間の距離を埋める「街坊福利会」という共助のコミュニティ組織があったが、福祉的な役割というよりも、穏健な市民社会を推進する住民の自治会として活動していた。とは言え、再定住住宅の過密や設備の問題が顕著であったにしても、入居資格を持つことにより、香港市民として定着することができる有用なルートであった。そのためか、旧市街地や不法占拠地区で著しかった住宅困窮や貧

街地の中国共同住宅地区にて、路上における一時的再居住（＝「路上生活者 Street Sleeper」）も行われていた（Smar, 2006:119）。認可地区は1964年に臨時住宅地区 Temporary Housing Areaへ変わり、2000年以降現在の中間住宅 Interim Housing になる（同、2006: 56）。
[4]　香港でのソーシャルインフラストラクチャーの歴史的背景を述べる際、英領植民地時代の初期から救済活動を行っていたキリシタン教会と華人商人によるチャリティー活動も忘れてはいけないが、本章では省略する（Leung et al., 2003 や Sinn, 2003 を参照されたい）。

困問題に伴うニーズへの対応やその救済活動を取り上げる文献は少ない。Hodge（1970）も、再定住住宅では、犯罪や暴力団等の問題があるにしても、入居者の自立性（≒自助）が目立つと指摘している。

　1950~1970年代の香港における住宅政策は、その最終目的が政治的な安定を図ることであったにせよ、計画的に経済を発展させるインフラ整備であったにせよ、当時の生活困難者に対する福祉的な意図は、副次的であったといえよう。当時建設された質の低い再定住住宅[5]は、当時多くの貧困者や低中所得者が入居しようとしていたとはいえ[6]、この住宅政策は根本的に「住宅困窮」に取り組むものであったとは決していえない。そのためか、SIの形成が相対的に乏しく、その代わりに公的セクターと民間が（労働者）社会の再生産の基盤であったといえよう。一方、政庁が不介入で、過密状態におかれた民間住宅ではどのような状況であったのかもみてみよう。

(2) 民間住宅の傍観的な存在と住宅困窮問題の顕在化

　戦後香港の旧市街地では、ほとんどの住宅供給は民間セクターによって行われていた。香港の民間住宅の特徴は、そもそも90%が賃貸住宅であり（Cheung, 1979）、1920年代~60年代を中心に、中華系民間デベロッパーによってイギリス人居留地を除く都市部（旧市街地）に建てられ、その多くが1955年半ばまでに建てられた3~4階建ての「中国式共同住宅Chinese tenement building」であった（La Grange & Pretorius, 2002: 724）。というのも、Cheung（1979: 35）が指摘するように、香港では、1935年の建築条例に従

5　コストを最低限に抑え、最速で建設するため、キッチンやトイレは共用となっており、1ユニット当たりの面積は3.4㎡で、平均5人居住基準であったため、1人当たりのスペースは平均0.68㎡であった。

6　再定住住宅の居住スペースはきわめて小さかったとはいえ、最も安価で恒久的に居住できる住宅であったため、入居資格を得るために、クリアランスの対象となっているスクォッター地区に意図的に入居するケースが多くあり、放火の恐れも常に大きかった（Smart, 2006）。

い、住宅の高さが4階建てまでに規制されていたが、1955年の建築条例の改正を境として、8階建て程度の共同住宅が建てられるようになった。こうした住宅は、人口増加に応じて、「安く、速く」つくられたという特徴を有する。さらに、戦前に建設された建物に関しては、戦後直後の家賃の急激な高騰に対して、1947年に「家賃統制rent control」が施行されていた（同1979:30）。戦前は、中国人の国境を越える往来が自由であったため、その大半がこうした中国式の共同住宅に集住し、一時的な香港滞在を支え合うために出身地の同じ者は相互扶助し合っていた（水岡、1998: 1）。しかし、戦後、中国本土の内戦を逃れた移住者が激増した結果、既存の住宅への膨大な需要が生じた。こうした需要と戦前の住宅に適応された家賃統制の影響によって、多くの家主が一戸のアパートをいくつかの部屋に分けた「間仕切り小部屋cubicles」や寝るためのスペースのみの「ベッドスペースbedspace apartments」をつくった他、屋上に小屋を設け、「屋上小屋rooftop hut」を提供したり、バルコニーにおける増築が生じる等の現象により、超過密状態が引き起こされたのである（コルナトウスキ、2012）。これに加え、戦前のような一時的な滞在は定住へと変化し、こうした過密によるプレシャーが相次ぐようになる。その結果、例えば1956年の段階で、香港の全世帯の3分の1の平均居住スペースは4.5㎡以下であり、1971年でも香港島の西区Western（=Sai Yin Pun）と九龍半島のHung Homという古いインナーシティにおいて、民間賃貸住宅居住世帯の30%弱が間仕切り小部屋やベッドスペースという極めて小さいスペースで暮らしていた（Keung, 1985、表1も参照）。さらに、こうした民間賃貸住宅では、住宅内部だけではなく、ベランダ付の中国式共同住宅[7]の外側も、多くの「路上ス

7　中国式共同住宅とは、民間デベロッパーが、主に1920年代から1970年代にかけて建設した共同住宅である。その特徴としては、1階（GFグラウンドレベル）に店舗が入るスペースがあり、2階以上がアパートになっている。建設開始年によって、3 ～ 10階建てになっており、オーナーまたは住民により違法に増築された外観がみられるのも典型的である。中国式共同住宅のベランダというのは、1階部分の屋根が張り出した緑側の空間を指す。

表1　2ヶ所の共同住宅スラム地区における居住の特徴（1971）

居住特徴	香港全市	西区	Hung Hom区
	世帯の割合(%)		
間仕切り小部屋、ベッドスペース、屋根裏部屋	21.8	27.3	28.1
1人あたりに10.5㎡以下のスペース	34.2	36.9	44.6
内部洗面設備なし	15.5	40.6	4.8
トイレなし	16.2	43.4	4.2

出所：Drakakis-Smith（1979; Keung, 1985: 28に引用）

クォッター」のための居住スペースとなっていた（Smart, 2006: 123-124）。その典型的な場所は現在最大のホームレス支援のサービスハブとなっている Sham Shui Po であった。

　こうした状況の中、スクォッターにとっては、家賃が高騰した民間賃貸住宅へのアクセスは困難となり、超過密状態から脱した人々が、都市周辺地域の山腹斜面に仮設の建物をつくるようになった。なお、そのような人々の中には中国本土出身移民だけではなく、香港生まれのケースも見られたという（Dwyer, 1971）。ある意味、中・高所得者でない限り、旧市街地での民間住宅市場は、一時的な居住の提供として機能しており、スクォッター地区へ移動し定住する前の、いわゆるゲートウェイの役割も果たしていた。つまり、中国本土からの初期の移住者（難民）の中には、直接不法占拠地区に入居するというより、まずは民間賃貸住宅を経由して、スクォッターになったケースも多々みられたのである（Smart, 1986; Keung, 1985）。ゲートウェイでもあったためか、インナーシティ地域では、様々な中国本土の地方出身の氏族コミュニティが点在しており、出身地に基づいた互助ネットワークが形成され、劣悪な住環境でありながら、インフォーマルな

互助システムがあったと思われる[8]。

　しかしながら、香港政庁は、このような民間賃貸住宅における過密状態が安全面や衛生面で大きな問題を有していたにもかかわらず、スクォッターへの対応と異なり、直接介入することをしなかった。さらに、建築条例と家賃統制の影響によって、民間にとって低廉住宅を改修するインセンティブすらなく、しだいに極めて深刻なスラム化が進んでいった。

　こうした共同住宅における過密問題は、政庁により「大いに無視され」、「共同住宅スラム地区tenement slum district」現象が生じた。Keung（1985）は、スクォッターより深刻な状況に放置された民間住宅に対する香港政庁の無関心を指摘し、1958年から始まる民間による再開発の影響を明らかにしている。1955年に建築規制が緩和されて以降、香港の建造環境が大いに変化していく。戦前の共同住宅が減少することに加えて、更なる住宅へのアクセスによる競争が生じ、地価の上昇とともに家賃が高騰し、手ごろな民間住宅が徐々に減少する傾向が見られた。こうした状況は、大規模なスクォッター再定住事業が本格的に進んでいたにもかかわらず、1960~1980年代にスクォッターが増大した主要な原因であったと考えられる（同1985:28）。さらに、民間住宅市場の中でも、この頃から所得格差による住み分けが顕著化していく（Goodstadt, 2005: 104）。

　1960年代に入り、香港は、柔軟な低賃金労働力をベースにした製造業を基盤として、本格的に高度経済成長期に突入し（Chui et al., 2009）、それに伴い、住宅の実態も大きく変化していく。そのきっかけとなったのが1963年の「住宅作業委員会」による報告である。1964年に「スクォッター管理、再定住及び政府低家賃住宅政策の見直しに関する白書」が公表され、住宅供給政策が再検討されている。この住宅作業委員会は、「クリア

---

[8]　1990年現在で、約180カ所が5,600床を提供していたと推定される。実際の単身宿泊者は、4,000人であり、75%は民間運営となっており、残りの25%は、氏族団体により、「同じ出身地の単身移民向けの寮clansmen dormitory」として運営されていた（Blundell, 1993）。

ランスと再定住住宅及び政府低家賃住宅に関する供給や入居資格の見直し
のための助言」という目的で設立され、1963年に再定住住宅事業による
スクォッターの抑制が失敗した理由をまとめ、新たな施策方向を検討して
いる（Smart, 2006: 172）。しかし、民間住宅に関しては、「共同住宅の再開
発による退去displacement」が最も重要な要因とされていた。つまり、戦
前の共同住宅の部分的な再開発や、新たに建設された共同住宅により、家
賃が高騰し[9]、手ごろな住宅へアクセスは依然として困難な状態であった。
その結果、スクォッターがさらに増大する一方で、共同住宅においては過
密問題が悪化していたのである。

　住宅作業委員会は、特に、スクォッターの増大に対する新たな住宅政
策の必要性を主張し、1964年以降、木造の臨時住宅Temporary Housingと
いう概念を採用していくようになる。その目的は、主にクリアランスをよ
り円滑に進めることにあり、その結果、香港政庁は、再定住住宅に入居す
る資格を持たない（火災の被害を受けていない）スクォッターに対しても一
時的な住宅を供給するようになった。しかし、こうした住宅は黙認地区の
後継になっていたため、工業ニュータウンより旧市街地から遠く離れたと
ころに建設された。Ho（2000）は、1970年代以降、この臨時住宅地におい
て最も劣悪な住環境がみられるようになったため、学生やソーシャルワー
カーが主導する初めての住宅運動が生まれたことを指摘している。実は、
この運動が「草の根運動」という看板ではむしろ初めてのコミュニティ
運動として展開し、現在のホームレス支援の代表的NPOであるCaritasや
Society for Community Organization（SoCO）の前身として、住環境を中心と
したSIの構築に関わってきた実績がある。Castells et al.（1990: 141-142）は、
このプロセスを「近隣動員neighborhood mobilization」と見なし、比較的早
い段階から、政庁（＝社会福利署SWD）の資金制度を利用し、常勤のコミュ
ニティワーカーを雇い始めたSoCO、Neighborhood Action Council（NAAC）、

9　1958年~1966年の間に、インフレを含め、家賃が平均20%高騰したといわれている
（Keung, 1985: 28）。

Caritasによる市民の参加を重視した地域活動の重要性を指摘した。このように、臨時住宅地における福祉支援が進展し、のちに系統的な再開発で激変する旧市街地へと展開していくことになる。

　1970年代、マクレホースLord Murray MacLehose総督の統治下で住宅政策は大きく変容し、包括的な社会政策（教育、医療、社会保障等）が実行されるようになり、サードセクターとのパートナーシップ方式が進んでいく（Kornatowski, 2010）。香港政庁は、公営賃貸住宅Public Rental Housing（PRH）の効率化を図り、スクォッターから徐々に焦点を外し、当時の住宅問題に取り組もうとしていた。すなわち、香港政庁は、入居資格を民間住宅に居住する低所得者まで拡大し、順番待ちリストを導入し、大規模な直接介入により、中低所得世帯に住宅を供給することを決定した。しかし、民間共同住宅に直接介入するというより、人口過密問題を新たな空間的な戦略を通じて緩和しようと考えていたのである。これは、その当時まであまり目を向けられてこなかった新界の開発であり、住宅中心のニュータウン開発によって都市部の人口の一部を分散させることを意味していた（Yeh, 2003）[10]。しかし、1980年代に入ると、経済基盤が大きく変容し、ニュータウン開発が進みながら、旧市街地の再編成が図れるようになり、SIの進展に大いに影響することとなった。

3. グローバル金融都市としての香港——インナーシティ地域に着目して

(1) 1980年代香港における都市空間構造の再編成

　上述したように、1952年以降、香港は、未熟練労働者の低賃金をベースにした国際競争力を持つ経済基盤を構築してきた。こうした経済基盤を

---

[10]　1971年現在で、人口の81.1％が都市部に居住していた（Yeh, 2003: 90）が、官有地ではない新界は、そもそも中国に返還しなくてはならない租借地であったため、戦後から都市部において深刻な人口過密問題が長引いていたにもかかわらず、開発が遅れていたと考えられる。

最大限に発展させるために、安定した労働人口を確保・管理する住宅と製造業のニーズに合わせたインフラ設備をベースにした都市空間構造も変容してきたといえよう。つまり、香港は1950年代以降、旧市街地に隣接している地域を開拓し、工業地域とともに再定住住宅も建設し、効率的な交通網やコンテナターミナル等の整備に取り組みながら、輸出経済を発展させ、中国大陸出身の移民と難民が大半であった香港人口の都市生活に適合する計画的な都市化を図った。一方、SIに関しては、臨時住宅地でようやくソーシャルワーカーや大学生が展開するコミュニティ運動が立ち上げられていた一方、民間家賃住宅市場の旧市街地では、（狭小）住宅の確保から始まる自助・互助ネットワークが機能していた。

しかし、旧市街地に位置する民間（賃貸）住宅地区における老朽化と過密問題により引き起こされた「スラム化」が優先的な課題にならず、地域の改善のためには、どちらかといえば、民間デベロッパーの個別努力に頼らざるを得ない状態であった。しかし、民間デベロッパーによる散発的な小規模再開発も、円滑に進まなかった一方、実際に再開発が成功した地区においても、家賃が高騰することによって、間仕切りされた部屋等での共同生活問題が改善せず、過密問題が相次いでいた。そして、1970年代については、Susnik et al.（1998:112）が論じるように、「歴史的に行われてきた香港における再開発への政庁による介入は、〔製造業関係の〕資本と〔完全雇用を重視した〕政治的な勢いとともに社会的なアジェンダの欠如を暗示している」。（〔　〕は筆者による加筆）。

しかし、1980年代以降、グローバル経済の動向に起因し、香港の経済基盤、政治情勢、都市空間構造が大きく変容する。その原因は主に4つ考えられる。

① 経済的な面：1970年代以降に海外市場における保護貿易主義が厳格化し、製造業の平均賃金も増加し、1979年の中国による門戸開放政策の影響により、香港の経済的なスケールが中国南部（広東州）珠

江デルタ Pearl River Delta 地域まで拡大した（Yeh, 1997）。結果、香港では、脱工業化が進み、インナーシティの経済的空洞化が進んだ。

② 政治的な面：1982年にイギリスと中国は、香港の返還に関する二国間会談を開始し、1984年には共同声明を出し、香港の返還に合意した。

③ 都市空間構造の面：オフィスと住宅建設（分譲マンション）を重視した再開発モデルが次の時代の経済成長の起爆剤となり、インフラ設備が旧市街に回帰した。その包括的な概念は、1984年の「地域別開発計画 Territorial Development Strategy」にまとめられ、1989年に公表した「港湾及び空港開発計画 Port and Airport Development Strategy」と「メトロプラン Metro Plan」の下で具体化した（Yeh, 1997; Kwok, 1999）。

④ 財政的な面：1970年代以降の福祉改革や公営賃貸住宅の大規模供給の激増にともなうコスト増に対し、香港政庁は、土地供給を最小限に抑えることで、さらに官有土地からの収益を増やしていった（Henderson, 1991）。

(2)「領土開発計画」と都市部再開発

　再開発が進む中で、旧市街地（CBD）に隣接しているインナーシティの古い都市部の再開発も主題になった。もちろん、上述したような、老朽化して崩壊の危険性をも有した古い建物（＝中国式共同住宅）の改良が喫緊の課題であったが、より重要な要因は、極めて高価かつ、希少な土地の価値であった。つまり、香港の旧市街地は非常にコンパクトな空間であり、1980年代には地下鉄（Mass Railway Transit）を中心に、都市部をカバーする高度な交通網も整備されたため、多くのデベロッパーがCBDと地下鉄駅に隣接する貴重な土地を狙っており、再開発（アーバンリニューアル）を通じて、商業施設（オフィス）と専門職向けの中高級マンションが建設され

ていった[11]。

　このような計画に基づいて、より効果的に再開発事業を進めるため、香港政庁は、まず1988年に独立機関であるLand Development Cooperation（LDC）を設立した。LDCは、民間デベロッパーとのパートナーシップという形で、メトロプランのコンセプトに従って再開発対象地域を定め、包括的な開発事業を開始した。しかし、選定された対象地域の1区画の内部でも、複数の区分所有者がおり、必要とされる7割の所有権を確保するのは非常に困難な状態となっており、計画していたエリアの再開発というより、「鉛筆形式再開発pencil redevelopment」と言われる小規模な開発が最も多かった（Adams et al., 2001: 246）。

　このように包括的な再開発は進まず、さらには、低廉住宅地の再開発という、最も収益見込みの高いエリアが主な再開発対象になっていたため、住宅環境の改善にはほとんど至らなかった。その結果、香港政府はLDCを廃止し、より強い権限を持ったUrban Renewal Authority（URA）を設置した。URAもLDCと同様に、独立機関であるが、LDCとは異なり、土地の回収と所有権の確保にも政府が大きくかかわるようになった。さらに、収益の見込みの低いエリアに関しても、資金が増額され、その結果としてより包括的な開発が可能になっている。Tang（2008）が指摘するように、こうした1990年代以降の都心部の再開発を重視した動向は、「土地再開発体制Land Redevelopment Regime」の誕生を意味し、特に香港のCBDのような一流空間の場合、再開発を行うためには巨額の資産が必要であるため、実際に借地買収や住宅（再）開発を担うことができるのは、少数の巨大デベロッパーのみである（Fung & Forrest, 2002）。このように、1986~1990年の間だけでも、40㎡以下のアパートの平均家賃はおよそ90%高騰することともに、不動産価格も106%高騰し、実際に平均的な所得上昇率を凌

---

[11]　2019年以降、こうした場所では、再開発待ちの住宅を中心とした借り上げ方式の社会住宅social housing体制が立ち上がり、サードセクターが運営を担う新しいSIとして展開している（コルナトウスキ、2020）。

駕していた（Ho, 2000: 86）。

　この頃から、コミュニティ運動が再定住住宅等の政府住宅から旧市街地の民間住宅へ本格的にシフトし、反対と協働という二重の形で、再開発が及ぼしていた社会的な巻き添え被害に立ち上がり、旧市街地独自の建造環境に埋め込んだ形で多様な支援サービスを行っていった。その中では、1990年代の再開発により最も悪影響を受けていたベッドスペース宿泊者の再居住事業と2000年代の路上生活者支援が最も典型的であるといえる。

(3)　インナーシティ地域とサードセクター主導のSIの本格化

　1990年代以降、「土地再開発体制」が本格化する（Poon, 2006もご参照）。Smart et al.（2003）が述べるように「地価高騰方針 high land price policy」が固定化することよって、民間住宅市場が強烈な富の製造装置となり、再開発が着々と進んでいるインナーシティ地域の風景に反映されていった。すなわち、（金融資本関係の）オフィス街がインナーシティへ拡大していくと同時に、高価なタワーマンションが次々と現れ、再開発が進んでいない古い町並みとのコントラストが激的に進行し、香港人の間でも、空間認識が変化し、金銭的にはもう手が届かない新しい街であり、構造的にはむしろ危険で古い街という意識が固定化した。

　古い街の危険性は、1980年代に発生していたベッドスペースアパートでの火事に最も表象される。これに対して、香港政庁は取り締まりを強化し、危険性の高いアパートを撲滅しようという動きの中で、その住民の再居住が緊急課題となった。1991年からは小規模な一時居住施設の運営をNAAC団体に委託し、再居住の支援に乗り出し、香港政府が再開発された区域の中で建物2棟を建設し、それを専用の建物として「単身者ホステルプログラム」を開始した。そのうちの1棟の運営は救世軍に委託され、再居住プログラムが本格化することとなる。また、その頃には、ホームレス支援を始めるコミュニティ団体も登場し、インナーシティ地域を拠点に、シェルターや有料宿泊施設の制度が立ち上げられていった。こうした制度

は、行政によってバックアップされ、インナーシティ地域の独特な特徴と
なり、唯一の福祉資源として意識されるようになる（Kornatowski, 2010）。

4.結論

　本章では、植民地の歴史も有しており、そもそも公的セクターが強い香
港におけるソーシャルインフラストラクチャー（SI）の発展背景を検討し
た。とりわけ、香港の都市化過程と住宅政策を中心とした地理的な観点か
ら、SIはどのような物理的な環境から出現し、どのような建造環境を通
じて展開してきたのかを検証した。工業都市時代の香港における住宅政策
は、スクォッターの再定住住宅事業を中心に、福祉目的というより、社会
秩序の維持と労働力の管理が主な目的であった。こうした新たな住宅供給
（団地）は著しい経済成長によって支えられながら、旧市街地外の開発地
域で集中的に行われ、そこでは、SIはむしろ乏しい存在であった。こうし
た中では、住民同士の互助ネットワークが主な社会資源となっていたが、
旧市街地から遠く離れている臨時住宅団地では、住環境が極めて劣悪であ
ったため、ソーシャルワーカーや学生による草の根運動が登場した。臨時
住宅団地における住宅環境の改善を要求し、コミュニティ団体として活動
していたが、グローバル金融都市時代に突入した後、再開発事業で激変し
ていた旧市街地のインナーシティ地域へと活動が移る。
　その後、経済基盤の再編成により、香港は激しい格差社会を抱えるよう
になり、コミュニティ団体は社会的弱者の多様化に応じて支援メニューを
増やしながらNPOとしての活動を続け、その活動拠点が再開発の波が遅
れていたインナーシティ地域に固定されていった。行政とのパートナーシ
ップにより、地域内にある建物を行政から安く借り上げたり、民間市場を
通じて、中国式共同住宅を活用するケースも見られ、コミュニティ団体が
地域の中で、むしろ従来の建造環境へ埋め込んだ形でSIの展開を図った
といえる。最近現れた社会住宅制度もまさしくその一つのアウトカムであ

り、その内容についてはコルナトウスキ（2020）を参照されたい。

参考文献

コルナトウスキ（2012）「香港のインナーシティにおける民間低家賃住宅のマージ
　　ナル化と住宅困窮問題」『居住福祉』13、63-81 頁

コルナトウスキ（2019）「東アジア先進大都市におけるサービスハブの形成過程や
　　重要性」全泓奎（編）『東アジア都市の居住と生活──福祉実践の現場から』
　　東信堂、27-45 頁

コルナトウスキ（2020）「香港の社会住宅──土地（再）開発制度を活かした住宅
　　運動として」全泓奎（編）『分断都市から包摂都市へ──東アジアの福祉シス
　　テム』東信堂、31-43 頁

水岡不二雄（1997）「英国人植民地支配に内面化した空間の矛盾──香港の観塘開
　　発における戦後工業化と官有地政策」『アジア研究』44 巻 1 号、1-40 頁

水岡不二雄（1998）「香港のスクォッター問題における、階級、民族および空間
　　──植民地を支えた都市産業体系生産への序奏」『土地制度史学』41 巻 1 号、
　　1-17 頁

Adams, D. & Hastings, E.M. (2001) "Urban Renewal in Hong Kong: Transition from
　　Development Corporation to Renewal Authority," *Land Use Policy*, 18, 245-258.

Blundell, C. (1993), *Hong Kong's Hidden Homeless: Street Sleepers and Cage House Men*,
　　Department of Public and Social Administration, Faculty of Humanities and Social
　　Sciences, City Polytechnic of Hong Kong.

Castells, M., Goh L., Kwok R.Y.W. (1990) *The Shek Kip Mei Syndrome: Economic
　　Development and Public Housing in Hong Kong and Singapore*, Pion Limited.

Cheung, S.N.S (1979) "Rent Control and Housing Reconstruction: The Postwar Experience of
　　Prewar Premises in Hong Kong," *Journal of Law and Economics*, 22(1), 27-53.

Chiu, S. & Lui, T.L. (2009) *Hong Kong: Becoming a Chinese Global City*, Routledge.

DeVerteuil G., Kiener, J., Mizuuchi, T. (2020) "The Service Hub as Bypassed Social
　　Infrastructure: Evidence from Inner-city Osaka," *Urban Geography*, DOI:
　　10.1080/02723638.2020.1826751.

Drakakis-Smith, D.W. (1976) "Urban Renewal in an Asian Context," *Urban Studies*, 13, 295-

305.

Dwyer, D.J. (1971) *Asian Urbanization: A Hong Kong Casebook*, Hong Kong University Press.

Forrest, R., La Grange, A., Yip, N.M. (2004) "Hong Kong as Global City? Social Distance and Spatial Differentiation," *Urban Studies*, 41(1), 207-227.

Fung, K.K. & Forrest, R. (2002) Institutional Mediation, the Hong Kong Residential Housing Market and the Asian Financial Crisis," *Housing Studies*, 17(2), 189-207.

Goodstadt, L. (2005) *Unusual Partners: The Conflict between Public Interest and Private Profit in Hong Kong*, Hong Kong University Press.

Henderson, J. (1991) "Urbanization in the Hong Kong – South China Region: An Introduction to Dynamics and Dilemmas," *International Journal of Urban and Regional Research*, 15(2), 169-179.

HKCSS (1983) "Editorial: Homelessness in Hong Kong," *Welfare Digest*, 108, 1-3.

Ho, D.K.L (2000) *Polite Politics: A Sociological Analysis of an Urban Protest in Hong Kong*, Ashgate.

Ho, P. S. (1992), "A Ricardian interpretation of the provision of public housing services in Hong Kong," *Cambridge Journal of Economics*, 16(2), 207–225.

Hodge, P. (1972) "Urban Community Development in Hong Kong," *Community Development Journal*, 7(3), 154–164.

Keung, J. (1985) "State Intervention and Housing Policy in Hong Kong," *Third World Planning Review*, 7(1), 23-44.

Klinenberg, E. (2018) *Places for People: How to build a more equal and united society*, Bodley Head.

Kornatowski, G. (2010) "Partnerships and Governance: Struggle, Cooperation, and the Role of NGOs in Welfare Delivery for the Homeless in Hong Kong," *City, Culture & Society*, 1(3), 155-164

Kwok, Y.W.K. (1999) "Last Colonial Spatial Plans for Hong Kong: Global Economy and Domestic Politics," *European Planning Studies*, 7(2), 207-229.

La Grange, A. & Pretorius F. (2002b) "Private Rental Housing in Hong Kong," *Housing Studies*, 17(5), 721-740.

Leung, B. & Chan, S.H. (2003) *Changing Church and State Relations in Hong Kong*, 1950-2000, Hong Kong University Press.

Mizuoka, F. (2018) *Contrived Laissez-Fairism: The Politico-Economic Structure of British Colonialism in Hong Kong*, Springer.

Poon, A. (2006), *Land and the Ruling Class in Hong Kong*, Enrich Professional Publishing.

Saunders, D. (2011) *Arrival City: How the Largest Migration in the World in history is Reshaping Our World*, Windmill Books.

Sinn, E. (2003) *Power and Charity: A Chinese Merchant Elite in Colonial Hong Kong*, Hong Kong University Press.

Smart, A. (1986) "Invisible real estate: investigations into the squatter property market," *International Journal of Urban and Regional Research*, 10(1), 29-45.

Smart, A. (2006) *The Shek Kip Mei Myth: Squatters, Fires and Colonial Rule in Hong Kong*, 1950-1963, Hong Kong University Press.

Smart, A & Lee, J. (2003), "Financialization and the Role of Real Estate in Hong Kong's Regime of Accumulation," *Economic Geography*, 79(2), 153-171.

Susnik, A. & Ganesan, S. (1998) "Select Case Study Findings from Comprehensive Urban Renewal in Hong Kong," *Hong Kong Papers in Design and Development*, Hong Kong, 1, 109-120.

Tang, W.S. (2008) "Hong Kong under Chinese Sovereignty: Social Development and a Land (Re)development Regime," *Eurasian Geography and Economics*, 49(3), 341-361.

Yeh, A.G.O. (2003) "Public Housing and New Town Development," In: Yeung, Y.M. & Wong, K.Y., *Fifty Years of Public Housing in Hong Kong, A Golden Jubilee Review and Appraisal*. Hong Kong Housing Authority.

謝　辞

本研究は JSPS 科研費 JP19K13444 の助成を受けたものです。

第9章 社会的不利地域における福祉のまちづくりを支えるフードバンクの仕組み
──台北市南機場団地における「南機場フードバンク」の事例から

九州大学

蕭 耕偉郎

1.フードバンクに関する取り組み

　近年、貧困問題に直面する社会的弱者世帯の生活改善と、フードロスの解消という二つの社会課題を複合的に解決するための新たな仕組みとしての「フードバンク」が大きく注目を受けている。農林水産省（2021a）の調査によると、本来食べられるにもかかわらず捨てられる、いわゆる「フードロス」が約500 ～ 900万トン含まれると推計されている。一方、日本はOECD諸国の平均と比べて「相対貧困率」が高くなっており、貧困問題を抱える世帯で暮らす17歳以下の子どもは全国で280万人余りに上り、子どもの貧困率は13.5％と、7人に1人が満足に食事をとれない深刻な状況である（2019年国民生活基礎調査）。一方に「余っている」食べ物があり、もう一方で食べ物が「足りない」人がいる。余剰分を集めて、必要なところに繋ぐというのが「バンク」の役割であり、この循環の仕組みを活用することは、食べ物に困る人を支援するだけでなく、生産、製造、販売等食品関連企業が抱える余剰食品の問題を解決し、ひいては社会のセーフティネ

ットとしてお互いに支え合う地域づくりに貢献することにもなる。「フードバンク」の役割は、食品を提供する側には社会貢献に加えて、マーケティングツールや経済的効果も期待でき、一方の受け手側には、節約や多くの支援者に手を差し伸べることから、食育にも繋がる効果が期待される（一般社団法人全国フードバンク推進協議会、2016; 認定 NPO 法人ふーどばんくOSAKA、2020; 厚生労働省、2020; 認定 NPO 法人 フードバンク関西、2021）。更に、世界的にも持続可能な開発目標（SDGs）において、食品ロスの削減や格差解消等が課題となっている中、フードロスの削減や生活困窮者の支援を目的とするフードバンクの活動が日本全国にも広がりを見せている（今村、2019）。農林水産省（2021a）の調査によると、令和3年4月時点日本全国には少なくとも136団体がフードバンク事業を運営している。

　日本におけるフードバンクに関連する研究として、例えば佐藤 ; 中野（2016）は、日本におけるフードバンク活動の実態と食育の観点から見た課題を解明した。難波江 ; 香月（2018）は日本国内で活動が確認できたフードバンク団体を対象にアンケート調査を行い、その結果を踏まえて直接訪問や電話によるインタビューを行った結果、現在のフードバンクの状況として資金難や活動規模・条件の地域格差等の課題を解明した。一方、貧困問題に対するフードバンクによる働きに着目した研究として、村山 ; 米山（2017）は、「フードバンクこども支援プロジェクト」に着目して、子どもがいる生活困窮世帯に対して夏休みに集中した食料支援を行うことにより夏休み期間の欠食の防止や食費、光熱水費の増加による家計への負担を軽減し、また食料支援を通して生活困窮者の生活上のニーズを把握する事業の実態を把握した。

　台湾のフードバンクの動向に着目した研究として、佐藤 ; 小林（2018）は台湾フードバンク連合会の中心的なドナーであるカルフール台湾を事例に、台湾においてフードバンクが拡大した背景について考察した。また、日詰（2020）は台湾で活動を展開している一部のフードバンクと2016年1月に「食物銀行自治条例」を施行した台中市の取り組みを明らかにした。

　日本を中心に、多くの国々におけるフードバンクの活動に関する現状やその課題、更に生活困窮世帯に向けた貧困改善の効果についてはこれまでもいくつかの先行研究が存在するものの、社会不利地域における自主的なフードバンクの取り組みの実態を踏まえたフードロス削減や貧困改善への効果検証や、地域における貧困改善を目的とした福祉のまちづくりの土台をフードバンクがどのように支えられるかについてはほとんど言及されていない。本章は、台湾台北市のフードバンク先進事例である「南機場フードバンク」に着目する。蕭；城所；瀬田（2016）の研究では、社会的弱者が集住する台北市南機場団地における福祉のまちづくりの現状を把握、更にその活動の特徴と変容の時系列を解明した。一方、その後の南機場フードバンクにおける新たな取り組みの展開や、地域におけるフードロス削減や貧困改善への効果については、更なる着目と検証が必要と考えられる。

　本章では、以上のような先行研究の成果も踏まえ、社会的弱者が集住する老朽化した住宅団地で社会的不利地域としての特徴が著しい南機場団地において、フードバンクの仕組みの導入によってどの程度フードロス削減の効果があり、またフードバンクの仕組みが地域における貧困改善に向けた福祉のまちづくりをどのように支えてきているのかについて考察する。

2.社会的不利地域としての台北市南機場団地

　本章では台湾におけるフードバンクの先進事例への分析から、フードバンクの仕組みが地域における福祉のまちづくりを支えている実態を明らかにするため、台北市に位置する南機場整建住宅団地における「南機場フードバンク」を対象として取り上げる。本節ではまず、社会的不利地域としての台北市南機場団地（以下、南機場団地）の現状に着目する。

　南機場団地は台北市内南西部の萬華区と中正区との区界をまたぎ、複数の住宅団地により構成され、約6,000世帯からなる巨大な団地コミュニティである。南機場団地が位置する場所自体は、新店渓と淡水河と合流して

できた河川の沖積平野であり、団地整備の当初の目的は、当時堤防建設に伴い撤去された違法建築の住民のために台北市政府が国民住宅基金を利用して整備を進めた背景の中で、1964年から事業が始まり、1975年に団地全体が竣工した。

　当時の南機場の団地は台北市の高級住宅の代名詞となった。記録によれば、欧米の最先端建築工法を用いて整備した五階建ての建造物（図2上段）は当時の最高層であり、更に豊かな公共空間も完備しており、近隣住民の社交の場や児童の遊び場としても活用され、また、当時最先端の都市計画理論である「近隣住区論」の概念に基づいて団地専用の学校、市場、避難室等も整備されている。一方で、半世紀が経った今日においては、南機場団地は深刻な老朽化問題に悩まされており、建築躯体構造の老朽化に加えて、違法な増改築が多発し（図2下段）、個別住戸のベランダの建増、金属柵、アルミ板等の設置や、一階部分の多くは夜市露店、飲食店として営業しており、火事や悪臭等の公害や近隣迷惑等の課題が長年住民を悩ましている。老朽化、狭小な住居面積、劣悪な生活環境や防災条件は、住宅団地

表1　南機場団地が位置する忠勤里の人口構成（Fang, 2018をもとに作成）

世帯別	世帯/人口	比率
人口数	6,599人（男性：3,104, 女性：3,601）	
世帯数	3,019世帯	100%
低所得世帯	175世帯	5.8%（全市平均：2.0%）
低所得高齢者世帯	73世帯	2.4%（全市平均：0.5%）
高齢者人口	1,230人	18.6%（全市平均：14.1%）
独居高齢者世帯	65世帯	2.1%（全市平均：1.29%）
障害者世帯	536世帯	17.6%（全市平均：4.47%）
外国人配偶者	400人以上	5.8%（全市平均：1.01%）

注：いずれも2018年5月時点だが、全市平均の一部は2016年時点の値である

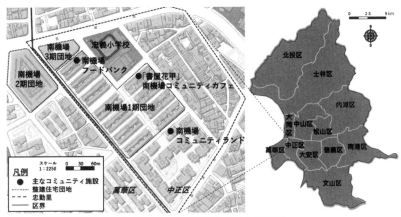

図1　南機場団地の所在地（台北市政府、2021）をもとに作成）

図2　竣工当時及び老朽化が進む今の南機場団地（Fang, 2018; 文化部、2021）をもとに作成）

内の家賃水準の低下の要因となり、更にそれに伴い、安い住居を求め社会的弱者が絶えずと地域内に流入してきていると考えられる（蕭、城所、瀬田、2016）。社会的弱者の集住によって形作られた社会的不利地域としての南機場団地は、表1の通り、現状においては低所得世帯（日本の生活保護

世帯に該当する）、低所得高齢者世帯、高齢者人口、独居高齢者世帯、障がい者世帯、外国人配偶者等、多様な社会的弱者の割合はいずれも台北市の平均値を上回っており、中でも障がい者の割合が17.6％にも上り、特に大きな割合を占める。このように、老朽化が進んだ南機場団地には今日、多種多様な社会的弱者が多数集住しており、社会的不利地域としての特徴が非常に顕著に表れているといえる。

3. 南機場団地における主なコミュニティ施設としてのフードバンク

　以上に示したような社会的不利地域としての貧困課題の解決に向けた福祉のまちづくりの推進には、南機場団地の所在地である「忠勤里」（範囲は図1参照）の里長が大きな役割を果たしてきた。まず、「里」とは台湾末端の行政区画であり、これまで台湾では里を単位に地域のまちづくり活動等が展開されてきた経緯もあり、おおむね日本の町内会に相当する。一方で、日本の町内会は関係官公署各種団体との協力推進等を行うことを目的として設立されたものの、あくまで完全に民間による任意団体であるのに対して、台湾では、例えば台北市内には12区あり、計468里あるが、それぞれの里には公職選挙によって決められる里長を置き、更にそのための里事務所もあり、行政色が強い。南機場の場合では、冒頭に述べた通り、「忠勤里事務所」に勤める公人に位置づけられる「里長」で、1988年初選出されてから20年余りになる方荷生氏がリーダーとして地域における福祉のまちづくりを牽引し、南機場団地の住民それぞれが力を発揮して助け合い、温かい人間関係が育まれてきた（鄧、2021）。

　以上の蓄積から、今日の南機場団地における福祉のまちづくりの拠点として、図1に示す「南機場コミュニティランド」、「南機場フードバンク」および「『書屋花甲』南機場コミュニティカフェ」等の主なコミュニティ施設が該当する。南機場コミュニティランドは、図1通り忠勤里のほぼ中心部に位置し、地域の社会的弱者を中心に様々な教育、福祉サービスを提

供し、地域住民の重要な交流の場ともなっている地域の「複合施設」である。その整備は、地域内にあるかつての将校の官邸だった屋敷が廃墟化して地域内の治安や景観問題になったため、地域の社会的弱者世帯のための施設として活用できないかという発想が設立のきっかけである。用地に関しては、2008年から建物（官邸）の所有権者である国防部（日本の防衛省に当る）及び土地の所有権者である財政部（日本の財務省に当る）等と施設の転用・活用に向けて複数回の現地調査、協議を行った上で、2010年に使用許可を得て、住民参加型ワークショップを通して広く意見を集め、台湾大学等の専門家協力のもとで設計・着工し、2011年7月に開設に至った（蕭、城所、瀬田、2016; 蕭、2019）。南機場コミュニティランドの現状の外観は図3の（1）の通りである。

　本章で主に着目する南機場フードバンクは、図1の通り地域の北西部に位置し、様々な団体から集めた物資の効率的な管理、支給を行うために地域住民を中心にしたボランティア活動等を通して物資と等価交換できる地域通貨の仕組みを導入している。南機場フードバンクの開設の経緯は、当初、地域内に多数いる生活困窮世帯の生活改善のため、里長が個人名義で地域の弱者世帯のために物資等を集めて個別に配布していたが、これまでは有効に管理できず一度に多くの物資を配るとつい保存期限を切らし台無しになるため、物資を一括に管理できるプラットフォームの必要性に迫られ、「フードバンク」の発想に至った。開設にあたっては、国内外の先進的なフードバンクへの視察、ヒアリング等を踏まえて仕組みづくりを検討した。南機場フードバンクの場合も、長年廃業で遊休化した地域内の郵便局について、2012年頃に関連部署と協議を経て転用許可を得ることができ、前述の南機場コミュニティランドと同様なプロセスを経て、2013年12月に開設に至った（蕭、城所、瀬田、2016; 蕭、2019）。南機場フードバンクの施設内の風景は図3の（2）の通りである。

　最後に、「『書屋花甲』南機場コミュニティカフェ」については、従来のまちづくり活動の路線を継承しつつ、その拡大に向けて2016年9月に新た

に開設に至ったものである。これまで南機場コミュニティランドでは、複合施設として市立図書館の分室や小中学生向けの勉強塾や、コミュニティ食堂と配食サービスのための厨房、更には補導された非行少年の修業のためのカフェスペースもある。ただし、南機場コミュニティランドの限られた空間の中では、満足なカフェスペースを提供することが難しかったため、地域の店舗を借りて、「書屋花甲」南機場コミュニティカフェを新たに開設した。そこでは、鄧（2021）によると本来なら廃棄されていたであろう食材を用いて提供することで無駄を防ぎ、更には非行少年のための職業訓練・就労支援にも繋がっている。「書屋花甲」南機場コミュニティカフェの現状の外観は図3（3）の通りである。また、フードロスや地域の社会的弱者の二つの課題をよりタイムリーに取り組むため、カフェの入り口には「食亨」冷蔵庫も設置されており、要冷蔵の生鮮食品等を中心に、本

図3 南機場団地における主なコミュニティ施設（(1) (4) はFang, 2018、(2) は南機場幸福食物銀行、2021、(3) は書屋花甲、2021からそれぞれ引用）

来は賞味期限ぎりぎりで廃棄処分になる予定のものを誰もが自由にもらい受けることができるようになっている。これまでは図3（4）の、その名の通り、普通の冷蔵庫で保管し、自由に取り出せるようになっていたが、2021年現在では図3（3）のように、自動販売機のような形で必要なものを液晶パネルの画面から選ぶと、自動的に食品が無料で投下される仕組みになっている。

4. 福祉のまちづくりを支える南機場フードバンクの実態に対する評価

(1) 南機場フードバンクの仕組みについて

　南機場フードバンクによるフードロス削減への効果や、福祉のまちづくりを支える根幹的な仕組みとしての実態について評価を試みるにあたって、まずその利用方法について整理しておきたい。南機場フードバンクの運営は現在、忠勤里事務所の業務と切り離し、2014年3月に設立の「社団法人台北市臻佶祥社会服務協会」が運営母体を担い、卸売商、宗教団体、赤十字、その他支援団体等、様々な関連主体から食料品や物資を広く集めている。会員は、地域における様々なボランティア活動に従事することにより地域通貨（ポイント）を対価として得られ、それを使いフードバンクで物資と交換することができ、ボランティア活動により提供された様々なサービスが会員自身を含む地域住民に還元される仕組みになっている（蕭、城所、瀬田、2016; 蕭、2019）。

　南機場フードバンクの会員になるための入会登録は、主にＡタイプとして、忠勤里事務所が把握している低所得世帯名簿に登録済みの者（地域内）や区役所や福祉事務所から緊急生活支援が必要と認められ紹介を受けた者（地域外）に加え、Ｂタイプとして、フードバンクの理念に賛同し、ボランティアの参加を目的とするものや、地域の中で特殊な事情でケアが必要な世帯（「地域ケア」と略す）である。入会して、通帳発行後、ボランティアを目的とした会員を除き、月に500ポイントが付与される。また、ボラン

ティアを目的にした会員であるかに関わらず、会員にはボランティアへの
参加実績に応じて、1時間につき、20ポイントが別途付与される。会員は
南機場フードバンクの営業時間内（毎週月・水・金の13時30~19:00）に、フ
ードバンクの窓口にてポイントを使い、物資等と交換することができる。
南機場フードバンクの特徴は、主に以下の点が考えられる：

① ボランティアの組み込み：社会的弱者世帯は、ボランティアに参加
することにより、自身の生活改善に伴う自立と社会還元を実現する
ことが可能である。
② ボランティアの参加拡大：社会的弱者世帯の入会に限定せず、ボラ
ンティアを目的とした一般世帯の参加も幅広く取り入れることによ
り、地域内の様々な活動のための担い手を積極的に確保するために、
ボランティア参加の活発化を図っている。
③ 横の展開と連携：フードバンク内での活動に留まらず、更なる支援
の展開や、関連する制度や機関との綿密な連携が図られている。

実際に、南機場フードバンクの会員は300世帯以上で、2015年から2018
年までのデータから、会員の構成は4種類の属性で安定していることが確
認でき、2017年以降は低所得世帯および緊急生活支援を要する世帯がそ

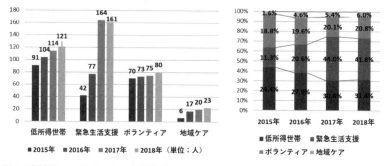

図4　南機場フードバンクの会員構成（方、2019のデータから著者作成）

れぞれ100世帯を超え、前者は全体の3割程度、後者は4割程度を占める。また、ボランティアを目的とした会員は、全体の2割程度を占めることから、ボランティアの参加が盛んな状況がうかがえる。一方で、地域ケアは20世帯程度で、割合にして6%と最も少ない（図4）。

(2)　南機場フードバンクの運用実態を踏まえた評価

　まず、南機場フードバンクによるフードロス削減への効果について、方（2019）や社団法人台北市臻佶祥社会服務協会（2021）等の公開データをもとに試算した結果、南機場フードバンクでは、2015年から2018年までの間、大型量販店から寄贈された物資のみで計算しても、それぞれ5,675キログラム、8,545キログラム、10,388キログラム、20,249キログラムで、延べ44,857キログラムもの物資のフードロス削減効果を実現しており、「食亨」冷蔵庫に至っては2016年9月の設置から2018年3月まで、少なくとも21,470キログラムの食品のフードロス削減の効果を実現した。更に、実際に南機場フードバンクで交換されている物資の中身については、図5の通り、南機場フードバンクによる支給物資実績から見ると、お米が18.4%と大多数を占め、次に食用油が9.4%、缶詰が8.2%、粉ミルクが8.0%等と生活必需品が上位を占め、また、粉ミルクが上位を占めていることは、貧困課題に直面する子育て世帯または単親世帯も南機場フードバンクの主な利用者であることを示唆する。この結果はまさに、社会的弱者世帯が積極的にボランティアに参加することにより、生活に必要不可欠の物資をより多く確保でき、自立に向けた足がかりになっている実態を示す。

　次に、南機場団地における福祉のまちづくりでは、ボランティアが最も重要な担い手として考えられる中で、南機場フードバンクとセットになったボランティアの仕組みの導入が地域における福祉のまちづくりを支えている実態を把握するために、南機場フードバンクによるポイント付与実績を踏まえて評価を試みる。その際、「社団法人台北市臻佶祥社会服務協会」

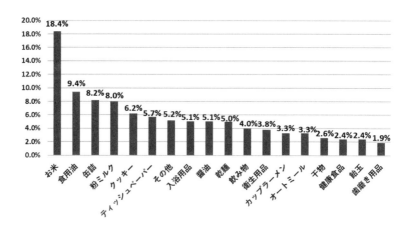

図5 南機場フードバンクによる支給物資実績（Fang, 2018のデータから著者作成）

が公表しているデータ（Fang, 2018;方、2019から取得）に基づいて分析をした。

　まず図6の通り、2015年から2018年までの間では、低所得世帯へのポイント付与が延べ38万から50万ポイントで推移しており、全体の4から5割と最も大きい割合を占めるのに対して、2018年では緊急生活支援を要する世帯へのポイント付与が延べ44万ポイントと大きく伸び、全体の37.6%を占めることとなった。低所得世帯や緊急生活支援を要する世帯は南機場フードバンクでの一番重要な利用者であることが明らかであるが、それは図4にも示した通りこの2種類の属性の会員が大半を占めることに起因すると考えられる。以上の状況を考慮し、南機場フードバンクの利用実態をより客観的に評価するため、各年度のポイント付与実績を会員数で割り算した結果となる「1人当たり付与ポイント」は図7の通りである。その値の推移は、低所得世帯は3,429から4,237ポイントで推移し、緊急生活支援を要する世帯は1,824から2,780ポイント、ボランティア世帯は1,900から2,607ポイント、地域ケア世帯は2,623から4,511ポイントで推移している。全体小計としては2,501から3,269ポイントで推移し、4年間平均値が3,013ポイントであり、低所得と地域ケア世帯はこれを上回り、そ

れぞれが3,967、3,528ポイントである。過去4年間平均値では1人当たりのポイント付与が年間3,013ポイントとの計算を踏まえて、先述した通り、南機場フードバンクで最も多く交換されているお米を例に挙げると、5キログラムのお米は南機場フードバンクでは100ポイントで交換できるが、会員1人当たり年間では少なくとも150キログラムのお米を交換できる計算となっている。実際、参考として農林水産省（2021b）が示した日本における国民1人につき、年間あたりの米の消費量は、2018年度には53.5キログラムという計算だが、南機場フードバンクの会員は、少なくとも3人家族が年間消費するお米をフードバンクから十分に確保できる計算になる。

　以上のポイント付与の結果を踏まえ、更に1時間=20ポイントという南機場フードバンクのボランティアの実績に応じたポイント付与の仕組みを踏まえて計算すると（毎月自動付与の500ポイントはここでは考慮しない）、図8に示した「ボランティア従事時間数換算」である。その値の推移は、低所得世帯では171から212時間、緊急生活支援を要する世帯は91から139時間、ボランティア世帯は95から130時間、地域ケア世帯では131から226時間で推移している。全体小計としては125から163時間で推移しており、4年間平均値が151時間であり、低所得と地域ケア世帯はこれを上回り、それぞれが198および176時間である。

　南機場フードバンクの2015年から2018年までの実績推移を踏まえると、低所得世帯は年度問わず平均して1人当たり年間198時間程度のボランティアに従事している計算になり、地域における最も重要な担い手となり、また、地域ケア世帯でも平均1人当たり年間176時間となり、地域における担い手としての存在感は低所得世帯に次いで大きい。それに対して、緊急生活支援世帯やボランティア世帯はおおむね1人当たり年間平均118時間と119時間程度であり、低所得世帯や地域ケア世帯に比べて比較的にボランティアの従事時間数が短い結果となった。考えられる原因としては、これらの世帯は通常の仕事や学業等、または発生した緊急生活支援を要す

る事態等の制約により、ボランティアに従事できる時間が比較的に限られている。一方、低所得世帯や地域ケア世帯は、経済的な困窮等の課題に直面している中、積極的にボランティアに従事することによりその分のポイント付与がなされることにより、自身の生活改善に繋げる積極的な努力の結果として、ポイント付与の実績を踏まえて算出した1人当たりのボランティア時間数の値に表れていると考えられる。

　また、全体として、2018年度を例に計算すると、南機場フードバンクの導入により、385名の会員が、年間1人当たり151時間ものボランティアに従事し、延べ58,135時間ものボランティアが地域のまちづくり活動等の担い手として活躍している計算となる。と同時にその実績に応じてポイント付与による自分自身の生活改善や、住民同士との交流、更には様々な

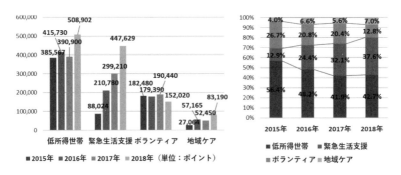

図6　南機場フードバンクのポイント付与実績推移（Fang, 2018のデータから著者作成）

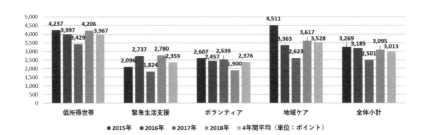

図7　南機場フードバンクの1人当たりポイント付与推移（出典同上）

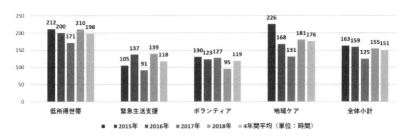

図8　南機場フードバンクの１人当たりボランティア従事時間数換算（出典同上）

地域課題の解決に繋がるための福祉のまちづくりを支える好循環を生み出

しているといえる。

　実際に、このような好循環を示す住民の声に着目すると、例えば、2017

年12月のインタビュー調査によると、30代男性のＴさんの場合、最初は

ボランティアとして南機場フードバンクの事業に関わり始めたが、その後

南機場コミュニティランドのコミュニティ食堂にも担当することになり、

現在では170人程度の地域住民が利用するようになった。Ｔさんによると、

「当初は顔色も健康状態も悪そうな高齢者の方が多かったが、コミュニ

ティ食堂に通うようになってからは栄養バランスが良くなり、住民同士との

交流も増えたため、すっかり元気になった方が多く見受けられる」とし

た。また、2018年11月のインタビュー調査によると、海外から南機場団

地に嫁いできた主婦のＬさんからは、「ここでは米も油もフードバンクか

ら満足に提供してもらえるし、地域では低所得世帯や単身者が多く、みん

な貧しいけど、みんなが助け合い、支えあう温かいコミュニティなのが自

慢だ」の声が聞かれた。また、2020年11月のインタビュー調査によると、

80代女性のＡさんは、普段は車いすでの移動だが、「体力があって外に出

れる日は、コミュニティ食堂に来るとみんなと一緒に食事ができてとって

も温かい」との声も聞かれた（南機場幸福食物銀行の共有ページから）。

5.結びに——社会的不利地域におけるフードバンクが果たす役割

　本章では、南機場フードバンクの事例に基づいた実証的な分析結果から、フードバンクの導入によって、フードロス削減への効果のみならず、更にボランティアとうまく組み合わせることにより、地域における福祉のまちづくりを支える重要な仕組みとして、十分に機能することが可能であると確認された。具体的に、南機場フードバンクによるフードロス削減への効果として、2018年以降は年間少なくとも20,000キログラムの物資を活用し、フードロスを効果的に削減していることが確認された。また、フードバンクによる貧困改善に資する効果として、会員1人当たり年間では少なくとも150キログラムのお米を交換できる計算となり、南機場フードバンクの会員は、少なくとも3人家族が年間消費するお米を十分に確保できることが明らかとなったため、300世帯以上の会員のための家計や貧困改善への十分な効果が認められた。

　地域における福祉のまちづくりを支えるフードバンクの役割について、まず福祉のまちづくりの担い手であるボランティアの確保の実態に着目すると、南機場フードバンクでは地域通貨の概念に基づいて、うまくボランティアの仕組みを組み合わせて最大限に活用しており、2018年度を例に計算すると、385名の会員が、年間1人当たり151時間ものボランティアに従事し、延べ58,135時間のボランティア効果が発生し、地域における福祉のまちづくりの重要な担い手となっていることが確認された。まちづくり活動に応じたポイント付与の仕組みの導入により、ボランティアに参加する社会的弱者自身はより多くの物資を入手できるため、自分自身の貧困改善に繋がる上で、このようなまちづくり活動の担い手として活動し、その他の社会的弱者にサービスを提供することにより生活状況の底上げを実現し、地域全体の多くの社会的弱者の貧困改善への波及効果が認められる。言い換えると、積極的に活動できる社会的弱者とそうでない社会的弱

者とが相互に支えあい、高めあうフードバンクというプラットフォームを通して地域全体のスパイラルアップに繋げていく貧困改善のための好循環プロセスを創出することが可能である（図9）。また、Bタイプ会員でも積極的にボランティアに参加することができるため、社会的弱者に限定せず地域におけるまちづくり活動に従事する多くの担い手を十分に確保できるため、地域における福祉のまちづくりを支える重要な基盤を形成していると考えられる。

　南機場フードバンクが創出する地域における貧困改善のための好循環プロセスは、図9の通り、これまで廃棄予定の物資と社会的弱者とはそれぞれかかわりのない存在だったが、南機場フードバンクを通して、「物資」を重要な資源として活用し、ボランティア活動を誘発し（図9-①のプロセス）、ボランティアのサービスを受ける側の社会的弱者の貧困問題や生活改善に繋がり（図9-②のプロセス）、更にボランティアへの対価としてポイントを付与し、物資と交換することにより（図9-③のプロセス）、ボランティアとしてサービスを提供する側の貧困問題や生活改善にも繋がる（図9-④のプロセス）。

　地域通貨の概念に基づいて、福祉のまちづくりを支える南機場フードバンクとボランティアとの組合せは、図10の通りに解釈することができる。南機場フードバンクでは、地域外の多様な主体から提供された物資を南機場コミュニティランドへの配食サービスやコミュニティ食堂のための食材や、「書屋花甲」コミュニティカフェおよび「食享」冷蔵庫等への食材を提供し、各施設における多様なサービスを提供する際の原材料として活用すると同時に、ボランティアへの対価として付与したポイント交換のための対象物としても機能する。一方で、地域通貨の導入を、つまり南機場フードバンクにおけるボランティアに対するポイントの付与という仕組みを組み込んだことにより、地域における福祉のまちづくりの担い手としてのボランティアを十分に確保でき、更に3つのコミュニティ施設間で人材共有することにより、それぞれの施設運営を効率的に行うことが可能であ

る。一方で、「書屋花甲」コミュニティカフェで一般の市民や観光客向け
に運営して得た収入は、他の2つの施設の運営費用に活用、補填する仕組
みも確立されている。また、3つの施設間の相乗効果として、例えば「書
屋花甲」コミュニティカフェの前に併設した「食享」冷蔵庫にできる行列
は、賑わいを演出し、カフェの利用者や消費促進への効果が期待されるこ
とや、南機場コミュニティランドでの修行や練習を経て、「書屋花甲」コ
ミュニティカフェに正式にスタッフとして出勤するというプロセスの確立
等、複数のコミュニティ施設があるからこそ互いに連携することができ、
このような好循環プロセスの創出が可能になった側面も考えられる。

　結論として、南機場フードバンクでは、地域外の多様な主体から提供さ
れる、本来は廃棄する予定の物資を大切な資源として活用し、単純に、フ
ードロス削減の効果のみならず、地域通貨の理念に基づいてうまくボラン
ティアの仕組みと組み合わせて、複数施設間で物資・人材を共有し、更に
それによってコミュニティカフェという晴れ舞台を通して外部消費を呼び

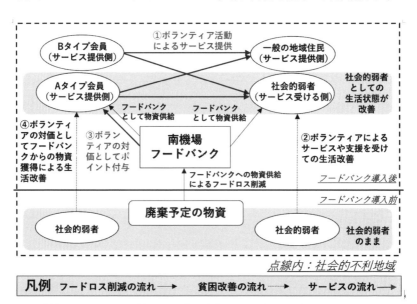

図9　南機場フードバンクが創出する貧困改善のための好循環プロセス

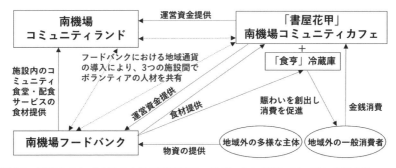

図10　福祉のまちづくりを支える南機場フードバンクとボランティアとの組合せ

込む。その結果として、物資を資源として利用することにより、フードバンクを単なる利用者である個人の社会的弱者の漸進的な生活改善に加え、ボランティアに積極的に従事することにより社会的弱者自身の生活改善に伴う自立に繋がる効果もあり、更にボランティアを通して地域における福祉のまちづくりの担い手となり様々なサービスを提供しながら、外部消費も呼び込むことによって、地域全体に貧困改善のための好循環プロセスを生成していることが確認された。

参考文献

一般社団法人全国フードバンク推進協議会（2016）「フードバンクとは」『一般社団法人全国フードバンク推進協議会』掲載日不詳　https://www.fb-kyougikai.net/foodbank（2021年9月19日閲覧）

今村主税（2019）「食品ロスの削減と格差解消に向けてのフードバンクの課題——バンク山口の実践活動を通して」『山口県立大学学術情報』第12号、山口県立大学、pp. 97-101

厚生労働省（2020）「2019年　国民生活基礎調査の概況」『厚生労働省』（2020年7月17日）　https://www.mhlw.go.jp/toukei/saikin/hw/k-tyosa/k-tyosa19/index.html（2021年9月19日閲覧）

小林富雄（2012）「フードバンク活動における食品ロスの再分配と流通機能——セ

カンドハーベスト名古屋のケーススタディと欧米韓との比較分析」『農業市場研究』第 21 巻第 1 号、日本農業市場学会、pp.35-41

佐藤敦信、小林富雄（2018）「台湾フードバンクにおけるカルフールの取組──台中市地方条例制定への進展」『流通』2018 巻 42 号、日本流通学会、pp.39-54

佐藤 みずほ、中野 冠（2016）「わが国におけるフードバンク活動の実態と食育の観点から見た課題」『日本食育学会誌』第 10 巻第 1 号、日本食育学会、pp.31-40

蕭 閎偉、城所 哲夫、瀬田 史彦（2016）「住宅団地における福祉のまちづくりの取り組みに関する考察」『日本建築学会計画系論文集』第 81 巻第 729 号、日本建築学会、pp.2463-2473

蕭 閎偉（2019）「地域住民組織によるフードバンクの運営によるフードロス削減と貧困改善への効果に関する研究」『食生活科学・文化及び環境に関する研究助成研究紀要』第 34 号、アサヒビール学術振興財団、pp.207-218

書屋花甲（2021）「タイムライン写真」『書屋花甲 Housebook60』掲載日不詳 https://www.facebook.com/housebook60/?ref=page_internal（2021 年 7 月 20 日閲覧）

台北市政府（2021）「臺北市都市計畫整合査詢系統」『台北市政府』掲載日不詳 https://www.webgis.udd.gov.taipei/upis/（2021 年 9 月 17 日閲覧）

鄧慧純（2021）「南機場地域の礼運大同篇──里長・方荷生の活動」（翻訳・山口 雪菜）『台湾光華雑誌』2021 年 2 月　https://www.taiwan-panorama.com/ja/Articles/Details?Guid=0f15539e-2f76-439e-8032-a11b8136195b&CatId=10（2021 年 9 月 20 日閲覧）

難波江 任、香月 敏孝（2018）「我が国のフードバンク活動の状況と課題」『農業問題研究』第 50 巻第 1 号、農業問題研究学会、pp.37-49

南機場幸福食物銀行（2021）「タイムライン写真」『南機場幸福食物銀行』2020 年 5 月 6 日　https://www.facebook.com/Nanjichangfoodbank/（2021 年 7 月 19 日閲覧）

認定 NPO 法人ふーどばんく OSAKA（2020）「捨てられる食品の現状」『ふーどばんく OSAKA』掲載日不詳　https://www.foodbank-osaka.jp/（2021 年 7 月 10 日参照）

認定 NPO 法人 フードバンク関西（2021）「フードバンクとは」『認定 NPO 法人 フードバンク関西』掲載日不詳　https://foodbankkansai.org/about/activity/（2021 年 9 月 19 日閲覧）

農林水産省（2021a）「フードバンク」『農林水産省』（2021 年 1 月 15 日）　https://www.

maff.go.jp/j/shokusan/recycle/syoku_loss/foodbank.html（2021 年 9 月 19 日閲覧）

農林水産省（2021b）「令和元年度食料需給表──国民 1 人 /1 年当たり供給純食料」
『農林水産省ホームページ』（2021 年 3 月 25 日）　https://www.maff.go.jp/j/tokei/
kouhyou/zyukyu/index.html（2021 年 9 月 21 日閲覧）

日詰 一幸（2020）「台湾のフードバンク：台北、台中におけるフードバンクの現状」
『静岡大学法政研究』第 24 巻第 3–4 号、静岡大学、pp.196–170

方荷生（2019）「『『食與實』的服務方案 - 從食物銀行到食享冰箱的發展」「臺中市社
區營造推動網」掲載日不詳　https://community.culture.taichung.gov.tw/（2021 年 9 月
20 日閲覧）

社団法人台北市臻佶祥社会服務協会（2021）「運営成果」『食享』掲載日不詳
https://icguanyu.github.io/fsr/（2021 年 9 月 21 日閲覧）

文化部（2021）「国家文化資料庫」『文化部』掲載日不詳　http://nrch.culture.tw/（2021
年 7 月 19 日閲覧）

村山伸子、米山けい子（2017）「フードバンクによる子どもがいる生活困窮世帯へ
の夏休み期間の食料支援プロジェクト」『日本健康教育学会誌』第 25 巻第 1
号、日本健康教育学会、pp.21-38

Fang He-Sheng（2018）"From Community Meal Delivery to Food Sharing Network: Pioneer
Practices in Nanjichang"（South Airport Community）（31th July, 2018）　https://www.
ur-plaza.osaka-cu.ac.jp/wp1/wp-content/uploads/2018/07/S2-2_5.pdf（20th July, 2021
accessed）

第10章 台湾における外国にルーツを持つ子どもの支援

広島文教大学

川 瀬 瑠 美

1.はじめに

　本章では、台湾において、外国にルーツを持つ子どもへ、いかなる支援システムが構築されているのかについて、政府による政策枠組み、地方自治体による政策枠組み、という2つの視点から解明することを目的とする。

　台湾という地域は、1949年に中国大陸から渡ってきた人々と1949年以前から居住していた人々で構成され、住民のルーツが異なるという歴史的背景を持つ。住民の多様性を受け入れつつ構成されてきた地域といえる台湾に、1980年代以降新たな住民が加わった。グローバル化の影響から、新たに外国にルーツを持つ子どもたちが居住者の一定の割合を占めるようになったのである。台湾では、このような子どもたちををいかにして新たな住民として社会に受け入れていくかが、重要課題となっている。

　彼／彼女らは当初、台湾社会に歓迎されたとは言えず、多くの課題を抱えた存在と認識されてきた。メディアでは、外国にルーツを持つことを家庭の不和や学習障害の原因と結びつけ、社会問題の根源であるかのような

論調が多くみられた。しかしながら近年、そのまなざしは一転し彼／彼女らは、台湾経済を発展させていく「東南アジアとの架け橋」として希望のまなざしを向けている。

このように、社会における負の存在から、発展を導く存在として、相反するまなざしを向けはじめた台湾において、外国にルーツを持つ子どもたちをどのように受け入れられようとしているのか、本章では明らかにしていきたい。具体的には、次のような構成で論じていく。

第1節では、台湾における外国にルーツを持つ子どもとは具体的にどのような子どもたちを指すのか、彼／彼女らをめぐる歴史的経緯、主な出身国と各教育段階において占める割合、指摘される課題、という視点から示す。第2節では、外国にルーツを持つ子どもに対して政府がどのような政策を敷き、支援枠組みを整備しているのかについて、現政権による経済政策と、その下で行われる教育政策を中心に明らかにする。そして第3節以降では、政府による支援制度ではカバーされていない課題への支援はどのように行われていくのか、地方自治体が展開する支援制度に着目して明らかにする。

以上の知見をもとに、外国にルーツを持つ子どもが抱える課題を支援するために、いかなるシステムが構築されているのか解明する。そして台湾が外国にルーツを持つ子どもをいかにして受け入れようとしているのかについて述べたい。

2. 台湾における外国にルーツを持つ子ども

本節では、台湾における外国にルーツを持つ子どもとは、どのような人々であるのか整理していく。まず、その歴史的経緯を検討し、彼／彼女らが台湾においてどのように位置づけられてきたのかを示す。

(1) 「新住民」の歴史的経緯

　1949年以降、台湾という地域は、中国大陸から渡ってきた「外省人」、それ以前から台湾島に居住していた「本省人」という住民構成で成り立っていた。そこへ中国大陸以外の外国にルーツを持つ人々が加わったのは、1980年代以降のことである。1980年代、台湾では国際結婚ブームが起こり、それは1990年代後半から2003年にかけてピークを迎えた。中国や東南アジア出身の女性が台湾居住の男性と婚姻して移住し、「新住民」と呼ばれるようになった（横田、2018）。

　台湾政府は、新住民の定義を、「台湾地区住民の配偶者で、外国人、無国籍の人、大陸地区の人、香港及びマカオの居住者であった者」（台湾教育部（2020）「2019年度各級学校における新住民子女の就学状況（108學年度各級學校新住民子女就學概況）」）と示している[1]。

　この新住民を取り巻く台湾社会のまなざしは、2000年代前半から現代にかけて、大きな変化をみせてきた。2000年代前半、国際結婚は社会問題の根源であるとされた。世論は家庭の不和や子どもの学習障害、親の養育能力の欠如といった課題をことさら強調した。さらに2004年には、新住民子女を「新台湾の子」と呼称するようになった。この呼称は台湾の競争力を削ぐ懸念材料であることを表す、負の意味合いで用いられたもので、子どもたちにとっても負のラベルとなっていた（横田、2018）。

　だが現在、新住民子女へのまなざしは、台湾にとっての重要人材と捉えるまなざしへと変化している。2016年に発足した蔡英文政権は、経済の脱中国依存を目指し、「新南向政策」を示した。東南アジアと南アジアを対象に、経済貿易協力、資源の共有、地域の連携、そして人材交流を通して、包括的関係強化を目指すものである。そこで、台湾と対象地域を繋ぐ

1　台湾において外国人労働者は、台湾地域内での婚姻や、本国からの家族の呼び寄せは禁止されている。このことから、外国にルーツを持つ子どもについての議論を行う本稿では、外国人労働者は除いている。

人材として、「新住民」の子どもたちが着目されたのである。蔡政権は、新住民子女へのサポートを通して、新住民子女を東南アジアに係る人材として育成していく意向を示している（玉置、2005）。

このような新住民とその子女への評価の転換は、メディアが発信する情報にも見られる。台湾メディアでは、新住民で国立名門大学に合格した若者、スポーツで非凡な成績を収めた若者等、新住民とその子女をめぐる成功物語が多く取り上げられている。2016年に、カンボジア出身の結婚移民である林麗蝉の立法委員（国会議員）選出が大きく取り上げられたことは、その最たるものと言えよう（横田、2018）。

以上のように、台湾において新住民は、1980年から現在までの約40年にかけて、台湾の居住者として存在してきた。そしてその取り巻く環境は、大きな変化が続いてきたことが分かった。当初の厳しいまなざしが向けられた頃とは一転し、現在では新住民とその子女は、台湾において将来の発展を担う貴重な人材となっている。

(2) 新住民のルーツと各教育段階で占める割合

前述したように、新住民は台湾社会において、負の存在や発展のための重要人材等、注目を集める存在でありつづけてきた。ここでは、新住民の子どもというのはどの国にルーツを持っており、各教育段階ではどれほど

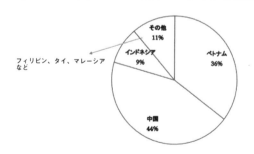

図1　2019年父（母）の出身地ごとの新住民子女数（万人）

出所：台湾教育部（2020）「2019年度各級学校における新住民子女の就学状況（108學年度各級學校新住民子女就學概況）」

の割合を占めているのか等、彼／彼女らの実態を数字の面から見ていきたい。

　まず、新住民の子どものルーツについてである。父（母）親出身地ごとの新住民子女数を示したデータが左下の図である。

　中国大陸にルーツを持つ者が最も多くなっているが、ベトナム、インドネシア、フィリピン、タイ、マレーシアといった東南アジアにルーツを持つ者がほとんどを占めていることが分かる。

　次に、各教育段階において新住民子女が占める割合についてである。2014年から2019年にかけて、幼稚園から高等教育段階において新住民の子どもが占める割合を示したものが下図である。

　2016年から30％を超え、2019年までその数を保っていることが分かる。ここから、新住民子女は、教育を受ける子どもたちの中において少数派ではあるものの、無視できないほどの数が存在しているということも分かる。

　以上のように、新住民の子どもは、中国大陸をルーツとする者と東南アジアをルーツとする者で多くが構成されていること、各教育段階においては3割を占める数が存在していることが分かった。

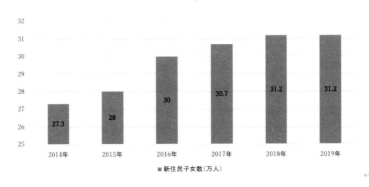

図2　幼稚園から高等教育段階における新住民子女の割合
出所：台湾教育部（2020）「2019年度各級学校における新住民子女の就学状況（108學年度各級學校新住民子女就學概況）」

(3) 新住民の子どもが抱える課題

　新住民の子どもは、多くが中国大陸や東南アジアをルーツとして持ち、かつ各教育段階においては無視できないほどの数が存在していた。ここでは具体的に、新住民子女が台湾での生活において抱える課題とはどのようなものなのか、先行研究をもとに検討を行う。

　邱・林（2004）は、新住民が家庭を形成する過程で抱える問題として、生活不適応、不利な婚姻関係、住民交流や地域支援網からの疎外、家庭内暴力（家庭内での虐待）、就労困難・失業・不安定就労を挙げている。

　また、黄（2016）は新住民は家庭内で自分の母語と文化を継承していくことに対して消極的な態度を持っていることを指摘している。黄は、東南アジア出身の母親による母語継承の実態について調査を行っている。その結果、母親が家庭内で実際に子どもに母語を教えようとするときや、母語で話そうとするとき、何らかの困難や問題に向き合う必要があるという。具体的には、台湾側の家族（義理の親や夫）が、母親に母語継承に対して反対するケース等であり、その場合は子どもへの母語継承は行われないと述べている。これには、これまで台湾社会が東南アジアの母語や文化を抑圧し、軽視してきた（張、2004; 夏、2005）ことに起因するという。

　このように、新住民子女は、生活不適応、不利な婚姻関係、住民交流や地域支援網からの疎外、家庭内暴力（家庭内での虐待）、就労困難・失業・不安定就労に加えて、母語や母国文化の継承への拒否感、という課題を抱えることが分かる。新住民子女を台湾社会へ受け入れようとするとき、この課題を配慮する視点が重要になると言える。

2.新住民に対する政府による政策とその支援体制

　前節では、新住民の子どもにはそれまでとは一転した台湾の発展を担う重要人材としてのまなざしを向けられていること、そのルーツは主に中国

大陸や東南アジア諸国であること、各教育過程において無視できない数が
存在していること、そして新住民子女を台湾社会に受け入れようとすると
き配慮すべき課題があることを述べてきた。

　本節では、その新住民子女に対する、政府の政策と支援体制を明らかに
する。具体的には、新住民子女への政策の根本となる新南向政策の内容を
検討し、それを受けて制定された教育政策の内容を検討する。それをもと
に、新住民子女への支援のためにどのような環境が整備されているのか明
らかにする。

(1) 東南アジアと南アジアに対する「新南向政策」

　新南向政策は、新とついていることから分かるように、その前に実施
されていた南向政策から一新されたものということを示している。玉置
（2005）は、南向政策から新南向政策に至るまでの経緯を次のように説明
している。

　台湾は1987年に約40年間続いた戒厳令が解除されると、中国への直接
投資が解除された。台湾内の賃金上昇によりコスト高に陥っていた製造業
者が、生産拠点を中国に移動させる動きが進んだ。政府は台湾経済の急速
な中国依存を警戒し、1994年から、東南アジア諸国を対象とする南向政
策を開始した。これは、台湾企業のアセアン諸国での生産拠点の確立を促
すとともに、アセアン諸国の経済発展に協力し、経済と貿易の関係強化を
通して、対象地域における台湾の地位向上も目的としていた。南向政策は
1990年代から2000年代にかけて実施されたが、結果として、台湾から中
国への投資は拡大を続けた。台湾の対中貿易額は2005年に608億ドルに達
し、はじめてアメリカ、日本を上回り、それ以降、中国は台湾にとっての
最大の貿易相手国となった。

　このような状況を打破するために実施されたのが、「新」南向政策であ
る。政府は対外戦略の柱として「新南向政策綱領」を公布し、さらに「経
済貿易協力・人材育成・資源の共有・地域の連携」という「4大実施重点

（四大工作重点）」を発表した。新南向政策の対象国は、アセアン10カ国（インドネシア、フィリピン、タイ、マレーシア、シンガポール、ブルネイ、ベトナム、ラオス、ミャンマー、カンボジア）、南アジア6カ国（インド、パキスタン、バングラデシュ、ネパール、スリランカ、ブータン）、オセアニア2カ国（オーストラリア、ニュージーランド）を加えた計18カ国である。またこれらの国々の多くは中国の「一帯一路」構想の対象国に含まれている。

　新南向政策の目的は、中長期的な中国依存からの脱却、そして対象国との多元的かつ互恵的な関係を強化し、地域共同体の形成を目指すことにある。台湾はこれまで、中国の干渉によって正式な国交国は中南米を中心にわずか15カ国にとどまっている。新南向政策の対象国とも正式な外交関係を持たないが、これまでの実務的な関係を基礎に、「人を基本とし、双方的かつ多元的であること」を基本原則とし、貿易だけではなく、科学技術、人材交流、文化交流、資源・市場共有といった各分野で相互協力を図るとしている。

　このように、本格的な脱中国を目指し、新南向政策は実施されている。これまでと大きく異なるのは、経済分野に止まらず、広い分野で対象国との双方向の包括的パートナーシップ構築を目指していることである。人材育成面の面では、新南向政策のための特別予算約140億円（42億元）のうち、教育部に約35億円（約10億元）が配分された。

　東南アジアと台湾を繋ぐ人材には、東南アジアに進出した台湾企業、東南アジア出身の留学生、新住民とその子女が挙げられる。そして、その中でも現政権は、特に新住民子女への支援を重視しており、東南アジアに関わる人材として育成していく意向を示している。

(2) 新住民子女に対する教育政策

　前述したように、新住民子女を東南アジアと台湾を繋ぐ人材とする経済政策が推進されている。それを受けて教育部は、2016年に「新住民教育計画（新住民教育揚才計畫）」を発表した。そこでは、新住民子女、新住民、

そして台湾の人々を対象に、「1.新住民子女の言語発達を支援し、多元的な能力を持った人材として育成することで、国家競争力を向上すること、2.新住民の多元的な学習を整備することで、新住民の持つ能力を発展させること、3.多文化教育課程を実施することで、台湾出身の人々による新住民のもつ文化への理解、そして尊重と相互理解を促進し、社会に包摂していくこと」（教育部、2016）という3点が目標に設定された。

　新住民子女と新住民には語学を中心とした学習環境を整備することで能力開発を促し、台湾出身の人々に対しては新住民を理解するための課程を設置することで、新住民との相互理解を目指していることが分かる。その中でも新住民子女の存在は、前述のように経済政策で重要視がなされていることに加え、上記の「新住民教育計画」の中において、「国家競争力を向上する」という文言が加えられていることから、やはり重点を置かれていると言える。

　その新住民子女への具体的な教育指針としては、「友好的な学習環境をつくること、語学学習体系の構築、適応能力の向上、学習補助資源の充実、文化交流と尊重の促進」が示され、それに基づいて、次の4つの取り組みが実施されている（教育部、2016）。

　1つは、小学校における母国語を用いて「国語」を学ぶクラスの開設である。新住民子女の母語は主に、東南アジア諸国の言語であるが、台湾の公用語である中国語ではなく、これら各国の言語を用いて国語科の授業を受けることができるクラスが開設された。これは2019年時点で、2,564個のクラスが開設された（教育部、2016）。

　2つめは、新住民子女の母語での文学クラスの開講補助である。これは、新住民子女に、母語を習得するためのクラスだけでなく、母語を用いて母国の文学を学ぶことができるクラスである。2019年時点で、小中高段階で146クラスが開講された（教育部、2016）。

　3つめには、新住民語学学習支援員の育成である。2016年に「教育部義務教育就学前教育署新住民語学学習支援員養成要点（教育部國民及學前教育

署推動新住民語文教學支援人員培訓要點）」が制定され、20歳以上で次の4つの条件のいずれかを満たす者で、36時間の研修課程を修了すれば語学学習支援員の資格を取得することができる。4つの条件とは、東南アジアの言語教育に従事した経験を持つ新住民子女、就業法の規定に適合する外国人大学生、東南アジアの言語教育に従事した経験を持つ語学系学科に所属する大学生、東南アジアの言語分野での学位を持つ教員免許所有者である（教育部、2017）。このように教員免許を取得していなくても資格を持つことができるものの、現職教員による需要も高く、2019年には、11カ所の大学で41クラス開講され、1,545人が現任者研修を修了している（教育部、2016）。

　また4つめには、新住民子女の母語を使用した教科書の作成である。ベトナム、インドネシア、タイ、ミャンマー、カンボジア、フィリピン、マレーシア、それぞれの言語を使用した小学校教科書の作成が行われている。これは、各言語において4つの学習段階に分けられており、第一学習段階が4冊、第二学習段階が4冊、第三学習段階が4冊、第四学習段階が6冊の計18冊で構成されている（教育部、2016）。さらにそれらは教師用指導書も作成されている。それに加えてマルチメディアでも補助教材が作成されており、「新住民子女教育資源ネットワーク（新住民子女教育網）」のホームページで無料ダウンロードすることができる（教育部国教署、2017）。

　このように、新住民子女への教育政策は、その母語習得を目指したものが中心であることが分かる。新住民子女の多くのルーツである母語を習得する環境を整備することは、彼／彼女らが持つルーツを認める社会的風潮を創り出すことにも繋がると考えられる。

　また、この母語を学ぶためのクラスは、2019年より小学校の教育課程において、「郷土言語」科目の正式科目として位置づけられている（教育部、2017）。これにより、それまで新住民子女の児童数に基づいてクラスとして設置する言語を選抜するという従来のシステムから、たとえ1人でも児童の学習希望があれば、その言語のクラスを開設しなければならない

というように改められたのである。前述の黄（2016）が指摘していたように、新住民子女が家庭の中で母語を学ぶかどうかは、家庭によってばらつきがある。学校教育の正式課程として位置づけられたことで、新住民子女が母語を学ぶ機会が一定程度保障されたと言える。これまで新住民の母語が差別の対象とされてきた台湾において、このような施策がとられることは、非常に大きな転換であることが分かる。

　以上のように、経済政策（新南向政策）において新住民子女への教育が重要視されたことを受け、教育政策では、新住民子女の持つルーツの重視、特に母語習得のための学習機会の保障が重点的に行われていることが分かった。そのための学習支援員の確保も行われ、東南アジアの言語を習得している新住民や、東南アジア言語を学んでいる大学生や学位を持つ教師が資格取得の対象者として指定され、そのための研修も多くの参加者を確保している。

　一方でここから見えるのは、政府によって整備される支援の枠組みは、新住民子女の能力開発、特に母語能力の習得と向上に注力されているということである。新住民子女が抱える課題として指摘されてきた生活不適応、住民交流や地域支援網からの疎外、家庭内暴力（家庭内での虐待）、就労困難・失業・不安定就労等への支援は見えてこない。政府の政策の中ではあくまでも、「発展に寄与する人的資源」として新住民が位置づけられ、支援が構築されていることを指摘できる。以降では、その取りこぼされた課題への支援について、明らかにしていきたい。

4.地方自治体による日常生活の課題に対する支援

　これまで検討してきたように政府による支援枠組みでは、新住民子女の能力開発、特に母語能力の習得と向上に焦点化されていた。本節では、そこで取りこぼされている課題、具体的には生活不適応、不利な婚姻関係、住民交流や地域支援網からの疎外、家庭内暴力（家庭内での虐待）、就労困

難・失業・不安定就労といった課題への支援に目を向けたい。

　本節では、台湾の自治体の中でも、その取り組みが活発である新北市を事例として、政府による支援で取りこぼされている課題への支援について明らかにしていく。

(1) 新北市の概要

　台湾・新北市は、台湾の北部に位置する政令指定都市（直轄市）の1つである。首都である台北市の隣に位置し、台北市のベッドタウンとしての機能も持っている。総人口は台湾の中で最も多い、約402万人（2021年8月時点）となっている。台北市が約255万人（2021年8月時点）であることを踏まえると、新北市は首都の1.6倍の人口であることが分かる（日本台湾交流協会HP）。

　そしてその中で新住民子女が占める割合は、全国で最も高い割合を示している。2019年時点で、新北市には4.9万人の新住民子女が存在し、台湾全土の新住民子女のうち、15.7%を占めている。他の県市が、桃園市3.7万人（11.9%）、台中市3.6%（11.5%）、高雄市3.3万人（10.7%）、台北市3万人（9.6%）と続いている（教育部、2020）。

　このことから新北市は、新住民とその子女の主な居住地となっていることが分かる。新北市では、その数の多さに対応する形で、新住民への福祉サービスを担う機関を実施していくこととなった。

(2) 新北市新住民家庭サービスセンター（新北市新住民家庭服務中心）による取り組み

　新北市では、新住民の人口増加を受け、社会局所管の下、市内への新住民への福祉サービスを担う機関として2005年12月に「新北市新住民家庭サービスセンター（以下サービスセンター）」を2カ所設置した。1つは三重に設置され、設置から運営まで市が行う、新北市三重新住民家庭サービ

スセンターである。もう1つは、設置は市が行い、運営は民間団体である「社団法人中華民国天元慈善功徳会（社團法人中華民國天元慈善功徳會）」に委託して行われる、新北市板橋新住民家庭サービスセンターである（新北市新住民家庭サービスセンターHP）。

　さらにその後2007年には、市内各地域の自治会や民間団体と連携してより細かい支援を行うために、サービスセンターの下に位置づく形で、市内29区に1カ所ずつ「新住民家庭ケアセンター（新住民家庭關懷服務站、以下ケアセンター）」が設置された。サービスセンターとケアセンターは、主に次のように関わっていく。まずケアセンターが、台湾に移住して3年以内の新住民家庭への電話での面談を行い、サービスセンターへ現状報告を行なう。さらにその報告が行われる中で、要支援と判断された場合は、ケアセンターが中心となって家庭訪問を実施し、サービスセンターとともに、どのような支援が必要となるかの判断を行っていく。具体的には、生活保護や子どもへの奨学金、新住民対象の医療費補助への申請支援、外国人戸籍登録の方法についてのガイダンス、託児施設への応募方法のガイダンス等である（新北市新住民家庭サービスセンターHP）。

　このように、新北市では、市の行政が新住民支援の機関を設置しているものの、その実施にあたっては各区の自治会や民間団体が運営主体となっている。また民間団体の多くは、キリスト教会やキリスト教系の慈善団体となっている。その地域で活動基盤を形成している自治会や民間団体を運営主体とすることで、円滑な支援活動が展開されることを目的としていると考えられる。さらには、すでに活動基盤や活動のノウハウを持っているものを運営主体とすることは、行政が1から運営システムを構築していくことと比べて、時間や経費の削減に繋がるとも言える。

　またサービスセンターでは、上述した電話面談と家庭訪問に加えて、新住民に向けたセミナーや親子活動、地域活動を毎月開催している。具体的には、中国語（北京語）セミナーや、ソーシャルワーカーによる労働者の権利や職業安全についてのセミナー、弁護士による無料法律相談会、観光

ツアー、台湾や新住民出身国の祭りを体験する活動、等である。これらの活動は、サービスセンターへ申し込みを行えば、誰でも参加することができる（新北市新住民家庭サービスセンター HP）。

中国語セミナーは、成人だけでなく学齢期の新住民子女も受講することができる。学校教育の中でも、学齢期の新住民子女は台湾の公用語である中国語（北京語）を学ぶことができるが、その機会だけでは習得が困難な場合が多く、このセミナーはそれを補完する学習機会として活用できると考えられる。中国語が未習得であることから生じる生活不適応の解決へと繋がるものと言える。

ソーシャルワーカーによる労働者の権利や職業安全についてのセミナーは、成人の新住民が主な受講者となるが、労働において低賃金や無保険といった弱い立場に置かれがちな新住民の権利意識を高め、劣悪な労働先を避けるようにすることで、就労困難・失業・不安定就労の解決を促すと言える。

これは弁護士による無料法律相談も同じ機能を持つと考えられる。労働や婚姻等において、台湾の法律制度についての知識が乏しい新住民は不利な立場に置かれることが多い。無料で手軽に法律に関する相談を行うことができる機会を設けることで、就労困難・失業・不安定就労の解決、そして不利な婚姻関係や家庭内暴力といった課題の解決を図ることができると考えられる。

また、観光ツアーや、祭りを体験する活動等は、新住民が台湾のことを知る機会や新住民同士がお互いのルーツを知る機会になることに加えて、新住民の外出の機会や地域での活動の機会をつくることとなる。これは社会から孤立しがちである新住民に対して、社会参加を促進し、生活不適応や住民交流や地域支援網からの疎外の解消に繋がると考えられる。

これらに加え、サービスセンターの施設は、基本的に新住民の人々が自由に出入りできるように開放されている。センター内の書籍の閲覧や映画鑑賞、カラオケの利用、友人同士の談話等を自由に行うことができる（新

北市新住民家庭サービスセンター HP）。居場所が限定されがちな新住民やその子女に対して、職場や学校、家庭以外の居場所を提供している。

　以上のように、サービスセンターが設置されることで、電話面談や家庭訪問による新住民家庭への見守りと関係機関と連携した要支援家庭への支援、毎月のセミナーや活動の開催による新住民とその子女の生活課題や家庭環境における課題の解消、施設の開放による居場所の提供が行われている。さらに、これらの取り組みは市の行政だけではなく、地域内の自治会や教会、ソーシャルワーカーや弁護士といった地域資源が活用されている点が特徴的である。ここから、台湾の中で最も新住民が多く存在する新北市では、政府の政策では言及されなかった日常生活上の課題に対して、市の行政が対応する体制が構築されており、そこには民間団体を含めた地域資源が積極的に活用されていることが分かる。

5. おわりに

　本章では、台湾において、外国にルーツを持つ子どもを支援するために、いかなるシステムが構築されているのかについて、政府の政策の枠組みによる支援、地方自治体の政策の枠組みによる支援、という2つの視点から解明することを目的としていた。課題解決のために、次のような手順で検討を進めてきた。

　第1節では、台湾における外国にルーツを持つ子どもとは、具体的には新住民と呼ばれる子どもたちを指していること、その歴史的経緯、主なルーツと各教育段階で占める割合、抱える課題を明らかにした。第2節では、現政権による経済政策である「新南向政策」と、その下で行われる教育政策に着目し、政府による支援枠組みでは、新住民に対する教育が重視され、特に母語習得のための教育が推進されていることが明らかになった。そしてそこでは、新住民を人的資源と捉えた視点での支援に焦点化されており、多くの課題が取りこぼされていることも指摘した。

そこで第3節では、その政府が着目しない課題への支援はどのように行われていくのか、新北市を事例に、地方自治体が展開する支援制度に着目して明らかにした。新北市では、市内に2カ所のサービスセンターと各29か所に1つのケアセンターを設置することで、新住民の生活課題や家庭環境の課題への支援が、民間団体を含む地域資源を活用して行われていた。

　このように台湾においては、外国にルーツを持つ子どもに対して、教育政策を中心とした母語習得に焦点化した政府による支援体制、生活課題や家庭環境の課題への支援を行う地方自治体による支援という支援システムが構築されている。ここから分かるのは、台湾の支援システムには、外国にルーツを持つ子どもたちを「台湾の発展を担う重要人材」として捉える視点と、「地域で生活しようとする個人」として捉える視点、2つの視点が存在していることである。これらの視点は、新住民を台湾へ利益をもたらす資源としてみなすものと、地域の中で円滑に生活しようとする個人としてみなすものとして、異なる方向性の視点と言える。台湾はこの異なる視点を持って、外国にルーツを持つ子どもを受け入れようとしているのである。これによって、政府による教育的支援の推進、地方自治体による生活への支援の推進という、互いを補うような分業的な支援システムとなっており、効率的な支援体制が構築されていると考えられる。

　しかしながら、ここには危うさも存在している。政府による支援は、前述したように経済政策による後押しが背景にある。将来、その経済政策が方向転換された時、新住民への教育的支援は現状を維持できなくなってしまう可能性がある。また、地方自治体が展開する生活への支援は、その自治体の経済基盤の強さに、その規模や実施の可否が左右されてしまう。現在の新北市では、前述したような支援が実施できる基盤を有しているが、将来的にそれが維持され続ける保障はない。さらに、他の地方自治体においては、経済基盤の状況によっては、十分な生活支援が行うことができない可能性もある。このように、台湾が構築する、政府と地方自治体の分業的な支援体制では、状況の変化によってどちらかが脆弱となってしまうと

いう課題点も指摘できる。

　以上のように、台湾という地域が外国にルーツを持つ子どもたちに対して、2つの視点から支援システムを構築していることを明らかにして、そしてそこにみえる課題点を指摘することができた。しかしながら本稿にはいくつか限界も存在している。

　したがって、今後取り組むべき研究課題として次の点を挙げることができる。まず、新北市以外の地方自治体による新住民への支援施策の調査である。新北市では、新住民の人口の多さから新住民への支援が積極的に行われていたが、異なる状況や経済基盤を持つ他の自治体では、どのような支援施策が行われているのか明らかにする必要がある。

　次に、民間団体によって設置、運営される支援に対する調査である。今回取り上げたのは、市の行政が設置し、民間団体が運営する公設民営の機関（新北市板橋新住民家庭サービスセンター）や、サービスセンターが民間団体に委託して行うセミナー等であり、完全に民間によって行われるものについては扱えていない。台湾では、歴史的にキリスト教会が慈善活動を積極的に展開してきた歴史的経緯がある。新住民支援においても、これらの民間団体が参入していると考えられる。今回明らかにした公的な支援とともに、民間団体による私的な支援を加えた、台湾の社会全体における支援システムを明らかにしていく必要がある。

　そして最後に、支援の現場における課題に着目する重要性を指摘したい。本稿では、政策を中心とした支援枠組みを明らかにしてきたことで、実際の現場で起きている課題については明らかにできていない。具体的には、マイノリティ言語に対する母語学習支援の対応や、母語を学ぶことに拒否感を持つ子どもへの対応である。政府による母語学習支援では、「新南向政策」の影響もあり、東南アジアの言語に対する資源が多く整備されている。その中で、それ以外の言語を母語とする子どもに対しては、制度上は学習支援が可能であっても、実際に活用できる母語学習支援員等の資源は、用意されていない可能性がある。また、前述したように、新住民に

とって母語を学ぶことは歴史的に避けられてきたことでもあり、全ての新住民が母語を学びたいと考えているとは限らない。そのような、現場で生じている可能性がある、支援と当事者間のミスマッチについても、解明していく必要がある。

参考文献

台湾教育部（2017）「12 年義務教育教育課程（十二年国教課綱）」

台湾教育部（2020）「2019 年度各級学校における新住民子女の就学状況（108 學年度各級學校新住民子女就學概況）」

台湾教育部（2019）『師資培育統計年報』、pp.6-358

台湾教育部（2018）「12 年国民基本教育課程綱要　国民小中学段階　語学領域─新住民語学（十二年國民基本教育課程綱要 國民中小學 語文領域─新住民語文）」

台湾教育部（2016）「新住民教育計画（新住民教育揚才計畫）」

新北市新住民過程服務中心 HP（https://ntni.tw/about.php?sn=8（2021 年 10 月 22 日閲覧））

日本台湾交流協会 HP（http://www.koryu.or.jp/（2021 年 10 月 22 日閲覧））

玉置充子（2005）「台湾の対東南アジア関係の進展と社会の多元化」『アジア遊学』（81）、勉誠出版、pp.70-81

横田祥子（2018）「「東南アジア人材」という表象を泳ぐ子供たち 台湾・結婚移民の第二世代」『FIELDPLUS』第 20 号、pp.8-9

黄碗茜（2019）「台湾における東南アジア諸言語を巡る教育政策に関する評価と考察」『言語文化学会論集』（52）、言語文化学会、pp.59-72

林初海（2018）「台湾の小学校における新住民言語教育と教員養成」『外国語教育のフロンティア1』、大阪大学大学院言語文化研究科、pp.1-6

邱汝娜・林維言「邁向多元與包容的社會─談現階段外籍與大陸配偶的照顧輔導措施」『社区発展季刊』105 期、内政部社会司、2004 年、pp.10-11

【コラム1】 浅香地区における隣保事業の再構築に向けた実践

AKY インクルーシブコミュニティ研究所

矢野淳士

　本コラムでは、筆者がAKY インクルーシブコミュニティ研究所の研究員として関わっている大阪市住吉区の浅香地区において近年進められているまちづくりに関して、新たな地域拠点やそこで展開されている隣保事業を中心に報告する。

1. 被差別部落におけるコミュニティディベロップメントと隣保事業

　内田（2010）は1970年代から80年代における被差別部落のまちづくりについて、「部落解放地区総合計画（以下、総合計画）の一環として住環境整備を中心とするまちづくり」等の特徴を挙げ、日本やアジアにおけるコミュニティディベロップメント[1]の先進事例であると評価している。また、総合計画には、欧米のセツルメント（隣保事業）[2]の影響を受けた戦前の部

---

[1]　内田ら（2001）は、コミュニティディベロップメントの主な特徴として次の6点を挙げている。①コミュニティの組織化、②公衆衛生、③仕事づくり、④家族計画、⑤識字教育、⑥住宅改善。

[2]　窪田（1979）によると、日本の社会事業界では、1921年頃から「セツルメント」の訳語として「隣保事業」という言葉がしだいに定着していったという。

落改善事業や融和事業の経験が踏まえられていることから、隣保事業は被差別部落におけるコミュニティディベロップメント型まちづくりの根幹をなすものであるといえる。

　日本における隣保事業の歴史は、19世紀後半にイギリスで誕生したセツルメントの影響を受けた民間の社会事業家が、明治後期に貧困地域に民間の隣保館を設置したことに始まる（大北、2012）。その後、1921年には日本初の公営隣保館である「大阪市立市民館」が大阪市の天神橋筋六丁目に設立されていることからも分かるように、隣保館はもともと被差別部落を対象としたものではなかった。被差別部落においては、1918年の米騒動や1922年の全国水平社の結成がきっかけとなり、部落問題が政府や世間一般に認識されていった結果、部落改善事業や融和事業の一環として隣保館の建設が進められることとなった。さらに、戦後になり部落解放運動が高まる中で、公営の隣保館が各地で建設されていき、1969年に定められた「同和地区における隣保館設置運営要綱」（以下、旧要綱）によって建設費や運営費の補助制度が創設されたことにより、単なる福祉施設ではなく、部落問題解決のための拠点という位置づけの下、全国の被差別部落に隣保館建設が急速に広まった。

　2002年3月31日、一連の特別措置法（以下、特措法）[3] の失効により同和対策事業が終焉した翌日の4月1日に国は旧要綱を廃止し、新たに「隣保館設置運営要綱」[4]（以下、要綱）を施行し、一般施策として隣保事業の推進を図るとした。要綱の中で隣保館は「地域社会全体の中で福祉の向上や人

---

[3]　1969年制定の「同和対策事業特別措置法」を引き継いで、1982年に「地域改善対策事業特別措置法」が制定され、1987年に同法失効後に5年間の時限立法として制定された「地域改善対策特定事業に係わる国の財政上の特別措置に関する法律」はその後、延長と改正を経て2002年に失効した。

[4]　要綱では、隣保館の設置運営主体について「市町村が設置し、運営する」としており、行う事業としては、①社会調査及び研究事業、②相談事業、③啓発・広報活動事業、④地域交流事業、⑤周辺地域巡回事業、⑥地域福祉事業という6つの基本事業の他、地域の実情に応じて実施する①隣保館デイサービス事業、②地域交流促進事業、③相談機能強化事業という3つの特別事業が定められている。

権啓発の住民交流の拠点となる開かれたコミュニティーセンターとして、生活上の各種相談事業や人権課題の解決のための各種事業を総合的に行うもの」と記されており、依然として被差別部落や周辺地域において重要な拠点施設であることが窺える。

2. 大阪市内の被差別部落における隣保館廃止と各地区の対応

浅香地区を含む大阪市内の被差別部落12地区では、1970~80年代に総合計画に基づいて各地区に人権文化センター（隣保館）、青少年会館、老人福祉センターという3館の公共施設が設置されてきたが、2010年4月に3館が統合されて市民交流センターと改称され、市内12地区で10館の市民交流センターが3館の機能を集約した施設として、指定管理者制度により運営されてきた。しかし、この市民交流センターも2016年3月に全館が閉館し、それまで各地区で地域福祉の中核及び住民交流の拠点として重要な役割を果たしてきた施設が失われた。

このような状況を受けて、各地区では地域が自前で地域拠点を創出し、そこで隣保館等が提供してきた総合相談、地域交流（教養講座・住民の活動場所の提供）、地域福祉（子ども支援・高齢者支援）、人権啓発等の機能の代替・継承を試みている（矢野ら、2021）。中でも、地域が自前で民設民営隣保館を設置したG地区（住吉区）・J地区（西成区）では、1つの施設で従前の機能を代替・継承しているが、今回取り上げる浅香地区では、多様な方法で複数の新たな地域拠点を創出し、そこで隣保事業を再構築する試みが展開されている。

3. 浅香地区について

2015年の国勢調査の結果によると、浅香地区の総人口は1,439人（485世帯）、高齢化率は32.9%となっている。近年、前述の3館をはじめとした同和対策関連施設の廃止により生まれた未利用地が民間業者に売却され、戸建住宅地として開発されるケースが増加しているが、依然として地区内

の住宅は同和対策事業の一環として建設された市営住宅が多くを占めており、市営住宅入居率[5]は71.5%となっている。

これはもともと劣悪な住環境の不良住宅密集地域であったために、部落解放運動の中で住民が市営住宅建設を要求し勝ち取ってきた結果であるが、1996年の公営住宅法改正から導入された応能応益家賃制度と2002年の特措法失効以降に市営住宅空き住戸の一般募集が開始されたことにより、市営住宅入居者の住民構成に偏りが生じている。つまり、子育て世帯をはじめとした比較的収入の高い世帯は家賃が跳ね上がったことにより地区外へ転出し、逆に単身高齢者、障がい者世帯をはじめとした生活困窮世帯が空き住戸に転入してくるという構図により、市営住宅には生活状況が苦しい世帯が増加する傾向がみられる。2011年に浅香地区の市営住宅入居者を対象に実施された実態調査[6]の結果によると、単身高齢者は30.9%となっており、2000年調査[7]の17.0%と比較するとほぼ倍増している。また、世帯構成員に何らかの障がいをもつ人がいる世帯についても、2011年には22.6%と、2000年の13.7%と比較するとほぼ倍増している。

このような住民構成の変化に加え、前述の3館をはじめとした地域交流拠点が2010年以降に次々と失われ、住民同士のコミュニケーションの希薄化、住民の孤立化が進行しており、2011年調査からは地域とほぼ関わらず孤立している住民が一定数存在することが明らかとなっている。

4.浅香地区における新たな地域拠点の創出と隣保事業の展開

浅香地区では近年の地域拠点の喪失に対応し、地域が多様な方法で地域拠点を創出し、そこで隣保事業を展開している。以下ではそれぞれの地域

---

[5]　2015年国勢調査の住宅種類別町丁目集計の「公営・都市再生機構・公社の借家」に入居する一般世帯数を全一般世帯数で除し算出した。
[6]　調査結果は「4地区共同まちづくり研究会・4地区実態調査報告書」にまとめられている。
[7]　調査結果は「同和問題の解決に向けた実態等調査浅香地区分析報告書」にまとめられている。

拠点の創出方法とそこで提供されている事業について紹介する。

1）ふれあいカフェ　コスモス

　高齢者の社会的孤立や孤独死の防止を目的とした地域の居場所・見守りの拠点として、「ふれあいカフェ コスモス」（以下、コスモス）は2013年9月に市営住宅の店舗付き住戸を改装し、オープンした。これはコスモスの運営主体である浅香振興町会が大阪市の「コミュニティビジネス等導入プロポーザル」事業に応募し、市営住宅空き住戸の目的外使用の認可を得て実現したものである。日曜日以外の毎日10時~15時まで営業しており、地域住民（有償ボランティア）と社会福祉法人あさか会（以下、あさか会）の職員によって運営されている。コスモスの特徴や地域における機能をまとめると以下の4点が挙げられる。

　①毎日でも通いやすい価格設定

　　できるだけ経済的負担がない価格設定（モーニング250円、ランチ100円~600円、おでん1品50円~）としている。

　②地域の居場所と情報発信

　　地域住民だけでなく、社会福祉法人あさか会の職員も利用しており、地域に関わる様々な人どうしが自然に出会い、触れ合うことのできる地域の居場所となっている。また、店内の掲示板では、地域のイベントや取り組みの情報発信も行っている。

　③買い物支援

　　自転車に乗れなくなった高齢者の買い物支援の取り組みとして、協力農家から提供された野菜の店頭販売や、あさか会の障がい者施設で製造されたパンの予約販売の他、ネットショッピングのサポートも行っている。

　④あさか会との連携による住民の生活相談と見守り

　　コスモスは専門性をもったあさか会の職員と地域をよく知る地域住民によって運営されているため、住民が困りごとを気軽に相談できる場

であると同時に、あさか会の各事業所と連携して適切な支援に繋いだり、緩い見守りを継続するための拠点となっている。

2) 浅香会館別館「ゆいま～るの家」

　民設民営のコミュニティ施設である浅香会館別館「ゆいま～るの家」(以下、ゆいま～る) は2019年5月に浅香会館 (もと公民館) と同じ敷地内にオープンした。ゆいま～るは2016年の市民交流センター廃止後の地域活動の受け皿として、あさか会が隣保事業の一環で建設したものであり、以下の4つの事業が行われている。

①貸室事業

　2021年10月現在、卓球、パソコン等の4つのサークル団体が貸室を利用して活動を行っている他、地域団体が定期的に開く会議等にも利用されている。

②子ども支援事業

　2019年度から一般社団法人大阪市よさみ人権協会 (以下、よさみ人権協会) が「子供の未来応援基金事業」に応募し採択されたことにより、従来の月1回の子ども食堂に加え、2019年5月からは毎週火曜日の放課後に学習支援・仲間づくりを目的とした「学びスペース」をゆいま～るで開催している。2021年10月現在で小学生16名、中学生6名が登録しており、約10名の大学生ボランティアが運営をサポートしている。

③高齢者の居場所づくり

　2017年度からよさみ人権協会が住吉区社会福祉協議会において百歳体操を開催してきたが、2019年度からは、あさか会が主催し毎週水曜日にゆいま～るで開催しており、毎回約20名の高齢者が参加している。

④啓発事業

　2019年度からあさか会が主催し、人権・福祉・まちづくりに関する講座を年間7~8回開催している。2019年度は地域住民にも参加を呼びか

けていたが、2020年度からは新型コロナの影響によりあさか会の法人職員のみを対象に開催している。

3) 改装後の浅香会館

浅香会館は1960年代に隣保事業の拠点として建設された公民館であり、以降あさか会が管理運営を担ってきた。2007年4月に部落解放同盟浅香支部（以下、浅香支部）の事務所が人権文化センターから浅香会館の1階に移転してからは、主に地域の総合相談拠点としての役割を担っていたが、近年は建物内部の老朽化に加え、戸建住宅居住者等の新規流入層も含めた多様な地域住民の拠点にはなっていないことが課題であった。

そこで、あさか会や浅香支部の主導により、2020年10月~12月にかけて浅香会館1階を改装し、誰もが気軽に利用できる地域拠点をつくるというプロジェクトが実施された。改装プロジェクトは、全体コーディネートや専門的な大工仕事は大阪府箕面市北芝地区のイーチ合同会社に委託し、その他の作業はできる限り地域住民や地域団体職員が行う参加型のセミセルフビルド方式で実施された。まず、地域の子ども・若者・高齢者それぞれの改装に対する意見をワークショップで集約し、「木・緑・光」というコンセプトを決めた上で改装作業は開始された。それほど専門性を必要としない解体・木材の製材や塗装・壁塗りといったプロセスには、地域住民や地域団体職員のみならず、大学生や「学びスペース」に通う子ども、障がい者・高齢者施設の利用者も含め総勢100名以上が参加し、当初のコンセプト通り明るく開放的な空間が完成した。

改装後の事務所スペースは、自治会・町会・浅香支部といった住民組織や、あさか会・よさみ人権協会といった地域団体の合同事務所「地域連携室」として位置付けられ、地域の総合相談拠点としての役割がより明確化されている。また、改装後に完成した「地域交流スペース」では、新型コロナの影響によりイベント等はまだ開催できていないが、「学びスペース」に通う子どもたちが放課後に訪れて宿題をしたり、バスの時間を待つ高齢

者がソファでくつろぐといった光景が見られるようになっており、今後は多様な人々の居場所となることが期待される[8]。

　以上のように、浅香地区では新たな地域拠点を創出しながら、そこで隣保事業の再構築を進めている。地域共生社会の実現を目指す厚生労働省が、8050問題をはじめとした複雑化・複合化した課題の解決方策として2021年度から新たに創出した「重層的支援体制整備事業」では、①断らない相談支援、②参加支援、③地域づくり支援、の3つに重点が置かれている。この「重層的支援体制整備事業」と隣保事業は事業内容に重なる部分が多く、2021年5月11日に行われた部落解放同盟中央本部と厚生労働省との交渉において、省は「隣保館は間違いなく地域福祉の重要な担い手。（中略）重層的支援体制整備事業でも当然活用するべき」（2021年6月15日発行の解放新聞より一部抜粋）との見解を示している。こうしたことから、国が掲げる地域共生社会の実現において隣保館の重要性が高まっていると同時に、隣保事業を中心とした被差別部落におけるまちづくりには参考にすべき点が多いことがうかがえる。本コラムで紹介した浅香地区における実践が、今後さらに深まっていくことにより、周辺地域を含めた他地域にも応用可能な地域実践モデルとなることを期待している。

参考文献

内田雄造（2010）「同和地区のコミュニティデベロップメントの新しい展開——同和対策事業に関わる一連の特別措置法失効後の動向」ライフデザイン学研究⑹、19-34頁

内田雄造・大谷英人（2001）「転換期にある同和地区のまちづくりが今後の日本のまちづくりに示唆すること」第36回日本都市計画学会学術研究論文集、109-

---

[8]　2021年6月以降、子どものいる家庭を対象とした食料配布支援（フードパントリー）を不定期で開催しており、これまで浅香会館を訪れる機会が少なかった子育て世帯が訪問するようになっており、少しずつ住民の居場所・相談拠点としての認識が広まりつつある。

114頁

大北規句雄（2012）『隣保館——まちづくりの拠点として』解放出版社

窪田享信（1979）「戦前における同和地区隣保事業の歴史」部落解放研究19号、43-67頁

矢野淳士・松本邦彦・澤木昌典（2020）「同和対策関連施設廃止後の被差別部落におけるまちづくりに関する研究——大阪市内12地区における隣保館機能に着目して」都市住宅学111号、124-131頁

4地区共同まちづくり研究会・大阪市立大学都市研究プラザ（2012）「4地区共同まちづくり研究会・4地区実態調査報告書」

大阪府（2001）「同和問題の解決に向けた実態等調査浅香地区分析報告書」

『解放新聞：部落解放同盟中央機関紙』2021年6月15日、第2993号

【コラム2】釜ヶ崎の居住支援活動と社会開発実践

同志社大学大学院　社会学研究科

孫　　琳

　釜ヶ崎は古くから社会的不利地域であり、貧困の拡大、急激な高齢化、深刻な社会的孤立等の問題を抱えている。釜ヶ崎のような貧困や排除に陥りやすいある特定の地域で生活することによって、社会的・経済的機会にマイナスの影響をもたらすことが予想できる。それらの影響に立ち向かうための地域実践は社会開発（Social Development）アプローチとされている（全、2019: 3-8）。

　本稿は、釜ヶ崎地域（あいりん地区）の歴史と現状を踏まえ、生活困窮者を対象とする居住支援活動に関する検討を通して、負の影響に立ち向かうための社会開発実践の仕組みを明らかにすることを目的とする。

1. 釜ヶ崎の歴史と現状

　大阪市西成区北東部に位置する釜ヶ崎は、東京の山谷、神奈川の寿町と並ぶ日本三大寄せ場の一つである。戦後、簡易宿泊所が建ち並ぶ地域として復興し、高度経済成長期には大量の日雇労働力を吸収し、全国最大規模の寄せ場となった。

　貧困と社会的排除が集中する釜ヶ崎は、1960年代から暴動が頻発した。

Column

しかし、高度経済成長期からバブル期にかけて、福祉対策・労働対策を基軸とする「あいりん対策」を実施することで、住民の大多数が単身男性の日雇労働者で構成される「労働者のまち」へと変貌した（白波瀬、2021）。

その後、1991年のバブル経済崩壊により、高齢日雇労働者の失業等が問題となり、釜ヶ崎における寄せ場機能が弱体化しつつある。そのため、ホームレス問題が深刻化し、一時期は1,000人以上が地区内で路上生活を余儀なくされた（白波瀬、2020）。厚生労働省が行ったホームレスの実態調査によると、2003年に大阪市のホームレス数は6,603人であり、指定都市の中で最多となっている（厚生労働、2007）[1]。

このような背景のもとで、2000年頃から公民協働によるホームレス対策が本格化し、いくつものNPOや支援ボランティア団体、まちづくり団体等が生まれ、ホームレス支援の多様な活動が活発化し始めた（ありむら、2011: 48-49）。高度経済成長期からバブル経済期にかけて「労働者のまち」と形容されることが多かった釜ヶ崎は、バブル経済崩壊後は「福祉のまち」としての性格を強めた（白波瀬、2020）。

近年になると、多様なホームレス支援活動により、路上野宿者数が大幅に減ってきた[2]が、失業と高齢化問題が未だ深刻化しており、貧困の集中が相変わらず続いている。また、釜ヶ崎は生活保護受給率が極めて高くなっており、地域の衰退が著しいと指摘されている（白波瀬、2021）。公表されている大阪市「区政概要」によると、2020年度の西成区の生活保護受給率は22.8%であることが明らかとなり、全国においても突出している。西成区の中でも、特に生活保護受給世帯が集中しているのは釜ヶ崎であることも指摘されている（武藤、2015）。

---

[1] 厚生労働省が行っているホームレスの実態に関する全国調査では、釜ヶ崎等の具体的な地域に関する統計データがなく、指定都市と都道府県レベルの統計データしかなかった。
[2] 2016年に行われたホームレスの実態に関する全国調査によると、大阪市のホームレス数は1,497人であった。

2.釜ヶ崎で行われている居住支援活動

先述したように、釜ヶ崎は様々な課題を抱えている。高齢にさしかかった日雇労働者たち、高齢等の原因で生活困窮に陥る人たち、路上での野宿生活を送る人たち、生活保護状態から抜け出せない人たちが混在している。一方で、釜ヶ崎は様々な支援と取り組みが実践されてきた地域でもある。フォーマルな福祉制度だけでなく、民間団体等による支援活動も活発に行われている。その中で、住宅の確保と福祉的な支援の両輪体制のもとで行われている居住支援活動においては、民間団体が重要な役割を果たしている。

ここで、居住支援活動としての「サポーティブハウス」、「NPO法人釜ヶ崎支援機構」が展開する取り組み、またはコロナ禍の中で発足した「新型コロナ・住まいとくらし緊急サポートプロジェクトOSAKA」について紹介していく。

1）サポーティブハウス

サポーティブハウスは、簡易宿泊所転用型アパート（福祉アパート）の俗称で、2000年6月から開設され、釜ヶ崎のまちづくりに取り組む市民連絡会「釜ヶ崎のまち再生フォーラム」の理念に賛同した簡易宿泊所の経営者によって運営されている（中島、2003）。

また、サポーティブハウスの特徴として以下の4点が挙げられている（白波瀬、2017: 106）。すなわち、①スタッフが24時間常駐して生活相談や必要な生活支援を行っていること、②居住者やスタッフや地域の支援団体等が自由に利用できる共同リビング（談話室）を備えていること、③一部に手すりや洋式トイレを設ける等のような高齢化対応をしていること、④入居時の保証人や補償金を設定しないことである。

サポーティブハウスに関する調査によると、入居者の40%近くが野宿生活の経験をもち、病気や障がい、認知症等の多様な背景をもった人たち

が入居し、入居者の大多数は生活保護受給者であることが明らかになった（白波瀬、2017: 108）。その中で、サポーティブハウスは生活困窮者に対する居住支援の取り組みとして、住居の確保だけでなく、住み慣れた地域で安心して暮らせるように、日常生活支援や福祉に関する相談、ボランティア活動等のような地域生活支援も行われている。さらに、地域の様々な社会資源を活用し、多機関との連携をしながら包括的に入居者たちの生活を支えている。

2）釜ヶ崎支援機構

1999年に設立されたNPO法人釜ヶ崎支援機構は、釜ヶ崎を中心に野宿生活者と野宿に至るおそれのある人々の現状を踏まえ、多様な取り組みを展開している。具体的には、①高齢者特別清掃事業である基礎的支援事業分野、②夜間宿泊所運営事業（シェルター）や憩いの場提供事業である居場所支援事業分野、③生活改善・健康相談事業や就労相談・就職支援事業等である相談・サポート事業分野、④内職作業提供事業である訓練・就労準備分野、⑤公園管理共同事業等の社会的企業分野がある。紙幅の関係上、すべての事業について説明することができないが、ここでは居場所支援事業について簡単に紹介していきたい。

上で述べたように、居場所支援事業にはシェルターと憩いの場提供事業がある。釜ヶ崎支援機構は2000年より大阪市から委託を受け、生活困窮者自立支援法の一時生活支援事業としてシェルターの管理と運営を行い、緊急・一時的な宿泊場所を提供している。また、憩いの場提供事業である「禁酒の館」ではゆっくり休息できるスペースや談話室が用意され、昼間の休憩や交流の場所、または就労・生活支援のための居場所として重要な役割を果たしている。

以上のような取り組み以外に、2020年度から居住支援事業が新たに展開されている。若年層の住まいを失った人や安定した生活が脅かされている困窮状態の人を対象とし、居宅の貸出だけでなく、就労支援、受診同

行、家計管理、社会的繋がり作り等、入居者に合わせた総合的な支援が提供されている（NPO釜ヶ崎会報、2021）。

　釜ヶ崎支援機構が行っている居住支援事業はまだ初期段階とも言えるが、生活保護を受けたくない人々や何らかの理由で生活保護を受給できない人々にとって、「新たな住まいの選択肢」として、これから重要な役割を果たすことが期待できる。

3) コロナ禍での支援活動

　上述した居住支援活動以外に、釜ヶ崎では多種多様な団体や組織を連携しながら、生活困窮者等に対して支援活動を行っている。ここで、コロナ禍の中で発足した「新型コロナ・住まいとくらし緊急サポートプロジェクトOSAKA」について紹介していく。

　2020年4月、今後、コロナの影響で失業者が激増することが予測される中で、大阪中のホームレス支援団体や釜ヶ崎内の関連団体が連携し、プロジェクトチームを発足した。現在、NPO法人釜ヶ崎支援機構や認定NPO法人ビッグイシュー基金等の様々な法人格をもつ22つの支援団体が加盟している。

　また、展開している活動として、緊急相談会（ワンストップ相談会）の開催、Web相談窓口の設置、緊急宿泊支援・食糧支援の実施や生活用品支援等があげられる。路上での生活を余儀なくされた相談者にプライバシーが守られた場所を提供するだけでなく、様々な団体間での交流を通して、連携団体に繋ぐ機会が生まれ、相談者のニーズや困りごとにより深く、より早く関われるようにできるような役割を果たしている（NPO釜ヶ崎会報、2021; 釜ヶ崎講座、2021）。

3.社会開発実践の仕組み

　釜ヶ崎で展開されている支援活動の内容を踏まえた上で、ここで、二つの側面から社会開発実践の仕組みについて論じたい。

　一つは、住居確保と就労支援から考える社会開発実践の仕組みである。日本の社会は①雇用、②社会保険、③公的扶助からなる三層のセーフティネットで構成されているが、現実を見てみると、三層であるべきセーフティネットが三段構えになっていないと指摘されている（湯浅、2008: 31）。非正規労働者やワーキング・プア等のような人々は、一度雇用のネットからこぼれ落ちたが最後、どこにも引っかかることなく、どん底まで落ち込んでしまう現状がある。釜ヶ崎の生活困窮者たちは、まさにこのような状況の中で生活している。

　このような貧困状態に陥る人々に対して、住居の確保と経済的自立を図る就労支援はいち早く重要になってくると考えられる。その中で、ただ単に住まいの提供だけでなく、就労や健康・衛生等の生活を取り巻くより包括的な切り口からのアプローチが求められる（全、2015: 151）。前出の民間団体による取り組みを見ると、いずれも居住者のニーズの多様化に対応し、居住支援から健康・衛生・就労及び生活支援にわたる幅広い支援メニューが揃えられている。つまり、釜ヶ崎のような社会的不利地域で生活している困窮者を対象とする社会開発実践は、住居の確保のようなハード面から、就労支援や生活支援等のようなソフト面まで展開していると考えられる。

　もう一つは、多団体・多機関の連携から考える社会開発実践の仕組みである。これまで多用な文脈において、連携や協働という概念が重要視されてきたが、具体的には、どのように問題を解決していくのかについてはやや不明確である。その中で、釜ヶ崎では多団体・多機関はそれぞれ高い専門性をもち、情報を共有し、連携しながら、生活困窮者の生活を支援することが明らかになっている。

　釜ヶ崎で生活している人々は多様なニーズをもち、社会的繋がりが弱い上で、経済的自立も難しい。このような多様なニーズに対応するには、多団体・多機関の連携による地域での様々な社会資源の活用が大変重要になると考えられる。一方で、民間団体同士の連携だけでなく、民間団体と行

政との連携も非常に重要である。行政機関は社会資源の一つとして、事業の委託（高齢者特別清掃事業やシェルター等）だけでなく、財源の提供等を通して、民間団体と連携しながら、よりよい支援を提供している。以上のように、釜ヶ崎では多団体・多機関の連携による社会資源の活用は、支援の提供においては重要な役割を果たし、釜ヶ崎における社会開発実践のもう一つの特徴とも言えよう。

参考文献

ありむら潜（2011）「釜ヶ崎　いまむかしイラスト」原口剛・稲田七海・白波瀬達也・平川隆啓編著『釜ヶ崎のススメ』洛北出版、pp.39-50

全泓奎（2015）『包摂型社会 : 社会的排除アプローチとその実践』法律文化社

全泓奎（2019）「生産主義から社会開発アプローチへ : 東アジア社会的不利地域における社会開発型地域再生論の試み」全泓奎編著『東アジア都市の居住と生活 : 福祉実践の現場から』東信堂、pp.3-21

釜ヶ崎講座（2021）釜ヶ崎シンポジウム「コロナ禍の中での生活困窮者への支援活動をめぐって」　https://www.youtube.com/watch?v=MYstDGuZtLg&feature=youtu.be（2021年9月29日閲覧）

厚生労働省（2007）「ホームレスの実態に関する全国調査報告書（平成19年4月）」https://www.mhlw.go.jp/houdou/2007/04/h0406-5.html（2021年7月19日閲覧）

武藤敦士（2015）「高齢日雇労働者の落層プロセスと支援 :『釜ヶ崎』の公的就労事業と生活困窮者自立支援法」『同朋福祉』21、pp.47-74

中島明子・大崎元・阪東美智子・平山洋介（2003）「寄せ場型地域—山谷、釜ヶ崎—における野宿生活者への居住支援」『住宅総合研究財団研究年報』29（0）、pp.253-264

NPO法人釜ヶ崎支援機構ホームページ http://www.npokama.org/about/jigyogaiyo.html（2021年7月22日閲覧）

NPO法人サポーティブハウス連絡協議会ホームページ http://supportivehouse.jp/index.html（2021年7月22日閲覧）

NPO釜ヶ崎会報56号（2021）http://www.npokama.org/PDF/kaihou/kaihou056.pdf（2021

年 7 月 22 日閲覧）

大阪市（2021）令和 2 年度版「区政概要」https://www.city.osaka.lg.jp/shimin/page/0000509961.html（2021 年 7 月 20 日閲覧）

白波瀬達也（2017）『貧困と地域：あいりん地区から見る高齢化と孤立死』中公新書

白波瀬達也（2020）「あいりん総合センター建て替え問題と再開発：排除しない、持続可能なまちづくりとは」『建築ジャーナル』（1308）、pp.6-8

白波瀬達也（2021）「協働でつくる新たな地域：第 11 回　西成特区構想：社会資源の集積を活かした釜ヶ崎のアップデート」『月刊福祉』104（6）、pp.86-89

湯浅誠（2008）『反貧困：「すべり台社会」からの脱出』岩波新書

【コラム3】横浜の寿町の居住者支援組織と社会開発実践

同志社大学大学院 社会学研究科

楊　慧敏

1.はじめに

　横浜の寿町は、大阪・釜ヶ崎、東京・山谷とともに日本の三大寄せ場の一つとして知られている。第二次世界大戦後、寿町は「日雇労働者の街」として全国から日雇労働者が集まっていた。当時、簡易宿泊所は日雇労働者の泊まる場所がないという問題に対処していた。しかし、激しい人口流動や進展する高齢化および社会変化に伴い、とりわけ生活保護受給者や路上生活者の居住問題が多様化する中で、寿町の居住問題は深刻化してきた。

　寿町の居住問題の緩和ないし解決を図るには、「社会開発（social development）」というアプローチが有効であると考えられる。なぜかというと、社会開発は、現代の社会問題に効果的に対処し、人々の能力と福祉の向上を図るものであるからである（ミッジリィ、2003: 23）。

　そこで、本コラムでは、寿町の居住問題の変遷および現状を踏まえ、生活困窮者を対象とする居住者支援組織の支援内容の整理やその効果の分析を通して、問題の緩和ないし解決に向けた社会開発実践の仕組みを明確にしていきたい。

2. 寿町の居住問題の変遷と現状

　横浜市中区に位置する寿町は、第二次世界大戦後、日雇労働者が全国から急速に集まってきた。その背景として、当時横浜港は日本を代表する港として膨大な食糧が荷あげされたと同時に、米軍基地の資材置き場であったことが挙げられる。日雇労働者に居住を提供するため、1956年より簡易宿泊所が建築されるようになった[1]。また、職業安定所が1957年に寿町に移転したことをきっかけとして、簡易宿泊所が建ち並ぶようになった。こうして、寿町は「日雇労働者の街」として定着した。

　しかしながら、1980年代の産業構造の転換により製造業に関わる日雇求人が激減した。それに加えて、1990年代のバブル崩壊や高齢化の深刻化によって、寿町の簡易宿泊所宿泊者には、日雇労働者ではなく、高齢者と生活保護住宅扶助受給者が増加していた（西山、2011: 84; 山本、2013: 96; 横浜市寿町健康福祉交流協会、2018: 4等）。こうした事情により、宿泊費を支払えない人々が路上生活者となっていったのである。

　急増する路上生活者の対応に迫られる中、1994年にそれらの者を対象とする「まつかげ一時宿泊所」（2000年、自立支援センターに改編）が設置された。同時期には、寿町において、医療支援活動（寿医療班）や食事支援活動（炊き出し）および、セルフ・ヘルプ・グループ（アルクデイケアセンター）等といった支援活動が行われていた。

　寿町の高齢化問題は2000年以降急速に深刻化し、福祉ニーズ、特に経済的支援や、医療と介護サービスに対するニーズが増加している。こうしたニーズの増加は、寿町の住民の少なくない部分が、かつて日雇労働者に従事し高度成長期の日本を支えてきたものの、高齢化に伴って健康を損なってしまい、頼るべき親類等もいないまま寿町に住むようになったという背景がある（第一世代）（横山、2017: 15）。また、突然の病気や障害等の

---

[1] 当時インフラ整備が間に合わず、労働者ははしけを改造した「水上ホテル」に宿泊していた。

理由から、家族の支援を受けることができないまま、寿町に来ざるを得なくなった人もいる（第二世代）（横山、2017: 15）。いずれの場合においても、寿町は何らかの福祉ニーズを抱えている人々が多いのである。

2018年の調査データによると、寿町の簡易宿泊所宿泊者（5,716人）のうち、65歳以上高齢者の人口比率は55.4%にのぼり、それらの高齢者のほぼすべてが生活保護を受給している（寿福祉プラザ相談室、2019: 8）。こうした事情もあり、寿町は従来の「日雇労働者の街」から「福祉の街」へと転換したと指摘されている（山田、2020）。

まとめると、寿町の居住問題は時代の変化とともに変化しつつある。当初は日雇労働者の居住場所の提供が中心であったが、現在に近づくにつれ、簡易宿泊所の宿泊者や路上生活者への居住場所のみならず、職の確保や福祉サービスの提供へとサービスが多様化し、複雑化している。

このような福祉ニーズの高まりを受けて、寿町では2000年代以降に地

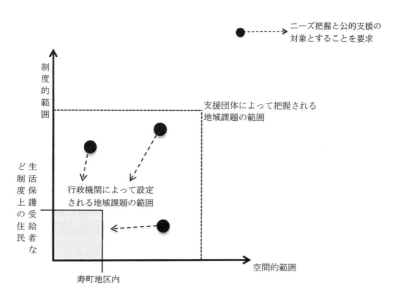

図1　寿町の地域課題に関する行政機関や支援組織の対象範囲の概念図
出所：山本（2013:105）図2

Column

域課題²に対応する医療福祉機関・事業者の設立が相次ぎ、行政機関による多くの支援が行われてきた（山本、2013: 102-105）。ところが、行政機関が定めた支援範囲は、行政区画、つまり図1にある「寿町地区内」である。そのため、居所をもたない路上生活者は行政機関の支援対象にはならないという課題が残されている。

　一方で、支援組織によって把握される地域課題の範囲は上記の「寿町地区内」より広く、横浜中心部を主としている（図1）。そのため、支援組織は、簡易宿泊所の宿泊者だけではなく、寿町地区内外の路上生活者を支援対象としている。また、支援組織の支援は2000年以降多様化し、事業として具体化されるようになった。具体例を挙げると、衣食住職医の支援の5つの柱を活動のコンセプトとする「さなぎ達」や、訪問介護・介護サ

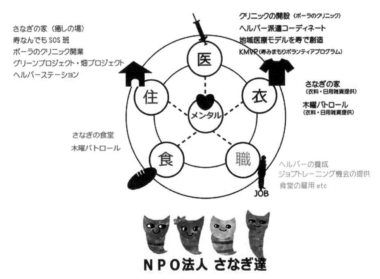

図2　NPO法人さなぎ達の事業内容
出所：NPO法人さなぎ達HP（http://imagene.jp/npo/sanagitachi/katudou.html）

2　寿町において、①高齢者・障がい者の暮らしやすいまちづくり、②安心・安全のまちづくり（防災対策）、③地域ネットワーク整備を通じた高齢者の見守り、④不法投棄対策・地域イメージの改善が行政機関による地域課題と見なされている（山本、2013: 104-105）。

ービスの供給を事業化したNPO法人「訪問看護ステーションコスモス寿」
および、路上生活者や寿町および市民社会を繋ぐネットワーク作りの「寿
支援者交流会」等がある。

3. 寿町の居住者支援組織およびその支援内容

　多様化・複雑化している寿町の居住問題に対して、これまで行政機関や
民間支援組織による多くの支援活動が行われてきた。それらの支援活動の
（継続的）実施を通じて寿町の居住問題が緩和されているものの、問題は
依然として存在し、注目を集めている。支援活動において、行政機関の政
策および財政的支援の重要性はいうまでもないが、民間支援組織が簡易宿
泊所の宿泊者や、行政機関の支援範囲に含まれていない路上生活者等とい
った生活困窮者に対して居住や職の確保、そして福祉サービス利用に繋げ
るという重要な役割を果たしている。

　以下では、衣食住職医の支援を行う「NPO法人さなぎ達」や、生活困
窮者への支援を行う寿支援者交流会の二つの支援組織の支援内容を確認し
ていく。

1）NPO法人さなぎ達

　NPO法人さなぎ達は、2001年2月に設立された組織である。設立の経緯
を簡潔に述べると、1983年の若者による路上生活者襲撃事件をきっかけ
に「路上生活者の現状を知ろう」と1984年に始まった夜回り活動「木曜
パトロール」といった活動が行われていた。その後、木曜のパトロールで
集まったメンバーは、2000年に集結し、その翌年にさなぎ達を発足した。

　事業内容として、路上生活者に物資の支援だけではなく、"心"に重点
を置き、"自立支援"ではなく、一人ひとりが人として生きていく活力を
自ら見出し、その人なりの方法で"自立支援"を行っていけるような環境
作りのサポートを行うことである。このような支援は、路上生活者の中に
は、住居だけではなく、家族や友人、社会との繋がりを失い、生きる希望

や居場所、生きがいを失っている者も多くいるという現実に対応するものである。事業の詳細は図2に示したように、「医、衣、職、食、住」を5つの柱としながら、多くの事業を展開している。ここでは、「さなぎ食堂」と「さなぎの家」の2つの事業を簡潔に紹介する。

　まず、「さなぎの食堂」は、「食」と「職」を担い、路上生活者に温かい食事を提供することの他に2つの役割を担っている。具体的には、食堂の従業員として寿町で生活する人々を雇用することにより、雇用機会の提供と同時に利用者の健康状態、精神状況のチェックを実施し、必要な場合は医療機関との連携をとり対処している。

　次に、「さなぎの家」は「衣」・「住」・「職」を担い、誰でも自由に出入りできる憩いの場であり、朝9時から夜5時まで365日オープンしている交流スペースである。交流スペース内では、寄付衣料品が置かれ、1人1点までの受け取りが可能となっている。また、この事業は横浜市と協働して、さなぎの家を訪れる人々の多様なニーズに応じた対応や、行政への取次ぎ業務も行っている。

　ただし、さなぎ達の事業では人件費をまかなうことについての課題を抱えている。そこで、さなぎ達の代表者（山中修氏）は、ヨコハマホステルビレッジ[3]を中心に寿町をフィールドとして活動するソーシャルベンチャーであるファニービーを設立した（川本、2007: 42）。ホステルビレッジ事業を通して、外国人を含む旅行者を呼び込み、「寿町のドヤ街をツーリスト街（旅行者のための安宿街）へと変貌させ」、活性化を図ろうとしているのである。あわせてこの事業を収益性のあるものにして、その収益をもって連携するNPO法人の支援を目指している（川本、2007: 42）。

2) 寿支援者交流会

　寿支援者交流会は、1993年に結成した「路上や寿町と市民社会を繋ぐ

---

[3] 「ヨコハマホステルビレッジ」は、簡易宿泊所の持ち主と交渉してリフォームしてもらい、低価格でバックパッカー等の旅行者に泊まってもらえるようにしたものである。

ゆるやかなネットワーク作り」を目的とする支援組織である。

　その目的を達成するために、寿支援者交流会は様々な活動を行っている。具体的には、寿町内外の人々を対象とする越冬闘争（図3）、夏祭り、路上生活者のパトロール、識字学校、各種相談（医療・法律・生活・労働）等がある。これらの活動においては、寿町の住民や路上生活者、そして寿町外から来る人の間で「顔と名前のわかる関係」の構築および対等性を重要視している。また、当事者らの「自ら助け、助け合う力」と、その人に関わろうとする気持ちも重要視している。

　これらの活動の一環として、寿支援者交流会の事務局長高沢幸男氏は、路上生活者から自分史を聞き取り、その内容をありのまま、寿支援者交流会の通信『この間の報告とこれから』に掲載している。

　深刻な課題となっているのは、新型コロナウイルス感染症流行の影響を

日付	主な行事　　*会場は【寿公園】(横浜市中区寿町3-9-4)です。		
準備	21日～27日　厨房作り・テント設営（9時～）		
12/28	年末年始対策窓口同行（9時～）[中福祉・寿福祉プラザ] 準備作業（9時～）		
12/29	準備作業（9時～） 　　　　　各種相談（医療・法律・生活・労働）		パトロール（20時～）
12/30	雑炊（切り込み：9時～、配食：15時～）【限定500食】 　　　　　各種相談（医療・法律・生活・労働）		パトロール（20時～）
12/31	丼物（切り込み：9時～、配食：15時～）【限定500食】 　　　　　各種相談（医療・法律・生活・労働）		パトロール（20時～）
1/1	丼物（切り込み：9時～、配食：14時～）【限定500食】 　　　　　芝居：さすらい姉妹（16時～）[寿公園] 　　　　　各種相談（医療・法律・生活・労働）		パトロール（20時～）
1/2	丼物（切り込み：9時～、配食：15時～）【限定500食】 　　　　　各種相談（医療・法律・生活・労働）		パトロール（20時～）
1/3	カレーライス（切り込み：9時～、配食：15時～）【限定500食】 　　　　　学習会「故・矢島祥子さんを偲んで」（11時～）[寿生活館2階] 　　　　　各種相談（医療・法律・生活・労働）		パトロール（20時～）
1/4	厨房・テント解体（9時～） 　　　　　中区生活保護申請同行（緊急対応、困難ケース等）		
片付ほか	5日　中区集団生活保護申請（寿公園集合：8時→中区役所移動） 　　　　　厨房・テント解体（9時～）　　ゴミ収集 9日　新春お楽しみコンサート[寿公園]		

図3　第47次寿越冬闘争スケジュール2020-2021

出所:寿支援者交流会HP（http://kotobukisien.jugem.jp/?month=202012）

受けて、日雇労働の需要が減少すると同時に、緊急事態宣言により行政機関や支援組織が展開しているサービスや支援を利用できなくなっているということである。その影響として、これまでの生活が成り立たなくなった人々が増加し、人々を繋ぐネットワークの弱体化をもたらしていると高沢幸男氏が寿町調査ミーティング[4]で語った。具体例を挙げると、ネットカフェでの寝泊りができなくなった住民票のない人々が行政機関においてたらい回しされているということ等がある。ネットカフェの利用ができなくなってしまった人々の中には、ネット環境や携帯充電の場を失ってしまい、支援者との連絡が取れなくなり、窮境に追い込まれるケースもある。

　上記の問題に対して、寿支援者交流会は、図3の越冬闘争スケジュールにあるように、緊急事態や困難ケースへの対応や、中区生活保護の申請同行等の支援を行っている。新型コロナウイルスの感染症流行の最中、医療現場や福祉現場にクラスターが次々と発生していたことは周知のとおりであるが、寿町はクラスターが発生しなかった。その理由について、簡易宿泊所宿泊者は個室で生活し、路上生活者の活動範囲が狭く他者との交流が少ないためだと高沢幸男氏は分析している。

4. 社会開発実践の仕組み

　これまでの具体例から理解できるように、社会開発は現在の社会問題に効果的に対処できるアプローチの1つである。その実践主体は大きく分けると、個人（ミクロ）、地域（メゾ）、政府（マクロ）の3つである。寿町の居住問題に対して、行政機関（政府）と支援組織（地域）が多様な支援を行っていることについては、上で整理、分析してきた。以下では、それらに基づいて、社会開発実践の仕組みをめぐって2つの視点からさらに考察

4　2020年度第一生命財団研究助成（「社会的不利地域の居住支援にかんする比較研究：日本・韓国・台湾における「寄せ場型地域」を中心に」、研究代表：全泓奎）によって2021年7月15日に実施した寿支援者交流会事務局長高沢幸男さんへのZOOMによるヒアリング調査による。

していきたい。

　まず第1に、福祉制度からこぼれ落ちた生活困窮者の支援から考える社会開発実践の仕組みについてである。上で述べたように、行政機関の地域課題の範囲が地域の支援組織より狭く規定されているゆえに、福祉制度の恩恵を受けられない生活困窮者がいる[5]。また、行政機関と協働して生活困窮者のニーズに対応する支援組織がある一方で、要求型の運動を続けている居住者支援を行う主要な支援組織と行政機関との協働は図られていない場合も多い（山本、2013:103）。

　新型コロナウイルスの影響を受け、生活が成り立たなくなり、生活困窮に陥る人々がさらに増加することが見込まれている中、生活困窮者のニーズを正確に把握した上で支援を行うには、行政機関と居住者支援組織との協働を図り、強化していくことも必要になるだろう。

　そして第2に、寿町の発展や地域の活性化から考える社会開発実践の仕組みについてである。居住問題の緩和は寿町の喫緊の課題だと指摘されているが、それだけでなく、周辺の発展から取り残されている寿町のこれからについても考える必要がある。NPO法人さなぎ達が展開するヨコハマホステルビレッジのように、既存の簡易宿泊所を活かして、寿町外ないし日本国外の人々に安価な宿泊先を提供することで、同時に寿町の発展やさなぎ達の支援事業に貢献しているという事例は改めて顧みられる必要があるだろう。これは、さなぎ達、宿泊客、寿町にとって「三方よし」という好事例である。

　寿町の居住問題は時代とともに変化し、居住者や路上生活者の需要が多様化している。いかにしてそれらの人々に居住、就労、食事等の支援を行なっていくかということだけでなく、寿町の今後の方向性についても併せ

---

[5]　福祉制度の1つである生活保護の受給に対する抵抗感がある生活困窮者がいることに留意されたい。「生活保護を受けている人たちには悪いが、福祉事務所から金だけもらって毎日することもなくドヤで一日中テレビを見ているような生活はしたくない」と寿町の50代路上生活者が発言している（山本、2013: 100）。

て議論を重ねていく必要がある。

参考文献

Mldgley, J（1995）*Social development: The developmental Perspective in Social Welfare*, Sage Publications, London.（萩原康生訳、『社会開発の福祉学—社会福祉の新たな挑戦』、2003、旬報社）

川本卓史（2007）「ソーシャル・アントレプレナー試論—その受容・事例・原理」『人間学部研究報告』10、pp.35-53

寿支援者交流会ホームページ（http://kotobukisien.jugem.jp/?month=202012, 2021.10.10）

寿福祉プラザ相談室（2019）「令和元年度　横浜市寿福祉プラザ相談室業務概要」横浜市健康福祉局生活福祉部

西山志保（2011）「横浜・寿町における自立支援と地域再生」『グローバル都市研究』（4）、pp.81-97

NPO法人さなぎ達ホームページ（http://imagene.jp/npo/sanagitachi/katudou.html, 2021.10.10）

山田清機（2020）『寿町のひとびと』朝日新聞出版

山本薫子（2013）「現代日本の都市下層地域における福祉ニーズ増大と地域課題の再編—横浜・寿町地区の事例から—」『日本年社会学会年報』31、pp.95-110

横浜市寿町研究福祉交流協会（2018）「あゆみ　第37号（平成30年版）」（http://www.yokohama-kotobuki.or.jp/system/wp-content/uploads/2020/05/%E5%B9%B3%E6%88%9030%E5%B9%B4%E5%BA%A6%E7%89%88%E3%81%82%E3%82%86%E3%81%BF.pdf, 2021.10.10）

横山千晶（2017）「共にいるということ——居場所『カドベヤで過ごす火曜日』」『質的心理学フォーラム』9、pp.14-22

【コラム4】変容する東京山谷における居住支援組織と社会開発実践

お茶の水女子大学

杉 野 衣 代

1.山谷地域について

　山谷は、戦前から寄せ場としての機能を担ってきた東京都の台東区及び荒川区にまたがるエリアにある。終戦直後は「浮浪者」や「浮浪児」等の絶対的な貧困状態に置かれた人たちを吸収し高度成長期（1954-1973年）にその最盛期を迎えた。現在では、寄せ場機能が縮小するとともにマンション開発が進み、日雇労働者を受け入れてきた簡易宿泊所（ドヤ）も外国人観光客向けホテルへ転換する等、変貌を遂げている。かつての日雇労働者も高齢化が進み、日雇労働者の街から高齢福祉の街と呼ばれるようになって久しい。平成30年度における山谷地域の簡易宿所宿泊者の平均年齢は67.2歳であり、生活保護受給者の割合は89.9%である（東京都山谷対策本部、2019）。現在の簡易宿泊所の宿泊者の多くは生活保護を受給する高齢者という状況にある。なお、町名としての「山谷」は住居表示の施行（昭和41年10月）によって消滅した。

　［現在の住居表示］

　台東区 清川1・2丁目、東浅草2丁目、日本堤1・2丁目及び橋場2丁目、

荒川区 南千住1・2・3・5・7丁目

1) 行政による山谷対策

　終戦直後の「浮浪者」の問題は、最大の課題として社会事業界はもとより警察、行政、GHQにまで及んで対策を迫られた（今川、1987）。1946年（昭和21年）には、「浮浪者」と日雇労働者を駐留軍の天幕によるテント・ホテルや応急の仮小屋（バラック）による簡易旅館に収容した（今川、1987）。こうしたテント・ホテルや簡易旅館の建設場所は戦前からの「寄せ場」地区に限られており、戦後の寄せ場形成の出発点をなした（今川、1987）。

　このような状況にある山谷に対して東京都が明確に対策を打ち出したのは1959年から60年にかけて数度の山谷事件が発生してからであった（今川、1987）。なお、寄せ場地域への行政施策で大きく異なるのは、「ドヤ保護」の有無で、東京都ではこの施策を1950年代後半から採用している（中島ら、2002）。

　東京都における山谷対策の内容は、①労働施策、②福祉施策、③保健施策、④住宅施策からなる。都の報告書（「山谷対策の今後のあり方について」）では、家族対策と生活環境整備に関して実効性があったと評価している（渡辺、2010）。家族対策とは、家族世帯の抱える問題への対応、家族世帯の自立、山谷地域からの転出であり、生活環境整備に関しては、生活援助と雇用対策を実効性のあった対策に挙げている（渡辺、2010）。東京都の政策により山谷は単身男性による日雇労働者の街と化していったのである。これについて西澤（2005）は、家族のみが治療の対象となり定住化が促されるとともに、その枠組みに収まらない非組織・非定住の単身者たちが属性ごとに細分されつつ分散・隔離され放置されていく隠蔽の形式と批判している。

　現在ではかつての日雇労働者も高齢化し、東京都の山谷対策としては、①高齢者の日常生活の安定化及び健康の維持・増進のための仕組みづく

り、②日雇労働者の高齢化を踏まえた就労支援、③地域環境の更なる改善の取組を推進という3つの施策を展開している（東京都山谷対策本部、2019）。こうした東京都の政策はかつての治安対策を主眼としたものから福祉の向上を主眼とするものに変貌を遂げていると言える。また、東京都は、山谷地域の利便性の良さから広域的な拠点としての地域の将来を展望し、多くの人々が暮らし、行きかう街へ変容していくものと見通している（東京都山谷対策本部、2019）。各々の施策の概要は以下のとおりである。

①高齢者の日常生活の安定化及び健康の維持・増進のための仕組みづくり

　生活相談等、都営住宅の特別割当、健康への取組み、越年越冬対策の4項目から成る。多くの事業は都、区及び城北労働・福祉センター等の行政機関（外郭団体を含む）で実施する体制である。しかし、高齢で孤立した日雇労働者等の居場所づくり等の方策については、行政機関だけでなく地域で支援活動を行うNPO法人等を含め関係機関が連携することとしており、継続的な個別相談内容の充実や結核感染防止等の事業においてもNPO法人が連携の対象となっている。

②日雇労働者の高齢化を踏まえた就労支援

　高齢日雇労働者に適した求人開拓等によって就労機会の確保を図り、技能講習等を実施することにより就労自立と生活の安定化を図るものであり、行政機関によって実施される。

③地域環境の更なる改善の取組を推進

　地元町会、商店街、旅館組合、福祉施設、行政等が参加する「地域づくりフォーラム」を核として、地域清掃や住民等との協働による環境美化活動等山谷地域の環境改善と地域活性化を支援する。

2.民間支援団体による社会開発実践

山谷は都内でも民間による支援活動が活発に行われている地域である。

山谷の労働者の生活環境を整えたのは政府ではなく、山谷の商店会であり、簡易旅館組合であった（今川、1987）。山谷での民間支援組織の特徴は、①地域を包括した組織は存在しない、②キリスト教関係の支援組織が多い、③居所の提供を行うNPO組織が多い、④保健医療の相談窓口を提供するNPO組織も多様といったものである（中島ら、2002）。

　ここでは、変わりゆく山谷地域で生活困窮者支援を実践する民間支援団体の支援実践を2事例紹介する。まず、第1例目はNPO法人自立支援センターふるさとの会であり、次に一般社団法人結である。両者は、山谷の日雇労働者の高齢化やホームレス化が問題になった頃に支援を開始している団体である。それぞれ各団体の代表理事滝脇憲さんと義平真心さんに伺った内容と提供資料に基づいて構成している。

1）NPO法人自立支援センターふるさとの会による介護や障害にとらわれない包括的支援

　NPO法人自立支援センターふるさとの会は、1990年に山谷地域の日雇労働者を支援するボランティア団体として発足した（滝脇、2018）。利用者は、身寄りのない高齢者、（帰住先がない）障碍者、ネットカフェ生活者、認知機能低下等のため独居が困難な方、DVや虐待からの緊急避難者等である。しかし、2008年のリーマンショック頃から潮目が変わり、若い日雇い経験のないネットカフェで生活しているような困窮者が増えている。こうした変化に対して、地域生活支援事業、日常生活支援施設、就労支援事業を柱に、介護や障害等にとらわれない包括的な支援を展開している。例えば、ふるさとの会として270名分の雇用を創出し、疾病や障害等の就労阻害要因を持つ困窮者には、ケア付き就労というプログラムを実施している。

　また、2008年から山谷地区を中心とする居住支援と医療、福祉サービス提供事業者が連携して「地域ケア連携をすすめる会」が設立・運営されている。この取組みによって路上生活者・生活保護受給者等、生活が困難

な人たちのために安定した居住生活と医療・保健・福祉サービスの提供を
している。事業は、自主事業、委託事業、補助金事業、介護保険事業か
ら構成されており、行政からの委託事業の形態は様々である。最近では
2020年から福祉事務所から委託を受ける形で日常生活支援住居施設での
支援を行っている。

2) 一般社団法人結による簡易宿泊所運営

一般社団法人結は、2003年に任意団体として設立された。その当時は
簡易宿泊所の清掃員として路上生活者を紹介する活動を行っていた。活動
をしてみると、清掃員として長く仕事が続く方もいれば、うまくいかずに
再度路上に戻ってしまう人もいた。その後、2009年と2013年には簡易宿
泊所（ホテル明月・ホテル寿陽）の運営を受託し、そこで元路上生活者の人
たちを自分たちで清掃員として雇用するようになった。2014年には、福
祉宿としてホテルありあけを開業し、生活保護受給者を受け入れている。
福祉宿の宿泊者は、他区から紹介されてくる若いネットカフェ生活者が増
えている状況にある。

2018年からは多様な人が集まる場であるカフェ（さんやカフェ）を開業
し、山谷地域の清掃活動を行うようになった。こうした活動を通じて、元
日雇労働者、地域住民、生活保護受給者や外国人旅行者等が交錯する山谷
の多様性を生かして地域の活性化や山谷のイメージアップを図り、山谷の
街に誇りを持てるようになることを目的としている。福祉宿は、無料低額
宿泊所よりも選択の幅が広く自由度のある生活が可能であるため個人の尊
厳を守ることができると考えている。

コロナ禍となった現在では、路上生活者へのご飯配りや巡回看護等も始
めている。また、コロナ禍によって生活保護を受給することとなり山谷に
来た人を雇用することで就労支援をしている。コロナ禍収束後にまた外国
人旅行客が戻ってくることを見据え、アフターコロナの山谷がどうあるべ
きかを構想している。

Column

3. まとめ

　山谷地域は、かつては寄せ場として日雇労働市場が発達していたものの日雇の仕事が長らく減少し、かつての日雇労働者が高齢化しドヤに寝泊まりしながら生活保護を受給しているケースも多いという状況にある。さらに、日雇経験のないネットカフェ難民と呼ばれる若年層が他地域から山谷の支援団体で支援を受けるという状況が山谷地域の今日的な姿の一端となっている。

　ミッジリィ（James Midgley）によれば、社会開発は社会政策と経済発展を目指す方策を調和させることによって人間の福祉を向上させるアプローチである（Midgley, 1995）。山谷について言えば、生活困窮層では経済的自立が難しい人たちも多い中、東京都も民間支援団体もそれぞれの立場から、それぞれが持つリソースを生かしてその人のニーズに合わせ就労自立に偏らない社会開発実践を行っている。ただ、アプローチする対象は東京都と民間支援団体で異なっていることに注目しなければならない。東京都は高齢化した日雇労働者に特化した対策をとっているが、民間支援団体では日雇労働者だけでなく新しい貧困層とも呼ばれるネットカフェ難民にも対応しているという点で柔軟性がある。今後も山谷地域においてますます日雇労働者の減少とネットカフェ難民と呼ばれる生活困窮層が増加することが予測されることから、東京都が果たす役割は減少し、民間支援団体が果たす役割が大きくなっていくものと考えられる。

参考文献

今川勲（1987）『現代棄民考』田畑書店

Midgley, J. (1995) *Social Development The Developmental Perspective in Social Welfare,* CA: Sage（萩原康生訳（2003）『社会開発の福祉学　社会福祉の新たな挑戦』旬報社）

中島明子・大崎元・阪東美智子・平山洋介（2002）「寄せ場型地域—山谷、釜ヶ崎—における野宿生活者への居住支援——「自立」支援と結合した居住支援の

課題」『住総研 研究年報』No.29、一般財団法人住総研

滝脇憲（2018）「単身、困窮、障害のある人が暮らせる『支援付き地域』」『居住福祉研究』26、東信堂

東京都山谷対策本部（2019）『東京都山谷対策総合事業計画（令和 2 年度～令和 4 年度）』

渡辺芳（2010）『自立の呪縛——ホームレス支援の社会学』新泉社

おわりに

　本書のキーワードはタイトルにもあるように、「東アジア」、「都市」、そして「社会開発」である。

　2020年以降に新型コロナウイルス感染症が流行し、資本主義は多くのネガティブな諸側面を露呈した。具体例をあげればきりがないほどである。それらの不都合な諸側面は資本主義の「限界」と指摘されることもある。こうした社会状況への対応に、東アジアのほとんどの都市は苦慮している。日本も例外ではなく、対応を迫られた岸田政権は「新しい資本主義」を打ち出すまでに至っている。

　しかし、この「新しい資本主義」として表明された資本主義改革の中身は、経済成長によってトリクル・ダウンを生じさせ、再分配を強化することを企図するものとなっている。つまり、再分配をやや強調しているものの従来の経済成長主義から何も変わっておらず、「新しさ」はほとんど見受けられないのである。経済開発によって経済成長を惹起し再分配を実現していこうとするあり方は、本書第1章、第2章、第3章においても、その限界や継続不可能性が指摘されている。

　「社会開発」の言説や実践は、経済開発や経済成長主義に必然的に伴うネガティブな諸側面に対して自覚的である。本書の各章の記述や主張の展開のされ方は様々であるが、この点は共通している。

　また、地域の人々の自発的な実践に着目（コミュニティへの着目）することについても本書全体で共通している。地域住民の自発的な実践に注目す

る理由は、経済開発に伴いがちなパターナリズムを回避しつつ地域の人々による自己決定（自治）を重視するからである。その地域に必要なものを最も知っているのは、そこに住む人々である。これは決して情緒的な表現ではない。経済開発は、マルクスがいうところの「価値（増殖）」を第一の目的とするため地域の人々の必要を無視するかパターナリズムに陥ってしまうが、コミュニティに着目した社会開発は、「使用価値」を重視することができるという理論的根拠がある。

　したがって、本書の議論は「自助vs公助」と単純な二項対立に回収されるものでも、「新自由主義vs社会民主主義」や「福祉国家解体論vs福祉国家充実論」という従来の議論に還元されるものでもない。本書の議論は、社会のネガティブな諸側面を変革するための具体的な諸条件を現実の中に見出していこうという試みなのである。

　これまで、日本の社会政策研究は欧米（特にイギリス、フランス、ドイツ）の社会政策に範を見出す傾向があったこと、そしてそれゆえに見落としていたものがあったのではないかということについても、本書は意識している。欧米の社会政策の展開は相対的に強力な産業別労働組合を背景としており、それが東アジアの国や地域とは決定的に異なる要素となっている。既に「はじめに」で言及したように、香港、シンガポール、韓国、台湾、日本は「生産主義的福祉資本主義」と論じられることもあり、基本的に福祉が経済に従属してきたという特徴がある。そんな中、労働組合だけではない社会運動のアクターが東アジアの国や地域で登場し、これまでの生活保障とは異なる途の可能性を示唆しているということは看過すべきではない。

　2011年より毎年、東アジア各国で開催されている「東アジア包摂都市ネットワーク・ワークショップ」では、各地の実践から得られた経験知が共有されつつ蓄積され、学知ともいうべき理論的彫琢も重ねられてきた。その成果として刊行されたいくつかの著書は「はじめに」に紹介されている。本書は、上述したように「社会開発」という概念に着目しながらその

可能性を探るという本書なりの特殊性はあるものの、これらの研究の延長
上に位置づけられるものとなっている。そして、本研究はこれからも継続
し、さらなる発展を目指している。

　今後、日本における貧困対策や社会的排除対策等の生活保障の取り組み
にとって、「東アジア」における「社会開発」の積極的可能性はますます
重要性を増してくるだろう。それは、限界が指摘されている資本主義が、
その生き残りをかけて、その不都合な部分をこれまで以上により激しいや
り方で外部化しようと試みるであろうことが予測されるからである。この
外部化の舞台は、恐らく、コミュニティである。したがって、政府の役割
もコミュニティレベルへの介入が必要となるのであり、そのような意味
で、東アジアにおける社会開発への注目は道理にかなっていると考えられ
る。読者の皆さんと以上のような意図を共有でき、本書が、より活発な議
論のための一契機となることができれば幸いである。

　最後になるが、明石書店の神野斉氏、矢端泰典氏には本書の刊行まで多
くの助言をいただいただけでなく、編者らの要望に対しても快く対応して
いただいた。ここに記して改めて感謝申し上げる。

索　引

【執筆者紹介】執筆順

第1章（はじめに、おわりに）

全　泓　奎　編著者紹介を参照

第2章（はじめに、おわりに）

志賀信夫　編著者紹介を参照

第3章

阿部昌樹（あべ・まさき）

  1989年　京都大学大学院法学研究科後期博士課程中途退学・博士（法学）

  現在　大阪市立大学大学院法学研究科教授・都市研究プラザ所長

  主著：『自治基本条例──法による集合的アイデンティティの構築』木鐸社、2019年、
  『争訟化する地方自治』勁草書房、2003年。『ローカルな法秩序──法と交錯す
  る共同性』勁草書房、2002年。

第4章

松下茉那（まつした・まな）

  2018年　神戸大学大学院国際協力研究科博士課程前期課程修了・修士（国際学）

  現在　神戸大学大学院国際協力研究科博士課程後期課程、大阪市立大学都市研究プラ
  ザ特別研究員（若手）

第5章

川本　綾（かわもと・あや）

  大阪市立大学大学院文学研究科単位取得満期退学・博士（文学）

  現在　カトリック大阪大司教区社会活動センターシナピス事務局員

  主著：『移民と「エスニック文化権」の社会学──在日コリアン集住地と韓国チャイナ
  タウンの比較分析』明石書店、2018年、「コロナ禍によって見えた難民・移住
  者をめぐる課題」全泓奎編著『分断都市から包摂都市へ──東アジアの福祉シ
  ステム』東信堂、2020年。

第6章

野村恭代（のむら・やすよ）

  2012年　大阪大学大学院人間科学研究科修了・博士（人間科学）

  現在　大阪市立大学大学院生活科学研究科准教授

  主著：『地域を基盤としたソーシャルワーク──住民主体の総合相談の展開』（中央法
  規、2019年）、『施設コンフリクト──対立から合意形成へのマネジメント』（幻
  冬舎、2018年）他。

第7章

閻　和　平 （えん・わへい）

1994年　京都大学大学院経済学研究科単位修得満期退学・博士（経済学）

現在　大阪商業大学経済学部教授

主著：『岐路に立つ中国とロシア』創成社、2016年（共著）、「分断の中国都市社会と空間的排除」全泓奎編著『東アジア都市の居住と生活——実践の現場から』東信堂、2020年。

第8章

Kornatowski Geerhardt （ヒェラルド・コルナトウスキ）

2012年　大阪市立大学大学院文学研究科単位修得満期退学・博士（文学）

現在　九州大学大学院地球社会統合科学府・比較社会文化研究院　講師

主著：『「ジェントリフィケーション」を超えて——日独都市の住宅市場からみた地域の賦活』（共編）大阪市立大学出版、2020年、"*Diversities of urban inclusivity: Perspectives beyond gentrification in developed city-regions*," Springer, 2022（共編）。

第9章

蕭耕偉郎 （しょう・こうじろう／旧名：蕭　閎偉）

2017年　東京大学大学院工学系研究科都市工学専攻博士後期課程修了・博士（工学）

2020年　大阪市立大学大学院工学系研究科都市系専攻准教授

現在　九州大学大学院人間環境学研究院都市・建築学部門准教授

主著：「大都市インナーシティの再生——大阪市西成区に着目して」『ネオリベラリズム都市と社会格差——インクルーシブな都市への転換をめざして』（城所哲夫、瀬田史彦編著）東信堂、2021年等。

第10章

川瀬瑠美 （かわせ・るみ）

2017年　広島大学大学院教育学研究科博士課程前期教育学専攻　修了

2018年〜2019年　台湾国立暨南国際大学　諮商心理與人力資源発達学系輔導諮商博士班　研究生

2020年　広島大学大学院教育学研究科博士課程後期教育学習科学専攻　単位満期取得退学

2020年〜2021年　岐阜県可児市スクールソーシャルワーカー

特定非営利活動法人暮らし応援ネットワーク　就労移行支援事業所　講師

現在　広島文教大学教育学部教育学科　助手

主著：「台湾の輔導教師はいかにして学校復帰を援助していくのか——台湾政府によるモデルケースの分析から」『教育学研究ジャーナル』第25号、中国四国教育学会、2020年、13-22頁。

【コラム1】

矢野淳士（やの・あつし）

2013年　大阪大学大学院工学研究科環境・エネルギー工学専攻博士前期課程修了・修士（工学）

現在　AKYインクルーシブコミュニティ研究所 研究員

大阪大学大学院工学研究科環境エネルギー工学専攻博士後期課程

主要業績：「ホームレスコミュニティによる共同自立に関する研究」『居住福祉研究』15、44-55頁（東信堂、2013年）、「同和対策関連施設廃止後の被差別部落におけるまちづくりに関する研究——大阪市内12地区における隣保館機能に着目して」『都市住宅学』111、124-131頁（共著、都市住宅学会、2020年）、「生野コリアタウン活性化に向けた実態調査報告——コリアタウン訪問者の商店街利用とニーズに関する調査から」『都市と社会』4、88-110頁（共著、大阪市立大学都市研究プラザ、2020年）。

【コラム2】

孫　　琳（そん・りん）

2019年　同志社大学大学院社会学研究科社会福祉学専攻博士前期課程修了

現在　同志社大学大学院社会学研究科社会福祉学専攻博士後期課程、大阪市立大学都市研究プラザ特別研究員（若手）

主著：「社会福祉における「公共性」概念の変遷について——供給システムに関わる3つの主体に着目する」『評論・社会科学』138、105-122頁、2021年。

【コラム3】

楊　慧　敏（よう・けいびん）

2017年　同志社大学大学院社会学研究科修了・修士（社会福祉学）

現在　同志社大学大学院社会学研究科博士後期課程、大阪市立大学 都市研究プラザ特別研究員

主著：「日本のセーフティネット——社会手当の国際比較を兼ねて」『労働調査』、2020年（共著）、「中国の介護保険パイロット事業の課題」『Int'lecowk』、2021年。

【コラム4】

杉野衣代（すぎの・きぬよ）

2020年　お茶の水女子大学大学院人間文化創成科学研究科博士後期課程修了・博士（社会科学）

現在　お茶の水女子大学大学院基幹研究院研究員、大阪市立大学都市研究プラザ特別研究員（若手）

主著：『居住支援の現場から——母子世帯向けシェアハウスとハウジングファースト』晃洋書房、2022年。

編著者

全 泓 奎（じょん・ほんぎゅ）

2005年　東京大学大学院工学系研究科博士後期課程修了・博士（工学）

現在　大阪市立大学都市研究プラザ副所長・教授

主著：『包摂型社会：社会的排除アプローチとその実践』法律文化社、2015年、『分断都市から包摂都市へ：東アジアの福祉システム』東信堂、2020年（編著）、『東アジア都市の居住と生活——福祉実践の現場から』東信堂、2019年（編著）、『包摂都市を構想する——東アジアにおける実践』法律文化社、2016年（編著）等。

志賀信夫（しが・のぶお）

2014年　一橋大学大学院社会学研究科博士後期課程修了・博士（社会学）

現在　県立広島大学保健福祉学部人間福祉学科准教授

主著：『貧困理論の再検討——相対的貧困から社会的排除へ』法律文化社、2016年、『ベーシックインカムを問いなおす——その現実と可能性』法律文化社、2020年（共編著）、『貧困理論入門』堀之内出版、2022年等。

東アジア都市の社会開発
　　──貧困・分断・排除に立ち向かう包摂型政策と実践

2022 年 3 月 25 日　初版第 1 刷発行

　　　　　　　　　編著者　　全　　　泓　　　奎
　　　　　　　　　　　　　　志　賀　信　夫
　　　　　　　　　発行者　　大　江　道　雅
　　　　　　　　　発行所　　株 式 会 社 明 石 書 店
　　　　　　　　　〒 101-0021 東京都千代田区外神田 6-9-5
　　　　　　　　　　　　　　電話　　03 (5818) 1171
　　　　　　　　　　　　　　FAX　　03 (5818) 1174
　　　　　　　　　　　　　　振替　　00100-7-24505
　　　　　　　　　　　　　　https://www.akashi.co.jp
　　　　　　　　装　丁　　明石書店デザイン室
　　　　　　　　Ｄ Ｔ Ｐ　　レウム・ノビレ
　　　　　　　　印　刷　　株式会社文化カラー印刷
　　　　　　　　製　本　　協栄製本株式会社
（定価はカバーに表示してあります）　　　　ISBN978-4-7503-5364-7

子ども支援とSDGs

現場からの実証分析と提言

五石敬路　編著

■Ａ５判／並製／256頁　◎2500円

子育て支援・子どもの貧困対策等の現場の第一線で活躍する執筆者を中心に、就学前から高校卒業までを対象に、教育、保育、福祉、労働等、幅広い分野を横断的に扱った論集。SDGsの精神を全体を貫く視点とし、徹底した実証分析を踏まえた政策提言を行う。

朝鮮王朝の貧困政策
日中韓比較研究の視点から

朴光駿著

◎6000円

福祉国家の日韓比較
「後発国」における雇用保障・社会保障

金成垣著

◎2800円

アジアにおける高齢者の生活保障
持続可能な福祉社会を求めて

金成垣、大泉啓一郎、松江暁子編著

◎3200円

韓国と日本の女性雇用と労働政策

裴海善著

◎2800円

韓国の少子化と女性雇用
少子高齢化社会への対応を比較する

裴海善著

◎2800円

中国の弱者層と社会保障
高齢化・男女格差社会に対応する人口・労働政策

埋橋孝文、于洋、徐荣編著

◎3800円

転換期中国における社会保障と社会福祉
日中社会学叢書 グローバリゼーションと東アジア社会の新構想5
「改革開放」の光と影

袖井孝子、陳立行編著

◎4500円

貧困研究
日本初の貧困研究専門誌

【年2回刊】

『貧困研究』編集委員会編集

◎1800円

〈価格は本体価格です〉

福祉政策研究入門
政策評価と指標

〈1〉少子高齢化のなかの福祉政策
〈2〉格差と不利／困難のなかの福祉政策

埋橋孝文［編著］

◎A5判／上製／〈1〉224頁・〈2〉196頁　◎各巻3,000円

福祉政策研究の分野ではこれまで明確な政策評価がなされてこなかったが、本シリーズではインプット－生産－アウトプット－アウトカムという福祉政策の各段階に即し、その難題に挑む。第1巻は、少子高齢化のなかでの高齢者と子どもを対象とした政策を扱う。第2巻は、格差と不利／困難のなかでの障害者・生活困窮者政策を扱う。

●内容構成

〈価格は本体価格です〉

日中韓の貧困政策

理論・歴史・制度分析

五石敬路、ノ・デミョン、王春光 ［編著］

◎A5判／上製／352頁　◎4,500円

日本・中国・韓国の研究者が共同で取り組んだ、東アジアの貧困に関する理論、政策、実態に関する実証研究の成果。各国における貧困の実態を最新のデータにより明らかにし、その歴史や制度枠組み、高齢者や子どもの貧困等に関する個別の論点を比較検討した。

●内容構成 ─────────────

〈価格は本体価格です〉